日本海軍軽巡洋艦1/700

やっぱり軽巡が作りたい！

マスターモデリングガイド

1/700 Imperial Japanese Navy Light Cruiser Modeling Definitive Manual

米波保之／畑中省吾 著

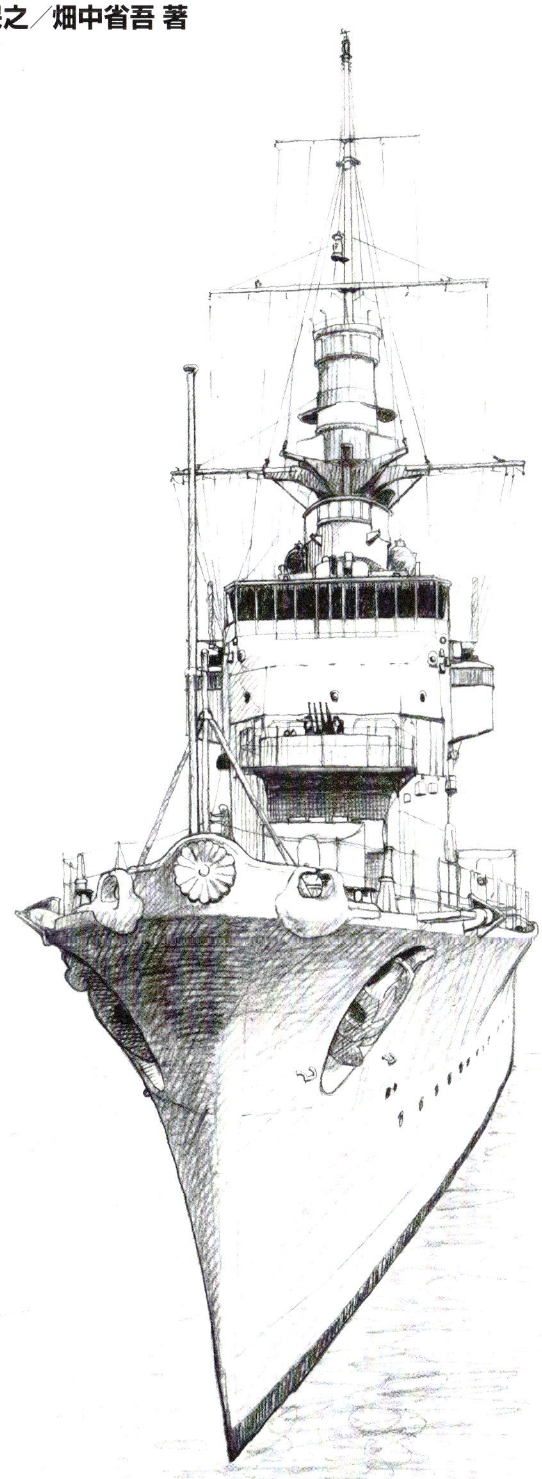

大日本絵画

日本海軍軽巡洋艦1/700

やっぱり軽巡が作りたい！

マスターモデリングガイド

1/700 Imperial Japanese Navy Light Cruiser Modeling Definitive Manual

奥深い軽巡の世界へようこそ！　日本海軍ファンの中でも軽巡洋艦はマイナーで地味な存在とされてきました。戦艦に次ぐ準主力艦として整備された重厚な重巡洋艦と高速、軽快でなおかつ必殺の酸素魚雷を搭載する駆逐艦の間に挟まれてひっそりと注目を浴びずに軽巡洋艦は佇んでいました。艦船模型の世界でもそれは同じで軽巡の模型の研究は他の艦種に比べて遅れていました。本書はそんなマイナーな軽巡にスポットを当てて楽しもうというものです。この本を読めばこれまで“同じようなシルエット”で区別がつかなかった軽巡のデザインの一隻一隻の違いがわかるようになり、必ずやその虜となるはず。軽巡の魅力をたっぷり詰め込んだ本書、どうぞ手にとってご覧になってください

contents

本書を買ってくださった皆さんへ

米波保之
Yasuyuki YONENAMI

静岡市在住。1997年に地元のガレージキットメーカーで原型師としてデビュー。以降、ピットロード社ハイモールドシリーズの原型製作や青島文化教材社の製作ガイド小冊子付きの限定キット「ガイド＆ディテール」シリーズの小冊子の執筆などを手掛け、大日本絵画月刊モデルグラフィックスでライターとしてデビュー。2005年、同社ネイビーヤード創刊号から「ジミ艦！」の連載を開始。2016年、ペンネームの鯨水庵八十八名義で、月刊モデルアートに「艦船諸国漫遊記」の連載も開始。著書に「ジミ艦～だれも見たことないジミなマイナー艦船模型の世界／大日本絵画刊」

皆さんは日本海軍の軽巡洋艦といったらどんなイメージをお持ちでしょうか？　もしかしたら「煙突がいっぱいある古臭い軍艦」というものかな？

はい。そうなんです。彼女たちの境涯を語るのに、その認識はまさに正鵠を射ています。

スプーン型の艦首にちっぽけな単装砲、3本ないし4本の煙突をもつ彼女たちは5500トン級軽巡洋艦と呼ばれました。スプーン型の艦首は、彼女たちが生まれた大正時代、自らの秘密兵器だった一号連繋機雷の連繋索を乗り切るために考案された形でしたが、凌波性が悪く、隠密裏に遠距離を駆走する酸素魚雷の開発により一号連繋機雷が廃止された後は古臭いだけの代物になりました。ちっぽけな14cm砲は当時の日本人の体格では欧米並みの15cm砲の給弾効率が低下するために採用されたもの。多数の煙突は、高速を得るため新造当時には画期的だった大出力の推進プラントを搭載したことによるものでした。彼女たちの就役以降、ワシントン、ロンドンの二つの軍縮条約の影響でいわゆる海軍休日の時代となりますが、彼女たちの子隊となる駆逐艦が長足の進歩を遂げる中、大きく変化することなくそのままの姿を保ち続けた軽巡洋艦たちは、太平洋戦争が開戦する頃にはちょっとばかり古臭い船になってしまっていたのです。しかし彼女たちは老骨に鞭打って頑張りました。一部の姉妹は大きく姿を変え、わが海軍の標榜する漸減邀撃作戦の尖兵としての役割を期待されていました。しかし、わが海軍の戦略自体が実際の戦場では時代遅れのものになっていった。敵は水平線の彼方ではなく上空から、深海から現れ、姉妹たちは次々と斃されていきました。そんな中ようやく新世代の軽巡洋艦たちがデビューします。スプーン型艦首は垂直ステムとバルバスバウへ。洗練されたデザインで颯爽として登場した彼女たちでしたが、その真価を発揮できる場は残念ながら既にありませんでした……。

我が国の軽巡洋艦の歴史を語ると、こんな哀愁に満ちた物語となります。この哀しみが軽巡洋艦たちをとても愛おしくさせます。また、彼女らの姿も戦艦や重巡洋艦のような、みっちり詰まった重厚な艦容と異なり、華奢でどこか優雅さを感じます。同じ戦う船なのに“獰猛”というイメージが薄くて、強そうな軍艦じゃないんですよね。そこがいい。そんな彼女たちが、どんな姿をしていたかということは、これまであまり顧みられなかったように思います。そして、同じ考えを持つ人々がいつの間にか身近に集まっていました……。

本書を世に送りだすために集まった人々は皆、資料を駆使して艦船を研究し、自らのイメージする艦船の姿に近づけていくということに魅せられた人々です。船の話を肴に何時間でも酒が飲める。そんな仲間たちと一冊の本をまとめ上げることができたのは大変な喜びです。第一級の艦船研究者にしてモデラーとしても辣腕を発揮されている畑中省吾さん、モデルアート社『艦船模型スペシャル』などでも活躍されている佐藤美夫さん、青島文化教材社でウォータラインシリーズの開発担当を経て独立されたヤマシタホビー代表の山下郁夫さん。彼らと私を出会わせてくださった偉大な先達である森恒英さん、長谷川藤一さん、我々の拠り所である“ちっちゃいもの倶楽部”の発起人であられた鶴岡政之さんのお三方。雲の上で本書を手に取って微笑んでくださるでしょうか？　いつも酔っ払いみたいに話が脱線しっぱなしの我々の手綱を引いていただいたネイビーヤード編集長の後藤恒弘氏をはじめ（株）アートボックスのスタッフの皆さん。そして応援してくださった読者の皆さん……。誰一人が欠けても本書は出来ませんでした。最後になりましたが、心より御礼申し上げます。

ありがとうございました。

畑中省吾
Shougo HATANAKA

森恒英氏、長谷川藤一氏に親炙し、艦艇知識を深めるとともに艦型図やイラストを学ぶ。また艦艇模型グループのＧＦ会を経て艦艇愛好サークル、ネービーヤードに加入する。製作する模型は1/700の洋上模型が大半で省略表現を旨とする。ネービーヤードの子隊としてちっちゃいもの倶楽部を結成し、サークル外の1/700艦艇模型仲間とも親交を温めている。艦種では、特に空母と巡洋艦が好きである。

日本海軍は、八八艦隊を整備するとき、駆逐艦群の嚮導艦を米国や英国のようにひと回りほど大きな嚮導駆逐艦で行なうのではなく、駆逐艦よりふた回り以上大きな軽巡洋艦で行なう形をとりました。嚮導艦とは、駆逐艦群の作戦指揮をとる艦艇です。その最初の軽巡洋艦が「天龍」型です。スタイルを見ると「天龍」型は、同じ大正4年度計画で建造された駆逐艦「磯風」型をそっくり大きくした形で、大型の嚮導駆逐艦といってもいいほどです。駆逐艦は軍艦ではなく戦闘艦艇に分類され、船体防御をほとんど有しません。“ブリキの船”などと呼ばれるくらいです。その点で日本の軽巡洋艦も防御はあまり考えられておらず、防御よりもスピードが重視されました。

「天龍」型は複数隻整備される予定でしたが、力不足を指摘されて2隻で終了。もうひと回り大型の軽巡がこれに替えて整備されることになりました。これが、一般に5500トン級と呼ばれる軽巡洋艦で、14隻（実験艦「夕張」を含めると15隻）が建造されました。八八艦隊の時期ですから、生まれたのは大正時代です。当時の軍艦の例にもれずたいへんにシンプルなプロフィールをもちます。これら5500トン級軽巡の役割は上にいったように駆逐艦の作戦指揮ですから、水雷戦隊の旗艦任務が主務です。率いる駆逐艦は「神風」型、「睦月」型などを経て「吹雪」型、一般に特型と呼ばれる優れた艦が誕生し、一気に性能が高まりました。それに合わせて、作戦指揮をとる軽巡も性能を向上させる必要が生じ、数度にわたって近代化工事が実施されました。また新たな作戦展開のために諸々の兵器を追加搭載していきました。新造時はどれも似たり寄ったりの姿だった5500トン級軽巡ですが、改装により次第に個艦ごとの区別がはっきりしてきました。さらに、長い年月にわたって使い続けられたことで、特殊な作戦に特化した改造を受けるものも現れました。5500トン級軽巡のおもしろさは、こうした多彩なスタイル変遷にあります。軍艦はどれも多かれ少なかれ刻々と姿を変えていきますが、軽巡は戦艦とならんで外観の変化が顕著です。

軽巡の資料すなわち公式図や写真が比較的少ないこともあって、これまで軽巡は艦艇マニアの間でもあまり正しくは知られていない艦種でした。姿が古めかしいことや兵器が目立ちにくいことも勇ましさに乏しいと感じる人が多かった理由かもしれません。研究する人がごくわずかだったこともあって正確な形状が認知されず、軽巡のもつ魅力に気づかれなかったといえます。

日本の軍艦模型の楽しみ方が他の国のそれと違うのは、日本海軍は艦艇資料が乏しいせいで正確な模型資料が整っておらず謎が多いことです。こうした謎を解きながら自分なりの軍艦模型を仕上げていくプロセスにも模型作りのたのしさがあります。つまり、模型を作るテクニックだけでなく、探偵のように真実を追窮し自分の解釈を模型で表現するおもしろさです。今回筆者が調べてみてわかったのは、軽巡の外観に残る多くの謎です。軽巡は他の艦種に比べ謎が多いぶん、模型で自らの研究を表すおもしろさにおいて、たのしみがたくさん残っている艦種といえるでしょう。本書には筆者なりに調べたことを艦型図にして表しました。努力したつもりですが、調査は個人レベルですので入手できる資料に限界もあり、ぜったいにこうだとは言い切れません。同じ資料を見ても解釈により別の結論に至る人も当然いるはずです。どうか軽巡に興味をもって見ていただき、当書を超える研究成果をみなさんでつかんでください。この本の役目はそのための足掛かりを提供することです。そして軽巡が本来の姿を現すようになることこそ、本書にかかわったスタッフ一同の願いなのです。

佐藤美夫

Yoshio SATOU

1999年 ピットロードコンテストで金賞入賞。戦艦「榛名」昭和18年。フジミ製キットを徹底大幅改造。
2001年 月刊モデルアート5月号に艦船模型ライターとして作例初掲載。作例はピットロード「高雄1942」を未発売だった1944年時に改造。
2004年 モデルアート『艦船模型スペシャル』No.14「第2次大戦のイギリス戦艦」にピットロード製レジンキット戦艦「バーラム」の作例初掲載、以後現在まで作例掲載を継続。
2014年『 ネイビーヤード』VOL.26にて連載「やっぱり軽巡が作りたい！」の作例担当として作例初掲載。

「やっぱり軽巡が作りたい！」作例製作を担当させていただきました。途中、間が空きましたが、なんとか最終回まで担当できたことは自身のスキルアップになったと思います。

軽巡洋艦の魅力は何でしょう。今回連載で取り上げた「天竜」型、5500トン級、「夕張」、「阿賀野」型、「大淀」、それぞれ違う魅力があると思います。この連載では5500トン級が主役になっています。艦首から艦尾までほぼ平坦な船体に檣が前後に配置され、間に煙突が3本（4本）の艦姿は「遠い昔の古くさい船」のイメージが何とも言えない魅力に思えます。皆様それぞれ違う魅力に引かれていると思いますがいかがでしょう。

ご承知のとおり軽巡洋艦は主砲口径が20cm未満の巡洋艦としています。後に重巡洋艦に改装された「最上」型も新造時は軽巡洋艦に属していました。しかし「最上」型は重巡洋艦として設計された艦船なので今回の軽巡洋艦に取り入れていません。

気に入っている艦としては、担当艦である「多摩」と「球磨」で、前述の5500トン級の魅力がよく現れている艦と思っています。艦橋が大きくなく全体にバランスがとれている気がします。また「夕張」は別の魅力があります。前部煙突が後方に傾斜し後部煙突と合体させた形状。主砲の配置などが「小さな重巡洋艦」のように見える艦姿は「古鷹」のようです。両艦とも平賀艦なので当然でしょうか。3000トン級ながら火力は5500トン級に匹敵します。ユニークな艦といえば、これも担当艦ですが1943年の「大淀」でしょう。後部に大型カタパルトを搭載した艦姿は奇抜にして奇怪に見えます。2番艦「仁淀」も完成していたらなぁ、と思います。

軽巡洋艦は他の艦船に比べ目立つ存在ではありませんが、突き詰めると面白みが出てきます。大戦中の機銃てんこ盛りの艦船より戦前の質素で優雅な艦船が好きな筆者にとっては軽巡洋艦は魅力的な艦船となります。

明治、大正時代の艦船は古くさいが何とも言えない魅力があり「船」が好きな方なら、いつかはその魅力に取りつかれると思います。戦艦でも5500トン級のような「前後に檣、間に煙突」といった艦姿で前述のような魅力があります。5500トン級の魅力にハマった方は理解してもらえると思います。戦艦「三笠」のように実艦が現在でもその姿を見ることができるので一度見に行かれることをお奨めします。軽巡ではありませんが通じるものがあると思います。

山下郁夫

Ikuo YAMASHITA

1976年4月、青島文化教材社入社。青島文化教材社時代はウォーターラインシリーズのリニューアルと新規開発を担当しました。2011年同社を退社しヤマシタホビーを設立。青島文化教材社入社時はラインナップに軽巡がないため、興味がありつつも少し距離を置いていました。その後、営業から、“我社にはなぜ軽巡がないのか”と問われることがあり、“「鹿島」型があります”と答えましたが、“「鹿島」は練習巡で軽巡ではない”と反論されたのを記憶しています。内心は“そうだ、そうだ、「川内」型と「大淀」が抜けとるぞ”とホクホクしながら開発に着手しました。軽巡模型との関わりは、ここから始まったのかもしれません。

日本海軍の軽巡を、本格的に取り上げたものとしては本誌が最初ではないかと思われます。私自身、軽巡に非常に興味を覚えていたので、この企画に参加させていただけたことは望外のことでした。

ところで、日本海軍の軽巡を研究しようとすると、建造時から大戦中の変遷についての資料があまりにも少ないことに大きな壁を覚えます。著者の手元にある書籍で軽巡を取り上げたものといえば、世界の艦船No.272「特集・日本の軽巡」1979・8と海外で出版された「JAPANESE CRUISERS OF THE PACIFIC WAR」があるだけで、あとは断片的な扱いのものが数冊ある程度で、全体像の把握には非常に困難なものがあります。

日本の軽巡、とりわけ5500トン級軽巡についての研究本が極端に少ないのは、独断的ですが平賀・藤本デザインではないところにあると思われます。5500トン級の設計は艦政本部第三部の河合定二少監により行なわれたもので、英国海軍の軽巡を参考にしたオーソドックスなものです。つまり、平賀・藤本デザインが絵的に、模型にしたらドンピシャのカッコよさがあるのに対して、ぱっと見、実用一点張り、古臭さが先行する点が、不人気に結びついていると思われます。

しかし、5500トン級が出現した時代にあっては、速力、砲力、雷装のどれをとっても他国の巡洋艦を圧倒するものであったし、主力艦警護、水雷戦隊旗艦といった任務をこなせたことは、「私、見た目は地味ですが、本当は凄いんです」という艦艇だったといえます。太平洋戦争の開戦後、5500トン級軽巡は旧式化していたとはいえ数多くの任務に就くというか、就かされたという方が的確かもしれませんが、海戦から船団護衛、海上輸送、など多くの場面で八面六臂の活躍を見せます。まさに海の軍馬だったのです。

戦国時代の武田信玄は、野山を踏破できる体格の小さな木曽馬を有効に活用したといわれています。踏破能力をかわれて、あらゆる戦場に投入され騎馬軍団伝説の元になったり、輸送能力の高さから兵站線確保によって信玄の戦いを支えたとのことです。重巡や駆逐艦がサラブレッドなら、軽巡は木曽馬のごとく、太平洋を駆け巡って戦ったといえます。5500トン級軽巡に魅力を覚えるのは、まさにここなのです。

ぜひ、本書を足掛かりにして、日本の軽巡の魅力を見出していただけたらと思います。

参考文献

ここに挙げた参考文献の多くは昭和期に出版刊行されたもので、現在は絶版、入手困難となっているものも多い。しかしながらこれらを上回る良質な資料は現在のところ出版されていない。もし、古書店や古書サイトなどで発見することができたら、ぜひとも手に取っていただきたい。これらの古い本たちから導き出される、新たな発見という宝物を得るために……。

【写真集・豪華本】
写真日本海軍全艦艇史　(KKベストセラーズ)
[海軍艦艇史] 2 巡洋艦・コルベット・スループ (KKベストセラーズ)
日本海軍艦艇写真集 巡洋艦　(ダイヤモンド社)
日本海軍艦艇図面集 昭和造船史別冊　(原書房)
海軍艦艇公式図面集　(今日の話題社)
写真／日本の軍艦 第8巻 軽巡I　(光人社)
写真／日本の軍艦 第9巻 軽巡II　(光人社)
写真／日本の軍艦 別巻 日本軍艦図面集
各艦機銃、電探、哨信儀等現状調査表【あ号作戦後の兵装位置青図集】(光人社)

【単行本・ムック本】
歴史群像シリーズVol.32軽巡球磨・長良・川内型（学研）
歴史群像シリーズVol.45真実の艦艇史　(学研)
歴史群像シリーズVol.51真実の艦艇史2　(学研)
軍艦メカ図鑑 日本の巡洋艦　(グランプリ出版)
日本巡洋艦物語　(光人社)
日本海軍公式図面集2 軽巡「大淀」(プレアデス工房)

【雑誌】
丸スペシャルNo.5軽巡阿賀野型・大淀　(潮書房)
丸スペシャルNo.27軽巡川内型　(潮書房)
丸スペシャルNo.30軽巡長良型I　(潮書房)
丸スペシャルNo.33軽巡長良型II　(潮書房)
丸スペシャルNo.40軽巡球磨型I　(潮書房)
丸スペシャルNo.44重巡利根型・軽巡香取型（潮書房）
丸スペシャルNo.46日本の軽巡　(潮書房)
丸スペシャルNo.55日本の巡洋艦　(潮書房)
世界の艦船増刊No.489 新板・連合艦隊華やかなりし頃　(海人社)
世界の艦船増刊No.754 日本巡洋艦史　(海人社)
艦船模型スペシャルNo.13　5500トン軽巡と水雷戦隊　(モデルアート社)
艦船模型スペシャルNo.19 軽巡洋艦 阿賀野・能代・矢矧・酒匂・大淀　(モデルアート社)

【洋書】
Japanese Cruiser Of The Pacific War
Naval Institute Press

本書を読むにあたってまずはおさらい

日本海軍軽巡洋艦の基礎知識

大正生まれのクラシカルなスタイル。日本海軍のワークホースとして前線に立った勇敢な姉妹たち

スプーン・バウに3本煙突。その姿は高速で最前線に切り込む彼女たちの本来の任務を反映している。娘盛りを過ぎて迎えた太平洋戦争、姉妹たちは様々に姿を変えて様々な任務で前線に立ち続けた

日本海軍軽巡洋艦の系譜

大戦中、日本海軍の近代軽巡洋艦は練習艦、戦利艦を除いて8タイプ26隻が在籍した。まずはその変遷を見ていこう

軽巡洋艦の進化

近代的軽巡洋艦の始祖

天龍型

同型艦は「天龍」「龍田」の2隻。日本巡洋艦で初めて推進システムに重油専焼缶とギヤードタービンを採用。3軸推進で速力は33ノットを発揮。15.2cm砲を有するイギリス「C級」を範としたが主砲は弾薬を人力で装填するため、小柄な日本人の体格に合わせ14cm砲4門を中心線上に配置した。砲力が弱いともいわれるが、代わりに速力では同級を上回る。魚雷兵装は53.3cm三連装発射管2基を中心線上に設置、移動レールを用いて両舷に指向することで片舷6射線を確保して「C級」より強力。また艦尾に一号連繋機雷の敷設軌条を持ち、48個を搭載可能。日本初の軽巡洋艦だが、艦の規模から大型嚮導駆逐艦に近いともいわれる。当初は同型艦8隻が予定されたが、イギリス、アメリカの同種の建造計画艦に性能的に劣るとして2隻で打ち切られ、以降は5500トン級に移行することになる（写真提供／大和ミュージアム）

八八艦隊の時代

球磨型

◀同型艦は「球磨」「多摩」「北上」「大井」「木曽」の5隻。「天龍」型の建造経験を生かし、さらに大型化するライバル国の建艦状況も踏まえ、武装の強化、速力の増大、航洋性の向上、司令部設備の設置、さらに航空機の搭載も図られ、これにより本格的な水雷戦隊旗艦の登場となった。最終艦の「木曽」は、艦橋前に実験的に設置した航空機の滑走台と格納庫のため他の姉妹艦と異なる箱型の艦橋をもつ。常備排水量5500トンの船体は以降の軽巡洋艦にも踏襲され5500トン級と呼ばれる一群の始祖となった（写真提供／大和ミュージアム）

長良型

▶同型艦は「長良」「五十鈴」「名取」「由良」「鬼怒」「阿武隈」の6隻。「木曽」の実績を踏まえ艦橋前に航空機の滑走台を有し、艦橋中段に格納庫をもつため艦橋形状が「球磨」型と異なる。「球磨」型では53.3cm連装4基、片舷4射線で「天龍」型に劣っていた魚雷兵装は61cm連装発射管4基(片舷4射線)に強化された（写真提供／大和ミュージアム）

川内型

◀同型艦は「川内」「神通」「那珂」の3隻。武装は「長良」型と同じ。重油使用量を節約するため石炭混焼缶の数を増やし、缶室の配置が変更されたため4本煙突の独特のシルエットとなった。3番艦の「那珂」は凌波性の向上のため艦首をダブルカーブ型に改め、後に事故で艦首を損傷した「神通」も修理の際、同じ型に改められた

軍縮条約の時代

夕張

▲同型艦なし。大正6年度計画による5500トン級の1艦の予算を流用して建造された実験艦。武装をすべて中心線上に集め、主砲は片舷6門。魚雷発射管は4射線とわずか3100トンの船体に5500トン級と全く同等の戦闘能力を付与、集合煙突など画期的なデザインで設計者の平賀譲造船大佐（当時）の名を世界に知らしめた。艦の規模が過小で居住性などに問題があり1隻のみの建造に終わったが、そのデザインは後の「古鷹」型以降の重巡洋艦に受け継がれた

最上型

▶同型艦は「最上」「三隈」「鈴谷」「熊野」の4隻。ロンドン軍縮条約下で重巡洋艦の劣勢を補うため、主砲を15.5cm砲、排水量は公称8500トンとし、条約で定義する“軽巡洋艦”として建造された玉虫色の軍艦。条約失効後は主砲を20.3cm砲に換装して純然たる重巡洋艦となった

無条約時代〜太平洋戦争

阿賀野型

◀同型艦は「阿賀野」「能代」「矢矧」「酒匂」の4隻。「甲型」以降の新型駆逐艦に合わせ、速力35ノット、酸素魚雷用の61cm4連装発射管2基、15cm連装砲3基、新型の8cm連装高角砲2基を有し、5500トン級の後継水雷戦隊旗艦としてバランスのとれた性能を有したが、整備が遅れ、ようやく就役となった大戦中期以降は戦況の変化で水雷戦隊による組織的な魚雷戦の生起する機会もなく、本来の任務を全うできず戦場に散った。最終艦「酒匂」のみ終戦時残存

大淀

▶同型艦なし。潜水艦隊旗艦として建造された異色の軽巡。強行偵察に用いる高速水偵「紫雲」の搭載を企図して巨大なカタパルトと格納庫を有するが、「紫雲」の計画が頓挫したためカタパルトを従来型に換装、格納庫を司令部設備に改め、連合艦隊旗艦に転用された（写真提供／大和ミュージアム）

日露戦争後にタービン機関が実用化され艦船の燃料が石炭から重油に変わった。これにより艦の行動範囲が自国沿岸から外洋に広がった。これは海戦が殴り合いのような近距離で生起するのでなく、長大な射程距離をもつ大型砲で敵をアウトレンジする戦い方に変化することを意味する。大艦巨砲時代の到来だ。これを機に大型艦をも撃沈しうる魚雷を主兵器とする水雷艇も、主力艦の前衛として航洋性をもつ駆逐艦へと進化した。それ以前の巡洋艦は舷側に装甲をもつ大型の装甲巡洋艦とやや小型で喫水線付近に防護甲板をもつ防護巡洋艦の二系統があったが、前者は巡洋戦艦に、後者はスカウトと呼ばれる偵察巡洋艦に進化していった。スカウトは駆逐艦を率いて味方主力艦隊の前衛に立ち、敵の前衛部隊を駆逐して主力艦隊に魚雷攻撃を行なう、いわば艦隊の切り込み隊長であった。戦艦の建艦競争の背景が大艦巨砲主義だったように、前衛部隊は高速化が命題であった。第一次大戦時に出現したイギリスの「アレスーサ」は速力29ノットに達していた。この頃から今日的な意味での“軽巡洋艦”の呼称が用いられるようになった。

わが国では1916年、八八艦隊計画の補助艦として建造が決まった「天龍」型が近代軽巡の嚆矢となった。イギリス「C級」に範をとり、その改良型として1919年に完成した。

しかし、その設計段階からイギリスは「D級」、アメリカはさらに大型7500トンの「オマハ」級の建造を計画しており、3500トンの「天龍」型は過小で性能面でも見劣りするとして2隻で打ち切られ、その拡大改良型として基準排水量5500トンの「球磨」型が設計された。1920〜21年に完成した「球磨」型5隻は性能的にも満足のいくものであり、ほぼ同型の船体で兵装などに改良を加えながら「長良」型6隻、「川内」型3隻の合計14隻が就役。これがわが日本を代表する“5500トン級軽巡洋艦”である。本級は9000〜9800馬力を発揮し速力35〜36ノット、兵装は14cm砲7門、61cm魚雷発射管（球磨型は53cm）8門。同時期に出現し、艦隊型駆逐艦の先駆けとなった「峯風」型グループを率いる水雷戦隊旗艦となったが、もう一つの顔は秘密兵器とされた一号連繋機雷の敷設艦。特徴的な艦首形状は、この連繋機雷の索を乗り越えるために考案されたものである。また「球磨」型の5番艦「木曾」以降の完成艦では新造時より航空機の搭載も企図された。ワシントン軍縮条約により八八艦隊計画は潰えたが、本級はお家芸の夜戦の中心となる花形、多様な任務をこなせる万能艦として連合艦隊の中核戦力の一翼を担った。しかしロンドン条約以降「特型」に始まるスーパーデストロイヤーが出現すると、近代化改装による排水量の増加で速力が衰えた本級は水雷戦隊旗艦としてはやや物足りなくなっていった。太平洋戦争直前には「球磨」型の「大井」「北上」は艦隊決戦に備えて61cm発射管40門をもつ重雷装艦に姿を変えていた。太平洋戦争開戦後は魚雷戦の指揮を務める機会にはほとんど恵まれず、北方、南方の守備や輸送船団の護衛など任務は次第に過酷なものとなっていった。戦況が悪化し、制空、制海権を失ってからは敵航空機や潜水艦との戦闘による喪失が相次いだ。終戦時まで生き残った5500トン級軽巡は大戦末期に回天搭載艦に姿を変えた「北上」ただ一隻であった。

日本海軍軽巡洋艦 キットガイド

太平洋戦争に参加した1/700スケールの日本海軍の軽巡洋艦はフジミから「能代」「酒匂」が発売されたため残されたピースは「長良」型の「由良」のみとなっている。

タミヤ

老舗の誇り。「球磨」「多摩」は発売後40年以上を経る現在でも傑作キットとして名高い。長良型5隻、阿賀野型2隻、「夕張」を加えて最多の11隻がラインナップ。

1973年発売の「球磨」「多摩」は先行のウォーターラインシリーズ製品がすべて古臭く感じてしまうほど画期的なキットであった。現在の目で見れば、全長が若干不足という欠点を持つが、10年後の83年に発売されたバリエーションキットの「木曾」ともども適度な省略とプロポーションの良さは未だ他の追随を許さない名キットだ。フジミ脱退後の後継として1992年に発売になった「名取」「鬼怒」は球磨型の船体を流用して、巧みな部品構成でそれぞれの違いを表現。93年発売の「長良」「五十鈴」は共通の船体を新規に開発し、前部魚雷発射管を廃した大戦末期の姿としてシリーズに加わった。「阿賀野」「矢矧」はそれより古い1972年の発売だが、こちらも傑作キットとして名高い。姉妹艦のない「夕張」はシリーズの開発が低調だった1984年に発売された。大戦末期の状態のみだが、ベースキットとして貴重な存在だ。「長良」型で唯一艦首形状の異なる「阿武隈」は長らく開発されなかったが、呉市の大和ミュージアムの開館や映画「男たちの大和」の公開による艦船ブームの後押しもあって2007年、ついに発売になった。船体パーツは左右分割式とし全長の欠点も解消。さすがに旧作とは一線を画す新構成となったが、ベテランキットの「球磨」型と並べてもほとんど違和感がないのは流石。タミヤには唯一キット化されていない「由良」の開発もぜひお願いしたいところだ。

ハセガワ

長らく発売が待たれた近代軽巡洋艦の始祖が、満を持してついにリニューアル！資料の少ない両艦の違いを最新の考証で再現！

2015年、長い沈黙を破って登場した天龍型は最新の考証を最新の技術で蘇らせた注目のキット。ストレート・フロム・ボックスで日本軽巡の始祖の姿を机上に再現できる。殊に、「龍田」は佐世保工廠建造艦の特徴である“縦張りリノリウム”の甲板を初めて部品化したのも画期的。

ピットロード

200隻を数えるラインナップを誇るスカイウェーブシリーズ唯一の日本軽巡洋艦キット

発売年は1998年とさほど古くはないが近年の各メーカーの技術の発達によりやや古さを感じさせるようになったのは致し方のないところ。しかし素性は悪くないのでアフターパーツ等を上手に利用して今風のレベルまで持っていくことは充分可能。腕の見せ所だ。

アオシマ

今やウォーターラインシリーズを引っ張るリーダー的存在に成長。重雷装艦、回天搭載艦となった「大井」「北上」を新たに加え充実のラインナップ

2007～08年に相次いで発売された「川内」型は同時期にリニューアル版はそれまでの製品とは一線を画す精度で、同社が円熟期を迎えたといっても良いだろう。3姉妹で唯一形状の異なる「川内」の艦首も専用の船体パーツできちんと再現されている。正確なプロポーションと金型技術の格段の進歩により精密に再現された主砲や魚雷発射管など、シリーズ製品中屈指の完成度を誇る。翌2009年に登場の「大淀」は公式図面に基づき細部まで見事に再現された。1943年新造時は限定版のみの発売だったが、2017年に“艦これプラモデル”としてコンバーチブルキットでの再登場となった。一番新しい香取型は2011年に登場。川内型同様に非常に精密かつ的確に再現された好キットだ。「香取」は開戦時、「鹿島」は対空、対潜兵装を増強した大戦末期、そして「香椎」はなんと大戦初期の“偽煙突”を設置したユニークな姿。同クラス各年代の武装など変化も楽しむことができる。2017年には重雷装艦「大井」「北上」が登場。最新の考証で明らかになった魚雷発射管の簡易シールドを部品化する等、ぬかりのない設計だ。「北上」は新設計で回天搭載艦としても発売。まさに豊富なバリエーション展開を得意とする同社の面目躍如といえる。

フジミ

そろそろ100隻に届くところまでアイテム数を伸ばしたフジミ「特」シリーズ。新たにラインナップに加わった阿賀野型は新考証を反映して登場！

繊細なディテール表現が売りのフジミ「特」シリーズ。2012年に発売された「五十鈴」は二つの説がある機銃配置を再現するため、2隻入りというびっくりな構成となった太っ腹なキット。余ったもう一つは部品取り用や改造のベースキットにも利用できると考えればお買い得感もある。続いて2014年に登場の回天搭載艦「北上」は公式図面に基づいた正確な船体形状が持ち味。両舷の張り出しを別パーツにしたことで、5500トン級の改造ベースキットとしても利用できる。2015年にリリースの「阿賀野 / 能代」は表記の通り両艦のいずれかを製作できるコンバーチブルキットだが、なんと、細部の異なる船体が二つ入っておりどちらかを選択するという、さらにびっくりな構成。続く「矢矧/ 酒匂」は船体を共通とした通常の構成となっている。最新の研究に基づいて4姉妹の相違を的確に再現しており、これまでキットがなかった「能代」「酒匂」もコレクションに加えることが可能となった。

単行本化特別座談会/届け！ われわれのこの熱き想い

日本の軽巡たちの魅力を再認識しよう

2014年、「ネイビーヤード」26号からスタートした「やっぱり軽巡が作りたい！」は3年間続き、全１０回で大団円を迎えた。今回は“軽巡大好き”な連載担当陣4人を交えて連載当時から現在に至る軽巡に対する熱い想いを語っていただいた

——まず「やっぱり軽巡が作りたい！」が「ネイビーヤード」の連載となった経緯から振り返っていただきたいと思います。

米波　きっかけは畑中さんとの手紙です。「描けたよー」っていう感じで図面を添付して送ってくれてやりとりしていたんですよ。それはあくまで畑中さんが趣味の範囲で作図されたというものでしたが、その図には最新の研究、一般にあまり知られていない軽巡の姿というものが描かれていました。それを見ながらいろいろ蘊蓄を語りあうという感じで遊んでいたのです。そうした中で、「これだけまとまった資料があったら、何等かの形で残しておきたいね」ということで話がまとまってネイビーヤード編集部に相談したのです。

——つまり畑中さんの図面を広く皆さんにご覧いただいて、軽巡について興味を持てるような場を作ろうと。

畑中　ウォーターラインが始まった1971年の頃を思いだすと……軍艦模型を作っている人たちの興味の大半は戦艦か重巡洋艦というところだったんです。たまに駆逐艦が好き、という方もいらしたんですが、航空母艦と軽巡洋艦は比較的、研究する人は少なかった。私の場合はウォーターラインシリーズで軍艦模型に目覚めたわけで、最初は重巡洋艦が出てきて「カッコいいな」、その次に戦艦が出てきて「やっぱり戦艦はでっかいな」、その次に出てきた軽巡洋艦を見たら、「かなり貧弱な軍艦だな」と思い、航空母艦は「変な形の軍艦だな」と思っていました。

でも当時はあまり詳しく研究されていなかった航空母艦と軽巡洋艦をきちんとしたものにまとめたいと思い、調べ始めたんですが、そのころは公式図が非常に少なくて、一般にも知られていませんでした。写真も限られていたので、不明な点がかなり多かったんです。それでも時間をかけてだんだん自分なりに研究結果を艦型図のような形でまとめるようにしていたんですね。ある程度まとまった段階で米波さんに「どうですか」と見てもらっていたんですよ。最初は航空母艦から始めたのですがそれは一応終わって、「いよいよ次は軽巡か」と思って軽巡にとりかかりました。そのころになると一部公式図も出るようになったもんですから、写真と見比べながら作図をはじめました。同型艦は船体とかは同じだろうということで基本データを共通にしながら相違点を中心にリサーチをしていって、一隻できるごとに米波さんに送っていました。そのうち5500トン級軽巡だけでしたが全艦そろい、「一応軽巡の研究も終わりました」というところで米波さんのお話にあったように、ネイビーヤード編集部に提案させていただきました。軽巡の魅力というものを広く多くの人に知ってもらうという意味では、“雑誌で連載する”ということは非常に影響力が大きいものがありますので。

——軍艦研究のバイブルともいうべきグランプリ出版の『軍艦メカニズム図鑑』シリーズでは軽巡があまり出ていないですよね。ですから、“まとまった軽巡の資料というものがこれまでなかった”ということは気になっていました。そんな中での米波さんからの企画の提案でした。ただ軽巡は、やはり人気が重巡や戦艦や空母、駆逐艦に比べると少し落ちるという心配はありました。

畑中　うんうん。とくに5500トン級軽巡はオールドタイマーですからね。

——しかし『艦これ』の影響で、“軍艦のことを知りたい”という人があらたに増えてきたり、メーカーから新しいキットが発売されるようになってきたので、改めて軽巡の連載をさせていただくことにしました。

畑中　そういう意味でも「ありがたいチャンスをいただいた」と身が引き締まりました！

——当初は畑中さんの図面を基に、米波さんに模型を作ってもらおう、というとっかかりでしたが米波さんがおひとりで模型を作るのも大変だから、もうひとり加わってもらおうということで佐藤さんにも参加していただくことになりました。

畑中　毎号一隻ずつだとどうしても連載も長くなってしまうし、話としてもまとまりがないということだったのと、編集長から提案のあった、“何か作戦みたいなものをテーマにしたコンビで紹介するといいのではないですか”というお話も考慮いたしました。二隻作るとなると米波さん以外にもうひとり参加していただく必要があります。私は作るほうは自信がありませんし……。ということで、ここにいる佐藤さんにお声がけしたわけなんです。佐藤さんの作り方は、私から見ていて非常に清々しいものだったからです。ディテールのバランスがよく、しかもちゃんと作るべきポイントは作ってあって、それにご自身で研究も深められている。米波さんは私から言うことは何もありません。米波さんは何でもできるスーパーマンですので。

佐藤　私と畑中さん、米波さんはもともと先年亡くなられた鶴岡政之さんが主宰されていた「ちっちゃいもの倶楽部」（※）のメンバーで、気心の知れた仲だったんです。山下さんはウォーターライン地元のメーカーにいらしてお付き合いもありました。

※ちっちゃいもの倶楽部／ 1/100スケールや1/200スケールの大型艦船模型をフルスクラッチビルドで製作する艦船模型サークル「NAVY YARD」（模型雑誌とは名称は同じだが無関係）の中で1/700の作品を作る分科会。

——おふたりから“こういう軽巡の企画をやるんだ！”というお話があった時、正直なところ佐藤さんはどんな風に感じられましたか？　軽巡はわりと最初っからご興味があった？ それとも……？

佐藤　さっきの畑中さんの続きじゃないんですけれども、僕も1950年代の生まれなので、流れとしては1971年に発売されたウォーターラインシリーズから艦船模型を作り始めました。でも実は興味を持ったのは、それがきっかけじゃないんですよ。軍艦に興味を持ったのは1963年の『海底軍艦』という特撮映画なんです。だから最初は潜水艦だけ作っていました。ところが本格的な潜水艦のキットってあまりないんですよ。あるとすれば、ニチモの「伊-19」と「Uボート」とかしかなかったんですね。それらを買って作っていたけど、やっぱり『海底軍艦』がルーツなので、当時は艦船の知識はほとんどありませんでした。その当時やっていた特撮映画は『海底軍艦』のほか『マイティジャック』、『原子力潜水艦シービュー号』……と潜水艦だらけだったんですよ。

軍艦への興味はそういう潜水艦の登場する特撮映画から始まって、たまたまウォーターラインシリーズが発売された時期が重なったという感じです。畑中さんも言われた通り、当時は有名な艦船しか知りませんでした。それがウォーターラインシリーズが始まって初めて見たこともない重巡とか、軽巡とか、駆逐艦というものを見て、“なんじゃこりゃ”と興味を持つようになりました。そんなこんなで艦船模型を作り始めたのですが、すぐにやめちゃって……途中、30年ぐらい船を作っていない期間があるんです。1990年ごろ、艦船模型氷河期って言われた時期なんですけど、あのときにピットロードが、駆逐艦を出し始めて、“久しぶりにやってみようかな”と思いたって模型製作を再開しました。昔作ったやつを大人になってもう一回全部作り直そう”というのがきっかけで、“どうせ作るんなら徹底してみようか”ということです。そこから先ほどお話が出ましたグランプリ出版の『軍艦メカニズム図鑑』とか全部買いそろえて。だから僕は艦船模型歴は浅いんですよ。

——1990年代ぐらいというとウォーターラインシリーズのリニューアルが始まるころですね。

佐藤　フジミがウォーターラインシリーズから脱退してタミヤ、ハセガワ、アオシマの三社でフジミが担当していた艦の再開発が始まり、その時一通りもう一度買ってみて、それでやりはじめました。一番最初に作ったのはフジミから出ていた旧作の「榛名」(1971年初版) なんですよね。その時はなんだかわからずキットのまま作っておいて。それを今度は作り直そうと思って新たにハセガワの「榛名」(1993年初版) を見ると、全然違っていて。この驚きたるや……。そこから凝りに凝りだして。途中までは普通に作っていたんです。ところがなんかね、凝り性になるとヤバいんです。艦橋が全然違う……とかごちゃごちゃやりだして。

そのうち、それだけじゃつまらないから、“これ、誰もどうせやってないよ”というような細部の工作をはじめるようになりました。軽巡もタミヤの「鬼怒」を作りはじめて……あれも写真を見ているとキットとは違っている部分があることに気がついてあれこれ手を入れることになりました。太平洋戦争時代の「鬼怒」の喫水はものすごく深いんです、写真を見ると。電探や機銃なんかを増設しているから。だから本来の軽巡らしいスマートな姿と言うとやっぱり竣工時から第一次改装時ぐらいが一番いいんですよね。大戦末期ぐらいになってくるともう、機銃から何からごちゃごちゃ付きすぎちゃって、なんかもう軽巡らしさはないなと思っていました。今回このお話を頂いた時にどっちかというと開戦時から戦前に近い状態のものを作るっていうことだったんで、“あ、これはおもしろいな”と思った。

——米波さんと畑中さんから編集部へは当初から“連載は10回前後、ただ少なくとも5500トン級軽巡は最初から最後までやりたい”というお話があったのですが途中で佐藤さんが忙しくてお休みされることになり山下さんに加わっていただきました。その時は山下さんはもうアオシマを退社されて、ヤマシタホビーというメーカーを始めていらしたんですよね。軽巡連載企画への参加オファーはどんな感じで受け止められましたか？

山下　自分の軽巡との関わりというと、小学校の3～4年だったかな、よく覚えていないんだけれども、その時に読んでいた雑誌に、海戦の絵が掲載されていたんですよ。アメリカの軽巡「デンバー」を大破させるとかいうイラストと、もう一つは「神通」の最期というのがあったんですよ。その「神通」の最期のイラストがね、紅蓮の火災の中にのたうつような形で前の艦首の14cm砲をずっと撃ちまくっている絵だったんです。それでずっと「神通」という軽巡のことは覚えていました。それからずっとあとになってアオシマに入社することになります。ウォーターラインシリーズではメーカーごとに軍艦の担当を分けていたのですが当初アオシマでは「香取」型練習巡洋艦はあったんですが軽巡そのもののキットの担当はありませんでした。でも軽巡というのは自分も好きでね、海戦を調べてみると、結構、「那珂」、「川内」、「神通」なんかの名前は出てくるので、前々から興味はあったんですよ。そんな中、フジミのウォーターラインシリーズ脱退という話があって、欠けた軍艦を三社でカバーするって話になりました。そこでアオシマは「川内」型軽巡洋艦を担当させていただくことになりました。

そこから「川内」型の三隻を詳しく調べ始めたのですが……資料が少ないんですよ。しかたがないから洋書にある簡素な図をベースに設計をスタートさせました。当時は「神通」、「那珂」、「川内」、これの艦橋の細部が全然わからなくて設計にはとても苦労しました。

——「川内」型のキット化は2008年です。割と最近のように思えますが、その当時でもまだまだ図面の入手って難しかったんですね。

畑中　個人では持っていた方もいるんですが、2000年代のはじめぐらいの時期はまだ図面というものが一般に知られていませんでした。大和ミュージアムができてしばらくして公式図が公開されるようになってはじめて広く図面の存在が知られるようになってきたのだと思います。ただ大和ミュージアムの図面も頒布する準備がなかなか整わなくって、頒布されるようになったのはここ十年ぐらいのことでしょうか。

——すると、大和ミュージアムができてだいぶ時間が経ってからですね。ただ、それを見るためには向こうに行かなければいけないっていう状況がだいぶ長いこと続いていたんですよね。

畑中　今もそれは変わっていなくて、プリントアウトしてもらうには大和ミュージアムに行って3階のレファレンスルームで頼むしかないんですけれど。ただね、そういう公式の資料が整っていて、欲しい人に提供されるようになったというのは大きな進歩だなと思って。その点では大和ミュージアム館長の戸高さんをはじめ職員の皆さんに感謝している次第です。

「軍艦メカニズム図鑑」はグランプリ出版が刊行したイラストによる艦艇専門書。作者の森恒英氏はタミヤニュース連載の「軍艦雑記帳」を発展させ、艦種別の５冊シリーズとしてスタートした。１冊目が「日本の巡洋艦」、２冊目が「日本の駆逐艦」だったが森氏は惜しくも途中で病死。意思を継いだ泉江三氏と長谷川藤一氏がまとめた。3冊目は長谷川氏の「日本の航空母艦」。次が泉氏の「日本の戦艦」で上下２巻のボリュームとなった。泉氏は「日本の潜水艦」を準備中に病を得て中断。代わって「日本の特務艦」を小林義秀氏が、平野鉄雄氏が「アメリカの航空母艦」を進めていた。ところが、グランプリ出版が艦艇ものから手を引くことになり、シリーズはすべて絶版となっている。平野氏の「アメリカの航空母艦」が後に大日本絵画により日の目を見ただけである。

軽巡ファンにとってもっとも評価の高いキットはタミヤのウォーターラインシリーズ「多摩」である。上田毅八郎画伯の箱絵もシリーズ中の傑作のひとつ。形状把握の正確さ、細密さ、スケールバランス、作りやすさなど、どれをとっても超一級だ。しかし、発売から半世紀、いくつか欠点も見つかりリニュアルが望まれる。

——先程話にありましたように連載では毎号二隻ずつ取り上げたんですが、私が知っている限りでも、そのままで実艦に近く再現できるキットと、大幅に手を入れないといけないものがありまして、米波さんの方が手間がかかりそうなフルスクラッチビルドに近い題材を担当し、もうひとつを山下さん、佐藤さんで引き受けるという流れでした。

畑中　それは最初に編集長から言われたことです。一隻は結構フルスクラッチビルドに近いものにしてもいいけれど、もう一隻の方は……。

山下　キットそのままという感じ。(一同笑)

——ただ、結果的に見ると簡単工作であるはずの作例でもかなり手が入っていましたね。

畑中　それは突き詰めれば1970年代に発売された軽巡のキットが今となっては古くなってしまったということだと思うんですけれど。読者の皆さんの中には中級者もいれば上級者もいる。しかし初心者もいる。だから初心者の皆さんに作っていただけるようなものも入れよう、ということだった。

——そうですね。米波さんだけに任せておくと、船体を完全に自分で作り直すぐらいのことをされかねないので（一同笑）、それは初心者にはあまりにもハードルが高そうだから、簡単に作れそうな作例と、徹底的に作る場合と両面でいった方がよさそうですねという話を最初にしました。

畑中　だから佐藤さんには最初無理を言って……本当はもっと手を入れて作りたかったと思うんです。いろいろ手を入れたくなるようなポイントもご存じですから。だけど、“ここのところはちょっと我慢してくれ”って言ったんですよ。

佐藤　そういったコンセプトから考えると、私は最初っから手を入れすぎたかなっていう反省もありますね。

——途中からほとんど手の入れようが大差なくなってましたからね。

畑中　古いキットはどうしても最近のパーツ精度と揃わないから。2000年代以降に発売された5500トン級軽巡で素組みでもOKというキットはタミヤの「阿武隈」と、フジミの「北上」「五十鈴」、アオシマの「川内」型、「北上」ぐらいなんですね。タミヤの「阿武隈」は寸法的に正しいものを作ってくれたんですけれども、残念ながらあれは艦首がダブルカーブなんです。

——「阿武隈」は艦首の形状が一般的な5500トン級軽巡とは違うんですよね。

畑中　スプーンバウの5500トン級の改造ベースにできる船体の新しいキットがほとんどありません。アオシマの「川内」型はちゃんと船体を作り分けてくださったんですが、それを「球磨」型、「長良」型に改造するというのは難しいですからね。

——タミヤの「球磨」型は1970年代のキットとしてはすごく優れていたけれども、今見ると船体の寸法とか、ディテール表現などで少し物足りない部分が出てきているということなんですよね。

畑中　私も結局、軽巡が好きだっていうこともあって、タミヤの「多摩」をベースにして軽巡を作ろうと思い、ずいぶん作りましたがなかなか満足のいくものは完成させられませんでした。

——話を変えて連載途中の話などお聞かせください。1回目の内容は米波さんと畑中さんで進められたと思うんですが、二隻コンビで紹介していこうというコンセプトでスタートして、1回目は北方迷彩の軽巡の二隻になりました。これはキットのパッケージにもなっているし、美しい写真もあるので、すんなり納得いくスタートかなと思うんですけれど、2回目がいきなり「鬼怒」、「名取」とかなりマイナーな二隻なので、“なんでこんなペアなの？”と思う人もいらっしゃったでしょうね。

畑中　あれは“作戦縛り”だったから……。

米波　当初は太平洋戦争の作戦でペアを組んだ艦船を取り上げていって、そのエピソードを語ろう、みたいな感じの企画でやってたんですけれど、1回目は北方の二十一戦隊、2回目は南方の十六戦隊、ということにしたんです。名前でいったら本当にマイナーなんですけれども。

畑中　それだけ軽巡が知られていない、ということの証左なんですよ。

米波　これは僕と畑中さんぐらいしか注目していなかったのかもしれないですけれども、雑誌に特集があったんですよね。「丸」でしたっけ。十六戦隊の乗組員のアルバムみたいなものを取り上げている特集号がありまして。

畑中　2001年1月号の丸エキストラ“戦史と旅”26号に掲載された「軽巡・名取・南方作戦の航跡」ですね。

米波　ほとんど艦上のスナップ写真で、記念写真的なものが多かったんですよね。写りも良くなくて、読み飛ばしちゃうような企画だったんですけれども、1枚だけ「鬼怒」が写った写真があった。それがなんていうのかな、今まで認識していた「鬼怒」の姿とあまりにも違う。そんなことを畑中さんから指摘があって、僕も見直したんです。“あ、確かに違うね”と。

畑中　写真はきれいなものではなかったのですが、先ほど佐藤さんから話が出たような電探が結構ちゃんと写ってるんです。ピンボケに近い写真なので、読み取るのが難しいんですが、そういうものがイマジネーションになってその写真を再現してみたいな、というのが製作の原動力になると思うんですね。写真って、そういう意味では非常に説得力があって、イマジネーションも与えてくれます。

——実艦の写真って、資料としては決定的なものになりますものね。図面の場合はそのとおり工事されたかどうかわからない部分もあったりします。連載3回目はフジミから「回天」搭載型の「北上」が新発売されたので当初の予定を変更しました。ピットロードから重雷装艦型が発売されているし、その前の姿の軽巡時代の「北上」も紹介したいということで、予定を変えて増ページいたしました。

畑中　重雷装艦の「北上」は本来は軽巡とは言え

ウォーターラインシリーズおよび派生シリーズを含めた1/700の軽巡キットで、スプーンバウをもつ船体形状の正しいものは現時点ではない。21世紀に開発された5500トン級軽巡がらみのキットのなかでは、フジミの「五十鈴」が形状としては近いが、露天甲板のモールドの違いや舷側の形状にやや不満があり、ウェルデッキがないのが残念。下写真のタミヤの「阿武隈」もウェルデッキがなく艦首のステムラインがダブルカーブ型だが、それ以外はきわめて良好だ。なお、ミジップに長々と張出しのある重雷装艦、回天搭載艦は言わずもがな。これらは110ページで米波さんが書いているような改造工作を施してはじめて上写真のように標準船体として使えるようになる。このへんでぼちぼちどこか親切なメーカーが、われわれ軽巡ファンのために、タミヤの「多摩」の代わりになるような5500トン級軽巡の標準船体を開発してくれませんかね。

（畑中省吾）

ないんですが、軽巡を改造した軍艦ということで、同じカテゴリーとして扱いました。

米波　昔、長谷川藤一さんが重雷装艦と当時未発売だった「木曾」を作っていらっしゃいました。当時は「多摩」のキットかなんかを改造して作っていたんですね。それを「モデルアート」ではスポット連載みたいな形で何回かに分けて掲載していました。

畑中　長谷川さんが「モデルアート」に「多摩」改造記事を書いたのは1975年のことでした。 私なんかはこの記事を読んで初めて、キットを改造して別の姿に変えることができるということを学んだんです。

――相当以前のものですよね。そういう記事はバックナンバーを探して読むしかありません。今回の連載は当初から単行本としてまとめいつでも見ることができる形で残す、という意気込みで企画していました。雑誌に掲載されたままではいざ製作しようという時にあちこち探さなきゃならないわけですから。

畑中　本書では連載時より図面を追加掲載しています。連載時は二隻ペアの片方の艦の図面だけでしたが本書ではもう一方の艦の図面も追加しました。私の研究が100%正しいわけじゃないんですが、この図面はひとつの踏み台にもなるとは思っています。これを踏み台にしてもっと研究を深めてもらえて、軽巡というものが案外魅力的だな、ということに気づいてもらえると思っています。だからそういう意味でも単行本化の機会を与えてくださったことはありがたく思っています。

――ちょっと最初の方の話に戻るんですが、この連載のひとつのコンセプトとして、畑中さんがおっしゃった“1/700で”というのが重要なのかなと思うんですよ。エッチングパーツや精密なプラスチック製のアフターパーツがあり1/350並みの精密な模型もできるけど、1/700で読み取れる範囲で図面に起こして、識別ポイントを再現する、というのが連載当初からの企画意図でした。

畑中　理由のひとつは図面は公式図から作っているものじゃないからなんです。公式図があるのはだいたい軽巡全体の1/3ぐらいなんですね。のこりの2/3に関しては、私が写真を基に推定したものです。だから図面は大スケール向けには描いていません。1/700のような省略された模型で再現して、スケールの許す限りでの個艦の差別化を出すと。それがひとつの大きなコンセプトになります。

米波　省略ということで言いますと、エッチングパーツなどを使った精密な作例では個艦の持っている個性というのは、逆に出にくくなってしまう気がしています。細かいところは省略して大きいデザインの形として見た時でも残るっていうポイントがその船の個性かなという風に自分では考えているんで。

畑中　米波さんがおっしゃったのは非常に大事な点でですね。やはりエッチングパーツに依存すると、それを出している会社のリサーチを受けいれるということなのですが、それが必ずしも最新の考証を反映したというわけではなかったりするんです。私と米波さんに共通するのは、やはりメーカー依存じゃなくて実艦に戻るべきである、と。実艦の特徴を捉えてそれを自分なりに再現するのが大事だと思うんですよ。その辺の共通認識が成り立っていたのでこの連載が企画できたと思うんですね……1/700という小スケールにこだわるっていうことは、やっぱりそういう点に集約されると思うんです。

米波　連載で言うと「長良」の回ですが……これは何を訴えたかったかって言うと、リノリウム抑えが縦張りのやつがあるんだと言いたかったんですよ。機銃の配置とかの細部は二の次なんです。リノリウム抑えは普通横張りだと認識されていますけれど、写真を見る限り、縦張りじゃないかという風に考えられる軍艦があります。そのひとつが「長良」だったので、これはどこかでやるべきだなと思っていました。たまたま最終時に近い資料があるってことで、この回に収まったわけですけれど。

佐藤　「球磨」を作ったとき、縦張りって言われて僕も調べたんですが、縦張りの軽巡は意外に多いんですよ。「長良」型ですと「由良」もそうだし。

米波　ハセガワが商品として「龍田」を縦張りの仕様で出してきましたけれども、「龍田」に関しては動かぬ証拠があるわけじゃないんですよ。どこの工廠でしたっけ、佐世保でしたっけ。

佐藤　佐世保ですよ。佐世保で造った軽巡がほとんど縦張りのようですね。

畑中　たぶんね。だから「龍田」は縦張りの確証はないと思うけどそうしたのは佐世保だからでしょうね。

佐藤　ということは、「夕張」とかもありえるんですよね。

米波　「夕張」も写真でみると、“あ、これ縦じゃないかな”って見えるところはあります。

――例えば精密さにこだわって作り込んだとしても目立つリノリウム抑えが違っちゃったりするとちぐはぐに感じたりしますね。

米波　でもリノリウム抑えを縦に修正するのは大変なんですよ。

――いっそ、リノリウム抑えの表現は省略しちゃうということもありでしょうか。

米波　「長良」のときにやったようにスジボリでやっちゃってもいいんじゃないですか。縦張りという特徴を訴えたいというコンセプトの作例になるんですけれどね。

――もちろん艦船模型の楽しみ方は作り手それぞれなので、ひとつの考えや作り方を強制するわけじゃないけれども、そういうことをちょっと知っておいてほしい。そこから、自分なりにいろいろ採用していくのも楽しいということですよね。

米波　こういう立体化されたものの写真があると、“ああ、やってみようかな”って思ってくれる人が必ずひとりはいると思うんで（笑）。

畑中　ひとりでもいてくれれば！

――連載中で最も苦労した回や印象に残っていることはありますか？

山下　担当した時はね、やっぱり1/700の壁を感じました。畑中さんから頂いた資料で、対空機銃の位置なんか全部わかるわけですよ。それを搭載する台座から自作していくんですが途中で辻褄があわなくなっちゃう。資料が悪いんじゃなくて、1/700ではプラの厚みなんかもあって図面通りには製作ができないことが多々ありました。台座に機銃を配置しても“これ、振り回せないじゃん”ってなるんですよね。その辺を“どうして見せるか”、“どうごまかすか”っていうのは苦労しました。連載に参加していて、“頂いた資料通りに再現できないな”というのが一番気にかかりました。

――なるほど。

1/700は小スケールモデルである。小スケールではどうしても再現に限界があって、すべてを実物そのままに表現することは不可能だ。簡略化したり省略したりするのが一般である。軍艦模型の場合、機銃はボーダーライン上にあるもののひとつだろう。旧来は大きめなモックアップを作り縮小器でスケールダウンしてパーツ化していたが、それでも左写真のように実寸の1.5倍ほどの大きさが限界だった。アフタパーツがはやりだすとエッチングパーツ製の機銃が現れたが、組み立てるのに技術を要した。現在は3次元立体レーザー彫刻機の発達のおかげで、右写真にあるファインモールド社のナノドレッドシリーズの機銃が現れ、ようやく悩みを解決してくれた。

畑中　ナノ・ドレッドが出る前は、プラスチックパーツの機銃っていうのはどれもオーバースケールでしたからね。実物の1.5倍以上ありましたよね。だから山下さんのご指摘のように振り回すようなスペースがないということもありました。1/700ですとプラ板自体の0.3㎜も結構厚いもの。

米波　「夕張」はすごく苦労しました。実物の設計が狭いところにいろいろ載せているから。煙突周りとかものすごい複雑なんですね。ここは畑中さんに詳細なイラストを頂いていたんで、“こういう風に作りたいな”と思うんだけれど、寸法で追いかけていくと限界があるんです。結局キットのパーツはほとんど使わず大部分作り起こすという感じになったんですが、今度は手作業による誤差っていうのがかなり出ることになる。見た目にはわからなくても左右が斜めになってたり、そういうのってこのサイズでも影響しちゃいます。ちょうどプラ板の厚さ分だけ収まんないよ、とかいう感じで、何回も試行錯誤した覚えはありますね。

畑中　そういう経験を積むと、小スケール模型では省略することが必要であり、大事なメソッドだということがわかって、工作する感覚が身につくはずなんです。

米波　僕は最終的に組み立てる段階までタッタッタッて進めて、仮組みしながらバランスを取るっていう作り方をしているんですけれど、最後に艦橋を組み込んだ時に、煙突前部のスペースに載らない。この三脚支柱がどうしても通らなくて苦労しました。

畑中　「夕張」はすごい複雑な構造の三脚なんですね。脚だけじゃなくて、ほかの役目も担っているんですねこれ。支柱で支えたり、いろんなものを支えているので。しかもあの細い船体に立っているので。立っている角度まで合わせるとなるとよっぽどの調整が必要なんですよ。だからどこかでごまかさないと、1/700スケールでは難しいと思いますね。

――「夕張」はサイズからいくと駆逐艦よりひと回り大きいぐらいの感じですよね。誌面では大きく見せているけれど模型はかなり小さい。

畑中　「夕張」はなまじ公式図があったもんですから、私もその気になってまじめに調べちゃったもんで、こんなことになりました。

「由良」の迷彩写真が初お目見えした「世界の艦船」2012年1月増刊「日本巡洋艦史」。震えのくるようなすばらしい写真である。編集を担当された方にうかがったところ、この1枚しか見つかっておらず、反対舷のパターンが不明なのが惜しい。

米波　僕も好きな船だったんで、まあ、割と気合を入れて作ったっていうかね、この時は。

畑中　米波さんが作った「夕張」のようなキットがメーカーから発売されるといいんですけどね。同型艦がないのでなかなか難しいとは思いますが。

――今後開発してほしいキットのお話を教えていただけますか。

畑中　先ほども申しましたように、1/700で改造ベースとして使える「長良」型の船体が欲しい。発売されていない「由良」として発売するのがいいんじゃないかと思うんですけれど。まず、「由良」を出して、船体は六隻共通ですので、ほかの艦も上物をちょっとずつ変えれば……主に艦橋ですけれどもね、それぞれの特徴を出せるかなと思います。

――「由良」は確かに唯一、軽巡洋艦でキット化されていませんね。「阿武隈」ほど戦歴はメジャーではないですけれども。

畑中　2012年に出たものですが、「世界の艦船」の増刊号「日本巡洋艦史」で素晴らしい迷彩の写真が掲載されましたから、これを機会に！

――米波さんは何がキット化されるとうれしいですか？

米波　私は、タミヤの「球磨」と「多摩」がリニューアルされたらうれしいです。現在発売されているものも当時の状況を考えると素晴らしいものですが、その後いろいろ資料も見つかったわけですから。

畑中　1973年発売ですから現役として半世紀に近いキットですもんね。そろそろ交替時期かな。

――「島風」も2017年にリニューアルされました。「島風」も一隻しかないし、実験艦的な艦でありながらメジャーな船ということで、ひょっとしたら先程お話に出た「夕張」の方が可能性があるかもしれませんね。

米波　そうですね。「夕張」は公式図もありますし。新「島風」のあのピタッピタッという精度でリニューアルキットが出たら、また新しいファンの獲得に繋がるんではないかと思います。

――佐藤さんはどうですか？

佐藤　5500トン級軽巡の基本形、ということで「長良」型の「長良」と「球磨」型の「多摩」ですかね。これがあるといろいろ同型艦も作ることができます。連載を通じて形が一隻一隻違いがはっきりしたのでできれば基本となるものをやっぱり出していただけるとありがたいな、ということがわかりました。

――もし出すとしたら、やっぱり1941年の開戦時が一番いいんですか？

佐藤　開戦時と、昭和10年ごろの近代化改装直後がほしいですね。

――1930年代ですか。

米波　そうするとどの年代にも応用できます。

――後で手を入れやすいということですか。

佐藤　開戦時にしちゃうと、機銃が付いたりとか、舷外電路がモールドされちゃうんですよ。そうするとその艦しか作れなくなっちゃうのでできればないものがいいです。

――舷外電路がないと“省略してるの？”って風に思われるのですけれど、むしろない方がいいのですね。

佐藤　舷外電路は船によってパターンが違うんですよ。「球磨」と「多摩」でも違ってますし、……今回単行本用に作った「球磨」は再現していませんが、細かく見ると舷外電路のレイアウトも違うしカバーが付いている場所と付いていない場所がありますよね。だから舷外電路は本当はない方がいいんですよね。結局削ってまた付けることになっちゃうから。

米波　舷外電路は波浪とかでもよく壊れるから、僕は同じ艦でも取り回しも時期によって変わっちゃうんじゃないかと考えています。

――開戦後でも、取りまわしが変わってくるということも考えられるんですね。

佐藤　軽巡は一番プレーンなやつで。なんにもないやつがうれしいですね。

畑中　軽巡が活躍したっていうのはだいたい日中戦争時代なんですね。1930年台というのは近代化改装をした後の非常にシンプルなスタイルなんだけれど、見てくれもいい時代なんです。太平洋戦争時になると装備が増えて吃水も深くなるんですけど、1930年代はまだ乾舷もそこそこあります。5500トン級軽巡が一番活躍した時期が昭和10年～15年ぐらいまでだと思うんですね。その状況が再現できるようなキットが理想です。

――山下さんはいかがですか。

山下　できれば一番基本的な、「球磨」、「多摩」だとかその辺の5500トン級軽巡ですね。僕は連載を通じて知らなかったことを勉強できたので、非常に面白かったですよ。

佐藤　艦船をこれから始める人には、やっぱり基本的な形を知ってほしいです。大戦後期の武装や電探を強化したゴテゴテしたものから作り始めると、“軍艦ってこんなもんか”とか“こうじゃなきゃいけないのか”っていう風に考えてしまうと思うんですよ。だから、“どういうキットを出してほしいか？”って言われると、基本がきっちりしたシンプルなものって答えることが多いです。それに尽きちゃうんですよね。

畑中　今はアフターパーツがあるから自分なりに大戦後期仕様のものは作れるわけですし、私たちみたいにプレーンなものが好きな者はキットをそのまま愛でればいいと。という風なことだと思うので、大戦初期かその前の近代化改装

直後ぐらいの状態のキットが欲しいですね。

――あとふたつお伺いしようと思います。ひとつはアフターパーツで軽巡用に開発してほしいな、というものがあったりします？

米波　それはもう14cm砲に尽きますね。

――14cm砲はピットロードのNE03新WWII日本海軍艦船装備セット3に入っていますが。

米波　あれには1箱に4つしか入っていないので……5500トン級軽巡は普通7基搭載していますから1箱じゃ足りないんですよ。だから1箱で2隻分14門プラス予備で2門ぐらい入っているものがあるとうれしいですね。さらにいうと空いているスペースに８cm高角砲を複数入れていただけるとありがたいです。

佐藤　８cm高角砲もピットロードのNE03に入っているんですけどもうちょっとたくさん入っていてほしいです。

――意外に積んでいる船はありますものね。

佐藤　今回私が製作した「球磨」でもこの８cm高角砲を載せました。ですから、開戦前はこんなんだったよというのを紹介したかったのです。対空火器は“機銃しかないだろ”と思い込んでいる方も多いと思うので。

米波　元々の、オリジナルの装備ですからね。大戦末期の武装強化時代よりも8cm高角砲を搭載していた時期のほうが艦歴としては長かったということも知って欲しいです。

――最後にお伺いしますが、この本を読んで、“軽巡を作ってみたいな”と思ったら、どの軽巡から作ればいいですかね？ おすすめは？

畑中　キットは「多摩」が一番いいと思います。

――「多摩」は再開発してほしい候補の筆頭でしたが。

畑中　たしかに「多摩」はリニューアルして欲しいのですが、初心者のことをおっしゃっているのだと思うので……軽巡の基礎を知るためには「多摩」から始めるのはいいと思いますよ。あるいはタミヤの「阿武隈」ですね。

佐藤　「多摩」は改造というか、新たにプラ板で追加工作するとかがなしで作ることができる、ということなんです。それをおっしゃりたかったんですよね。

畑中　そうです。普通に組み立てるのにはいいキットだと思います。

――連載第１回で「多摩」は佐藤さんに担当していただいて。それはなるべくキットをプレーンな状態で活かしつつ……。

畑中　じつはあれは佐藤さんなりの手がけっこう入っていますね。

佐藤　でも基本的にはキットそのままで作っても、これに近いものは作れますよ。

――割と新しいキットですと、アオシマの「川内」型はどうでしょう。

米波　安心して薦められますね。例えば、「川内」型の三隻を作り比べてみて、これだけ個性があるよ、っていうのを認識してもらうのが初心者の方にはいいですね。

――アオシマの「川内」型は船体が全部違うんですかね？

畑中　二隻は同じ。「神通」、「那珂」が同じですね。

山下　「神通」、「那珂」がダブルカーブバウで。

米波　艦尾上甲板だけ変えてあるんでしたっけ。

畑中　そうそう、上甲板だけ変えてあるんですよね。

山下　後部甲板のところだけ変えたね。

――比較的新しい、タミヤの「阿武隈」か、アオシマの「川内」型の三隻あたりから入っていけばいいんじゃないかと。あとはちょっと古いキットになるけれども、タミヤの「多摩」もそのまま作るんだったいいということなんですね。

米波　本当を言うとね、「球磨」型からはじめて、軽巡の変遷を見ていくのが面白いんですけれど。それだと最初のほうで躓いちゃう人が出るかもしれません。

――本書を手に取られて、読むだけで満足するんじゃなくて、一隻二隻、とりあえず作ってみて欲しいですね。そうするといろいろ発見もあるでしょうから……そういう風な形になっていただければうれしいですね。

畑中　作ってみて発見することは多いと思います。

――誌面に掲載された写真などを見ていてわかってるつもりでも、作ってみると“あ、こういうことなんだ”とわかる部分もあるでしょう。さっき指摘されたような、プラ板の厚みで再現できないような部分とかも苦労しながらも解決策を考えるということも面白いと思います。本書を通じて軽巡のファンが増えるてくれることを期待しております。あ、話が熱くなりすぎて座談会は5500トン軽巡の話に終始してしまいましたね。でもアオシマの「大淀」など5500トン級軽巡以外にも良いキットはたくさんありまだまだ語りたいところですが……お時間もきましたのでこのあたりで終わらせていただきます。

山下　「大淀」は私がアオシマ在職時代に手掛けたキットなんだよ！

一見同じように見えてそれぞれ異なる
軽巡の特徴をいかに再現するかが
我々がおすすめする楽しみ方です

5500トン級
軽巡の識別法を
伝授します

5500トン級軽巡の見分け方

**似た姿をしてても1隻ごとに違う
本当は個性派の軍艦の違いを知って
真の軍艦ファンの仲間入りだ**

小型艦でもない軍艦が同じ船体形状で14隻も造られたのはきわめて稀なこと。米海軍の戦時量産型軍艦には見られないキャラの立った日本の軽巡たちを知ろう

文／畑中省吾

●5500トン級軽巡はどれも同じ？

大正時代に建造された通称5500トン級軽巡は、外観上で分類すると3タイプに分かれるが、ほとんど同じ構造、同じ寸法、同じ性能の同型艦が14隻もあった。そして、艦齢20年を超す旧式ながら、近代化改装を施して、太平洋戦争でも14隻全艦が任務にはげんだ。駆逐艦程度の小型艦なら十隻を超す大量建造をするケースもあるが、巡洋艦ほどの大きさになるとなかなか珍しい。大金持ちのアメリカならいざ知らず、貧乏国の日本では特異な現象だった。それもそのはず、もとは大軍備拡張計画である八八艦隊における補助艦として計画されたのだ。主力艦である戦艦・巡洋戦艦のほうは大正10年のワシントン軍縮条約で2隻以外ご破算とされたが、軽巡はすでに建造に入っていた14隻がそのまま建造されたのだ。ちなみに、4隻ほどは未起工だったので建造中止となった。その艦名は「加古」「綾瀬」「水無瀬」「音無瀬」と決まっていた。

ところで、そんなふうに同型艦がたくさんあると、どれも同じ形で区別がつきにくいし、せいぜいタイプの違いがわかるくらいがいいところ、という人もけっこういる。たしかに、造られたばかりのころはよく似ていた。それでも、初心者にも区別できるのが、煙突の数の違いだ。最後に造られた3隻の「川内」型は他より煙突が1本多い4本ある。

もともと似ているからどれも個性がない、と思っている人が多いのではなかろうか。じつはそうではない。5500トン級軽巡は長い期間働いた。そのあいだに戦い方や兵器や軽巡の受け持つ役割なんかが変化して、折にふれそれに合わせた改装を施されていった。また、太平洋戦争に入る前には嚮導する新型の駆逐艦の性能に合わせて近代化改装も受けている。同時に、いろんな使われ方をした。建造目的のひとつに高速力が求められていたから元来武装が少なく、余裕のある設計だった。それを利用して、航空兵装の実験プラットフォームの役目を割り振られたり、凌波性を向上させるために改造されたり、新型の魚雷発射管に換装されたりしている。そうした理由から一隻ごとに個性的な相貌をもつに至ったのである。

●個艦を見分けよう

私たちが軍艦の姿を研究するときに使うのは、一般艤装図などの公式図面と当時の写真だ。5500トン級軽巡についていえば、そのどちらもかなり少ない。また、艦の姿は常に変化している。したがって、見ている写真が何年何月ころに撮られたものかを知ることが大事となる。それから、艦の姿は変わるところと変わらないところがあることも知っておこう。

これらを踏まえて、ここではまず、はっきりと他の僚艦との違いがわかるポイントをもつ艦から紹介していくことにしよう。

煙突の形状から見る個艦の違い

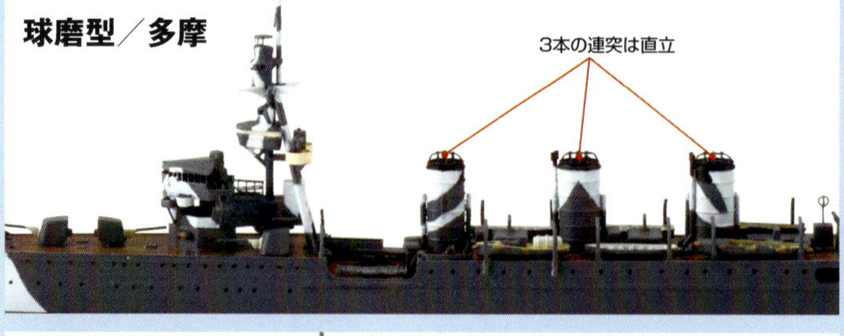

「球磨」型5隻のうち、「木曽」を除く4隻の新造時のプロフィールはひじょうによく似ていて専門家でもなかなか区別がつかないほどである。その後各艦は改装を受けて姿が変わっていく。「多摩」はそのなかでもっとも標準となるスタイルである。

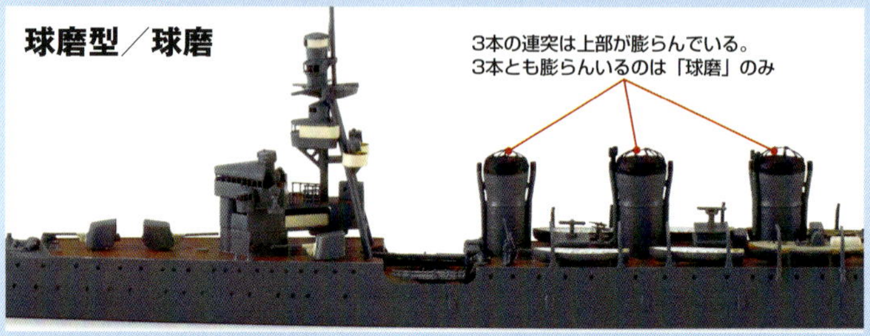

「球磨」は「多摩」とよく似た姿であるが、直立する3本の煙突の上部がホヤのようにふくらんでいるのが特徴。5500トン級軽巡でこのような煙突を持つのは「球磨」のみだから、ひと目で特定が可能である。

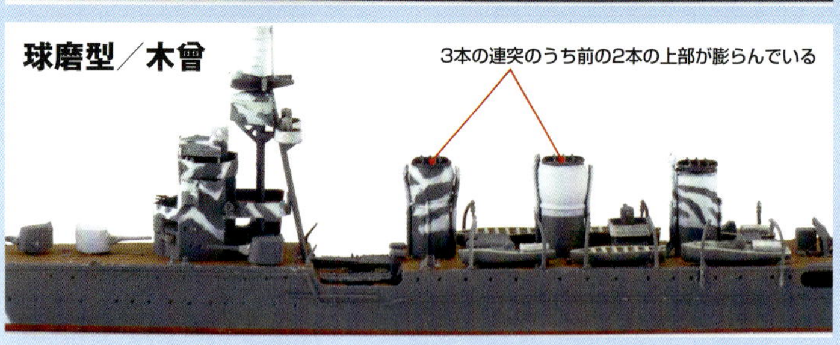

「球磨」型の最終艦「木曽」も「球磨」と同様に煙突に特徴がある。3本のうち前の2本がホヤ型、残る1本がまっすぐな形である。「木曽」のシルエットも独特なので、遠いシルエットでも見分けられる。

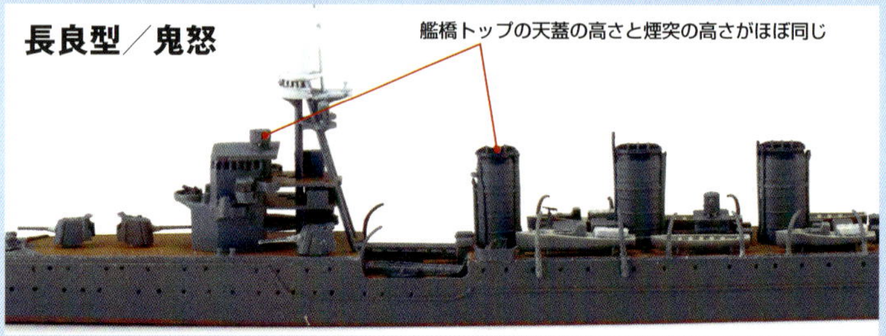

「球磨」型と「長良」型とは横から見た艦橋の形がまったく違うが、煙突の数は同じである。「長良」型は煙突の形状だけでは個艦の区別は難しい。なお、「長良」型の「鬼怒」は改装で艦橋高さを「球磨」型程度まで低められたので、他の「長良」型と区別しやすい。

ただし、軽巡から別艦種（重雷装艦、回転搭載艦、防空巡）になった艦は一目瞭然なので除く。

●僚艦と区別しやすい特徴をもつ艦

以下の艦は、遠くからシルエットで見ても特定できる特徴をもっている。

・「球磨」の特徴

1929～30年ころに煙突3本に雨水除去装置を取りつけたが、当時開発途上だったせいで上部が膨らんだ不細工な形の煙突になった。3本ともこの形状の煙突をもつのは「球磨」のみ。他の箇所が改装で変わろうとも、この特徴は1944年1月に沈没するまで変わらず。

・「木曾」の特徴

「球磨」に続いて1930年ころに煙突に雨水除去装置を取りつけ、1・2番煙突は上部が膨らんだ初期型の不細工なもの、3番煙突は改良されて膨らみのない煙突になる。このため、遠くから見ても「木曾」はすぐに判別ができる。

・「鬼怒」の特徴

1934年に近代化改装を受け、艦橋を他の「長良」型より低いものにする。これ以後の写真で艦橋トップの天蓋高さが煙突とほぼ同じなのが「鬼怒」である。

・「阿武隈」の特徴

1930年10月に艦首部を損壊し、復旧に際してステム（艦首）の形状をダブルカーブ型に改修して1931年12月に復帰。以後は3本煙突の5500トン級で唯一、他のスプーン型ステム軽巡とは艦首形状の異なる艦となる。

・「川内」の特徴

4本煙突をもつ5500トン級3隻のうち、僚艦2隻が美保が関事故で艦首を損傷し、1928年3月にダブルカーブ型艦首に修繕のうえ艦隊復帰した。そのため、これ以降は「川内」だけが4本煙突軽巡のなかで唯一スプーン型ステムを

艦首の形状から見る個艦の違い

長良型／長良

5500トン級軽巡の艦首ステムはいっぱんにスプーン型とよばれる丸みを帯びた独特な形状をしている。14隻のうち13隻までこの形状で建造された。「球磨」型、「長良」型は全艦スプーン型で、ここに示す「長良」のようなシルエットである。

長良型／阿武隈

「長良」型6隻のうち、唯一艦首のステムラインが変更されたのが、「長良」型の最終艦「阿武隈」である。なお、「阿武隈」も改造される前の1930年10月まではスプーン型だった。3本煙突でスプーン型以外のステムをもつのは「阿武隈」のみ。

川内型／川内

5500トン型の第3グループ「川内」型3隻は、当初はスプーン型艦首だったが、就役早々3隻のうち2隻が二重カーブ型〈ダブルカーベチャー〉に改造され、唯一「川内」だけが生涯スプーン型で通した。戦時中に4本煙突でスプーンン型艦首を見たら「川内」だ。

川内型／神通

「神通」は「川内」型で、最初はスプーン型艦首をもっていたのだが、衝突事故を起こし、1928年に艦首をすげ替えたときに、新式の二重カーブ型艦首となった。艦首形状は同型艦「那珂」と同じだ。艦首形状だけでは両艦を区別するのは難しい。

川内型／那珂

「那珂」と「神通」の場合、「神通」が艦首を改修した1928年以降は艦首形状では見分けはつけにくい。どちらもダブルカーブ型だからだ。1932年までなら、「神通」の飛行機滑走台にカタパルトが載っていたので見分けることは可能だが。

もつことになり、判別が容易である。さらに、1935年ころに近代化改装が終了して以降は、他より長かった1番煙突が短縮されて4本の煙突の高さがほぼ同じになり、この点でも他の2隻とは一目瞭然で判別できる。

●類似の艦を見分ける

さすがに以下の軽巡はシルエットで見分けるのは難しい。とはいっても、同じ外観をもつ艦はない。おのおの必ず特徴的外観をもっている。まずは比較的わかりやすい相違点を探そう。

・「多摩」「北上」「大井」を見分ける

「球磨」型は、近代化改装で羅針艦橋周囲にブルワークを設け、天蓋を固定式に改装した。以降は、のっぽの艦橋をもつ「木曾」以外の4隻は2隻ずつのグループに分かれる。これら4隻は中央が前方に突き出した毒蛇の頭のような平面形だが、突き出たところが角ばっているのが「球磨」「大井」、半円形の曲面になっているのが「多摩」「北上」である。

また、「球磨」「多摩」は後檣前に射出機を設置したが、「北上」「大井」は航空兵装が設けられず射出機をもたなかった。

「球磨」は上述の明らかな特徴があるので除外し、他の3隻をまとめると、

「多摩」は半円状の羅針艦橋前壁とカタパルトをもつ。

「大井」は角ばった羅針艦橋前壁をもち、カタパルトがない。

「北上」は半円状の羅針艦橋前壁をもち、カタパルトがない。

そのほか、「北上」だけが1940年の特定修理で2・3番煙突の高さをやや低めている。これは「北上」のみの特徴で、重雷装艦、回天搭載艦のときもこの状態だ。

・「長良」「五十鈴」「名取」「由良」を見分ける

1932〜33年ころにそれぞれ近代化改装を受け、航空兵装改良と艦橋の近代化および後檣の3脚化と射出機の装備などが実施された。

艦橋の形状は相互によく似ている。ただし、「長良」「名取」の羅針艦橋天蓋は中心部の高くなった棟のある寄棟屋根形、「五十鈴」「由良」はほぼ平坦な形状で、区別することができる。ただし、「由良」の天蓋が固定式の平坦な形状になるのは1937年ころ。

近代化改装で後檣の高い位置に探照灯を設置したが、「名取」のみ2灯、「長良」「由良」「五十鈴」は1灯である。また下段には見張所があるが「五十鈴」のみ見当たらない。これら後檣の特徴は1941年ころまでで変化し、「名取」「長良」は見張所のあった位置まで探照灯フラットを下げて1灯装備となる。「由良」は1941年まで後檣は変わらない。「五十鈴」は資料がなく不明だが1940年は以前のままだったらしい。

上空から見ないとわからないが、5〜7番主砲のある後部飛行機作業甲板の形状が、「名取」のみ左舷側を舷側まで広げた形状、「長良」「五十鈴」「由良」は右舷側を舷側まで広げた形

「多摩」「北上」「大井」を見分ける

球磨型／多摩

「多摩」には航空機施設が設けられたので、「北上・大井」との区別は容易である。カタパルトがあり、後檣が三脚構造でクレーンを装備しているのが「多摩」である。「北上・大井」にはカタパルトがない。また、後檣は直立する単檣である。

球磨型／北上

「北上」と「大井」は新造時から類似したシルエットをもつ。近代化改装を受けた際、「北上」は2、3番煙突の高さを少しだけ低くした。「大井」は新造時のままである。しかし、この違いは写真をよく見ないと、わからない。

球磨型／大井

「大井」と「北上」では羅針艦橋の中央部の形状などが違っている。「北上」で曲線を描いていた羅針艦橋甲板中央部が、「大井」では中央の窓3枚分を直線にしている。その他の附帯装備にも両艦には形状の差が見られる。

「長良」「五十鈴」「名取」「由良」を見分ける

長良型／長良

「長良」型6隻のうちの「鬼怒」「阿武隈」は見分け方を示した。残る4隻は似ている。しかし、艦橋の天蓋、後檣、後部飛行機作業甲板で見分けることができる。
「長良」は、中央に棟のある天蓋、後部飛行機作業甲板は右舷側を舷側まで広げた形状である。

長良型／五十鈴

軽巡「五十鈴」は、フラットな艦橋天蓋、後檣クロスツリーのわずか下にある後部探照灯、後部飛行機作業甲板は右舷側を舷側まで広げた形状である。

長良型／名取

「名取」は、中央に棟のある天蓋、後檣の探照灯が低い、後部飛行機作業甲板は左舷側を舷側まで広げた形状である。

長良型／由良

「由良」は、フラットな艦橋天蓋、後檣の上3分の2に探照灯、上3分の1に見張所があり、後部飛行機作業甲板は右舷側を舷側まで広げた形状である。艦橋側壁が長いのも特徴といえる。

状である。「五十鈴」は5番砲の位置まで左舷端艇甲板を延ばしている。

なお、1942年以降の戦時中になると写真がほとんど残っておらず、写真を使った個艦判別はお手上げである。「名取」のみ艦尾を中破したときのシンガポールでの鮮明な写真が数枚あるのがうれしい。

・「神通」「那珂」を見分ける

1928年の損傷修理の後、1933年ころに両艦とも近代化改装を受ける。艦橋にあった航空機格納庫と滑走台を撤去し、後檣を3脚化してその後部に射出機を設けた。1941年ころまではよく似たプロポーションを有していたが、羅針艦橋の横幅が異なる。「神通」は左右いっぱいだが、「那珂」は「川内」「阿武隈」のように左右端を斜めに切った形状である。

1942年ころ、「那珂」は被雷損傷しシンガポールに後退する。このときの記録写真が5、6点あり、損傷以前から、発射管の4連装2基化により前部首楼甲板と中部端艇甲板をつないでウェルデッキを閉鎖、また艦尾上甲板にあった機雷運搬軌条を撤去した。

●図面から知る個艦の特徴

5500トン級軽巡の図面で時代の荒波をくぐりぬけ今に残されたものは数少ない。少なくとも、一般の者が見ることのできる図面は限定されていて、それを見られるのは、呉市海事歴史科学館（大和ミュージアム）のレファレンスルームだ。筆者が知っているここで見られる図面（一般艤装図）は次のとおり。

（建造の古い順に）
- 多摩
- 北上
- 大井
- 木曾
- 五十鈴
- 鬼怒
- 阿武隈
- 川内
- 那珂

こうしてみると、けっこうあるじゃないの、というかもしれない。しかし、一般艤装図一式（およそ5、6葉）がほぼ揃っているのは「多摩」「川内」くらい。あとはなにか欠けているか、逆に数葉が残っているだけ。しかも、上に言ったとおり改装によって幾度も姿が変わっている。一例を挙げれば、「多摩」は開戦時期の1942年のものと、ほぼ最終時の1944年の公式図がある。両方を比較すると、戦時改装の詳細を知ることができる。前檣に装備された電探や主砲に替えた高角砲など。しかし、改装ごとの図面が揃っている艦は、ない。

一般艤装図は、艦の特徴だけでなく艦の詳細な構造まで知ることができる大事な資料だ。ただし、細かな点が判明しても、スケールの小さいウォーターラインモデルで再現できるものは限られる。小スケール模型では、ミクロな点よりむしろマクロなところに視点を置き、艦の特徴をとらえるとよいのではないだろうか。

本書に掲載した艦型図は、これら入手できた一般艤装図を基本に、撮影時期を考慮に入れた写真を使って調整したものである。また、一般艤装図のない艦については、同型艦の一般艤装図を使い、写真を見て形状の違いを判断し描いた。

●大戦中の武装の変遷

戦時中の武装の変化を追い求めるには、一般艤装図はさほど役に立たないかもしれない。一般艤装図は造船所で改装が終了した姿を記録したものであるから、その後に工作艦やら現場やらで施工される増設分は描いてないのだ。それよりも、連載時に「長良」の回で紹介した『軍極秘　各艦　機銃、電探、哨信儀等現状調査表（「あ号作戦」後の兵装増備位置青図集）』がひとつの解答を与えてくれるだろう。ただし、一部の単装機銃の配置は一時的なものとの見解があり、この資料が最終的な解答にはならないことも知っておいていただきたい。

いっぽう、艦政本部から出される訓令と造船所の記録を調査することや、元乗組員へ取材する方法がある。この調査を積極的に推し進められたのが、田村俊夫さんである。田村さんは成果を学研『歴史群像』の「真実の艦艇史2」に軽巡の武装変遷を発表された。今のところ、この資料に勝る解答はないといえる。ただ、すべての軽巡についてではなく、「木曾」「長良」「阿武隈」など数隻が発表されているにすぎない。残る軽巡をもし研究するのであれば、この方法がベストであるが、乗組員への取材は現状ではほぼあきらめるしかなさそうである。

大戦期の「那珂」に新事実

艦艇研究家の吉野泰貴氏が「舞廠造造機部の昭和史」に次のような記述があるのを知らせてくれた。
「なお、軽巡那珂はこのときの修理で缶室の一部が改造され、4本の煙突のうち1本だけ長かった艦橋直後の第1煙突が他の3本と同じ高さに切り揃えられた。」
「那珂」は1942年4月1日にクリスマス島近海で被雷損傷し、シンガポールで假修理のうえ本土に帰還。6月25日から舞鶴海軍工廠に入渠して本格修理が行なわれた。その修理と併せて上記の改造を実施したものと想像される。舞鶴を出たのは翌1943年4月のことで、その後はまた南方戦線に加わっている。

吉野氏はさらに大戦末期の米軍によるトラック島空襲の映像がインターネット（※）にあり、そこに「那珂」らしき艦影の日本艦が出てくることも発見した。その映像では4本煙突の軽巡と思われる艦が高速で空襲を回避しようとしていて、煙突の高さは4本とも同じである。「川内」は1943年末にブーゲンビル島海戦で沈没しており、映像の艦の艦橋のたたずまいは「川内」のそれではない。これこそ「舞廠造機部の昭和史」の記述を証する証拠ではないだろうか。

つまり、「那珂」は1943年以降は煙突の高さが4本とも同じ、という特徴を備えたということになる。

▲「舞廠造造機部の昭和史」（岡本 孝太郎 著／文芸社）

※「那珂」の最後を捉えたと思われる画像は以下のサイトで見ることができる。画像はアメリカ海軍の軽空母カウペンスの搭載機のガンカメラによるものだ。
https://www.youtube.com/watch?v=Fty3BQjnloY

北方迷彩を纏う軽巡フォトジェニック・ナンバーワン姉妹

日本海軍軽巡洋艦木曽 1942年2月
日本海軍軽巡洋艦多摩 1942年2月

竣工時はわが海軍最大だった9100馬力、36ノットで洋上を疾駆するサラブレッド。開戦後は艦隊のワークホース。勇敢に戦って散った軽巡たち。まず最初は、太平洋戦争開戦劈頭、白とグレーの迷彩塗装を身にまとい、北の護りに赴いた第21戦隊。寒風吹きすさぶ荒海での過酷な任務を黙々とこなした名コンビを模型とイラストで再現する

日本海軍軽巡洋艦 木曾

▶前檣トップが短縮されていないように見えるので開戦直後の撮影ではないか？　迷彩は幾度か塗り替えられているようで、現存する数葉の写真ではそれぞれ様子が異なって見える

●「球磨」型の最終艦「木曾」は5500トン級の中で最も無骨な外観をもつ。本艦の特徴は上部がふくらんだ第一、第二煙突とまっすぐな第三煙突、姉妹艦と異なる箱型の艦橋構造物は次級の「長良」型と異なり艦橋下部に円筒形の司令塔（操舵室）をもつ。近代化により艦橋前部の格納庫の突出部分が撤去されたが、そのぶんアンバランスな縦長の艦橋構造物となった。また重雷装艦に改装された「北上」「大井」を除いて5500トン級で唯一、最後までカタパルトを持たず、後檣も単檣のままだった

日本海軍軽巡洋艦 多摩

▶1942年初頭、北海道厚岸湾で撮影とされる「多摩」。舷側外板に浮き上がる錆から北方での行動の過酷さが伺える

●「多摩」は近代化改装が他の姉妹艦より遅く昭和9年となったため煙突の雨水除去装置もコンパクトなタイプとなり、カタパルトも新式の2号3型となった。「球磨」型5隻のうちで最も洗練された姿ではないか？尚、姉妹艦でカタパルトを設置したのは「球磨」「多摩」の二艦のみである。「多摩」は昭和17年時の公式図面が知られているが、タミヤの「球磨」型のキットはこの公式図を基に設計されているため「多摩」が最も正確といえる

北方作戦参加時の第21戦隊を製作

「多摩」「木曾」の姉妹艦コンビといえば、第21戦隊を編成して北海道方面の警戒に赴いた時の迷彩塗装の姿を再現してみたいと思われる方が多いことだろう。この塗装をまとっていた時期は開戦から半年ほどの冬季の期間だが、酷寒の北洋の臨場感に溢れ、鮮烈な印象だ。

開戦直前に厚岸湾で迷彩塗装を施された姉妹は、開戦時には千島列島の哨戒任務に就いていたが、荒天により船体を損傷して年末まで横須賀工廠で修理を行なった。この時、船体の補強と前檣トップを短縮するなどの改造を受け、1942年1月21日、再び北海道周辺の警戒に赴いた。しかし3月5日、空母「エンタープライズ」の搭載機が南鳥島を空襲したため本土にとって返し「伊勢」「日向」らと共に米機動部隊を捜索したが発見できず、4月には再び北方に戻った。ところが4月18日、今度は空母「ホーネット」を飛び立ったB-25爆撃機が日本本土を爆撃、またまた本土に呼び戻された両艦はこれを追跡したが、やはり発見できなかった。

再び北の警戒に戻った姉妹は5月28日、ミッドウェー作戦の陽動のため立案されたアリューシャン作戦を支援するため、さらに北へと進出していった。この頃までには姉妹は通常塗粧に戻されていたようである。アッツ、キスカ両島を占領して作戦は成功したがミッドウェー海戦には大敗。戦況は劣勢へと傾く。米軍は両島を奪還すべく反攻を開始。1943年3月27日、アッツ島沖海戦が生起した。海戦は痛み分けに終わったが、日本側はアッツ島への物資輸送に失敗するという痛手を負った。この時「木曾」は舞鶴で入渠しており、海戦には参加できなかった。以降アリューシャン方面の戦いは苦戦を強いられ、日本側はまだ守備隊の残っていた5月20日に両島の放棄を決定。孤立したアッツ島守備隊は29日の戦いで全滅してしまう。日本海軍は取り残されたキスカ島守備隊を救出すべく「ケ号作戦」を発動。7月29日、姉妹は旗艦「阿武隈」の指揮下、奇跡の作戦とも呼ばれる撤退作戦を成功させた。1943年8月、修理のため本土に戻った両艦は、以降は北方に戻ることはなく、南方の戦場へと転進していった。

日本海軍軽巡洋艦木曾
1942年2月

作図・文／畑中省吾
drawing & text by Shougo HATANAKA

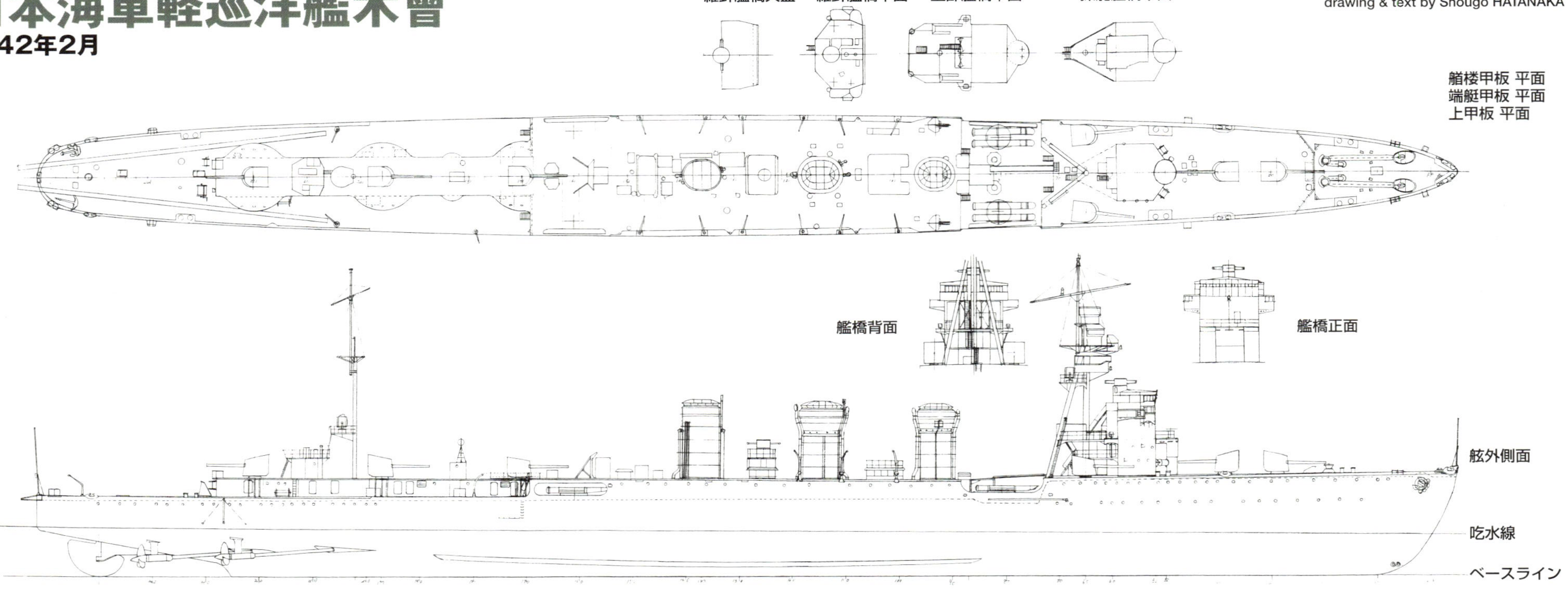

軍艦のスタイルを調べるにあたり頼りになるものは、第一に軍艦の竣工時に海軍工廠あるいは造船所が作る一般艤装図あるいは建造に使われた工事用図、第二に造船所が工事記録用に撮影した記録写真や竣工写真、第三にその他の写真類である。しかし、お目当ての艦のそのものずばりの資料というものはほとんどないのが一般的である。

「木曾」の昭和17年初頭におけるこれらの資料で我々が目にすることができるのは、第三のうち海軍報道部か海軍関係者の撮影になる北方作戦時の写真（もちろん印刷物）である。よく知られているのは昭和17年2月頃に迷彩を施し厚岸湾に停泊しているものなど数葉であろう。これらの写真からは迷彩のパターンをある程度知ることができるが、ディテールとなるとあまり読み取ることはできない。ちなみに、「木曾」が「多摩」ともども北方迷彩を塗っていたのは昭和16年12月～昭和17年前半の間である。また、月刊「丸」第466号のグラビアに朝日新聞の従軍カメラマン吉岡専造氏が昭和17年11月の陸軍北海守備隊輸送作戦時における「那智」「阿武隈」「初霜」「伊-34・35」などをとらえた一連の写真が掲載され、このなかに「木曾」が数葉含まれていた。吉岡カメラマンが乗艦した「阿武隈」に接近してくる「木曾」のショットが2枚ほどあり、艦首と艦橋を写したこの写真はディテールを知るうえで貴重である。羅針艦橋には防弾板と防弾ロープが張られ、艦橋前面中断フラットには九二式7.7mm単装機銃2基を装備しているのがわかる。船首楼舷側に這わせた消磁電路のコースも写真で確認できる。下部艦橋前部にある楕円柱状の操舵室は光が当たってよく見えている。操舵室には見通し用のスリットが前・左・右にあいているが、左・右の視界を確保するため外板はスリット下で切れており、左右をキャンバスで閉じている通常の状態が写っている。

「木曾」の昭和17年頃の一般艤装図は確認されていないが、昭和19年2月のほぼ最終時を示す艤装図が呉市海事歴史科学館にひと通り揃っていて4階ライブラリーに行くと閲覧できる。ただし図面の保存状態のせいであろうか文字や線はよく読み取れない。写真とつきあわせ、できるだけ図面の線を読み取るしかない。昭和17年頃と比較すると、電探関係と武装の一部以外さほどの変化はないように見える。

5500トン級軽巡は、艦首側の船首楼甲板、一段低い前部魚雷発射管甲板である上甲板、煙突が立ち並ぶ端艇甲板、5番主砲から後ろが主檣と3基の主砲がある最上甲板と連繋機雷軌条がある上甲板の2層構造で、全般に構造物はまばらで露天甲板が目立つ。「木曾」の露天甲板の様子は新造時の造船所による工事記録写真で確認できる。リノリウム押えが写っており、部分的ではあるが敷物配置を知ることができる。煙突の左右には縦方向に押えがあり、この部分のリノリウムはどうやら縦貼りだったらしい。

艦橋のディテールは昭和12年5月に芝浦桟橋で撮影された写真が役に立つ（「世界の艦船」第699号）。この時期はまだ羅針艦橋下に飛行機格納庫扉が残っており外観がやや異なるが、写真が鮮明なので羅針艦橋のたたずまいはよくわかりリサーチの参考になる。また、ミジップ（艦中央部）を写した写真からは煙突周りの艤装や艦橋背面が開放式になっていることが理解できる。艦橋背面については、終戦後にマニラ湾で大破着底した状態を撮った戦後の写真が有用である。これらを見る限り艦橋の表情は最後までほとんど変わらなかったようだ。大破して装備品や前檣がない状態なので、背面構造がわかる。沈没し放棄された「木曾」だが、船体が残存していたことで貴重なディテール情報が残されたわけである。

日本海軍軽巡洋艦

木曽

1942年2月

クラシカルな姿のまま 大戦を戦った球磨型の末娘

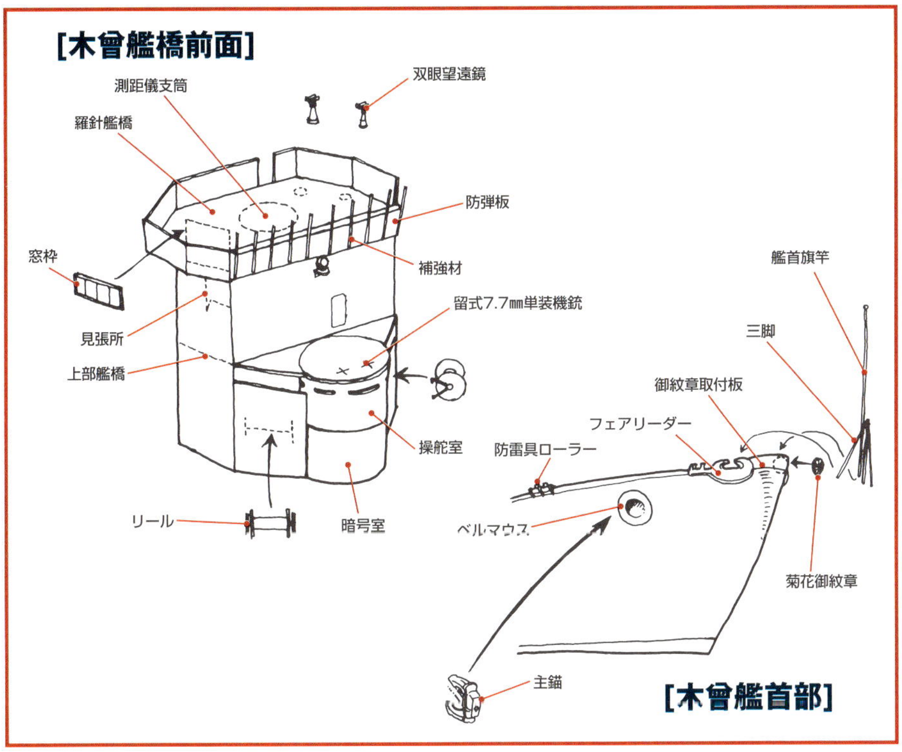

日本海軍軽巡洋艦 木曽
タミヤ1/700
インジェクションプラスチックキット
製作・文／米波保之
作図／畑中省吾

Imperial Japanese Navy light cruiser Kiso.
TAMIYA 1/700 Injection-plastic kit.
Modeled and described by Yasuyuki YONENAMI.
drawing by Shougo HATANAKA

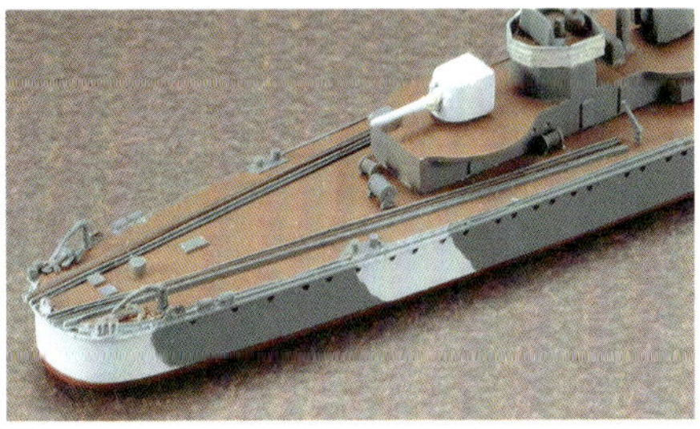

キットは戦前の1932年頃の状態となっている。1942年時との違いは艦橋前部の飛行機格納庫突出部の有無くらいだが、意外にも工作量の多い改造となった。

■船体

全長が約3㎜不足する。また乾舷の高さも不足気味なので、これらの基本寸法の修正からスタートした。まず船体を後部の段差の所で切断し、3㎜のスペーサを挟んで再度艦尾部を接着する。この時、艦尾を0.5㎜下にずらして、最上甲板と上甲板の段差が3.5㎜位になるように調整する。この加工で段差がついた水線部は後部を1㎜、前部を1.5㎜かさ上げして均一にするが、底にプラ板を貼ってしまうと艦内にある後部魚雷発射管が後付けできなくなるので、船体の縁に沿って帯材を貼り付け、内側は穴のままとしておいて、すべての塗装が完了後にプラ板で作った甲板に発射管を取り付けて挿入した。また発射管の開口部は前と下を0.5㎜ずつ削ってひとまわり大きくする。実艦写真との比較で、艦首ラインの絞り込みが少しきついように思われたので、水線部付近にプラ板を貼って幅を増した後、パテを盛ってフレアラインを整えた。この加工で失われた舷側のモールドはプラ材などで適宜復旧して、省略されている艦首のご紋章取り付け板やフェアリーダー、波除け板などもプラ材で作り付ける。揚錨機やホースパイプなどにも畑中氏のイラストを参考に手を入れた。セルター甲板の側壁（部品A21,22）は使用せず、高さ3㎜のプラ材に置き換える。実艦のセルター甲板の天蓋（B15）はリノリウム張りだが、モールドがないのでケガキ針で筋彫りを施した。また前部魚雷発射管の周囲もリノリウム張りなので、発射管取り付けの円形モールドを削り取って平らに均し、筋彫りを施す。削り取った円形モールドは実際にはターンテーブルでなく、円形の回転軌道なので直径4㎜のプラパイプで作り直した。艦尾の機雷敷設軌条はキットのパーツでは埋め込み式のような表現だが、実艦のそれは甲板上に敷かれたレール状になっているので取り付け部の溝をプラ材で埋めた後、0.15×1㎜のプラストライプの中央にケガキ線を入れて二つに折り曲げたものを取り付けた。左右のレールは同じ長さにしておく。キットの船体は「多摩」の公式図を基に設計されており、畑中氏の艦型図と比較すると甲板上の構造物の配置がモールドと微妙に異なっているのがわかる。作例は当該部分のモールドを削り取り、図に近づけるようにプラ材で構造物を作り直しているが、第三煙突後ろの予備フロート台を削ると甲板に穴があいてしまうので、プラ板で塞いでいる。工作によって消えたリノリウム押さえのモールドは、ケガキ針で引き直した。元のモールドが控えめなので塗装してしまえばそれほど気にならないと思う。

■艦橋

艦橋（B30）は前後幅が広すぎるので、上段の前壁を削って、幅6.5㎜とし下段の前方の斜めになった部分の接線もそれに合わせる。艦橋前部にあいた穴はプラ板で埋め、後部の信号所も畑中氏の図を参考に形状を修整。省略された操舵室の両側の開口部をリューターで彫り込んで再現、操舵室上には機銃台のブルワークを付ける。羅針艦橋（B34）と天蓋（B35）はキットの部品を使用せず、プラ板で作り直した。前檣は支柱を0.8㎜のプラ丸棒で作り替えているが、そのまま取り付けると艦橋天蓋の測距儀と干渉するので取り付け穴を一旦埋めて、1㎜ほど後退させて取り付けた。主砲指揮所（B25）は少々小ぶりなので上部を3.2㎜径のプラ棒で作り替えた。前檣トップは0.5㎜のプラ棒で作り直し、右舷側のヤード上に2kw信号灯をつける。また、クロスツリーの前方に見張方向盤を取り付ける。

■煙突・上部構造物

煙突頂部の雨水除け格子はキットの部品を裏側から削って開口しているが、第二煙突用のものは形が異なるのでフジミ「五十鈴」のものを流用。前部の2本の内部には円弧状の整流板があるのでリューターによる彫刻で表現してみたが、完成するとほとんど見えなくなってしまった。煙突付近の構造物は畑中氏の図を参考にプラ材で作り取り付けた。後檣はトップのみ0.4㎜のプラ棒で作り直した。

■武装・その他

主砲はキットのものも悪くないが、好みでアオシマ「川内」のものを砲身を細く削って使用した。前部の4基のみシールドの後端に波除の返りがある。艦橋前の7.7㎜機銃はファインモールドの13㎜単装の銃身を短く切って使用。魚雷発射管はピットロードNE-04、第一煙突両側の25㎜連装機銃はファインモールドを使用。端艇は、9mカッターはファインモールド、11m内火艇はフジミのものを、9m内火艇はキットのものを使用した。ボートダビットはピットロードNE-02からチョイスしたが、左舷最後部の11m内火艇用のみ大型で、舷側に取り付けられているのに注意。90cm探照灯や信号灯も同じくNE-02から調達できる

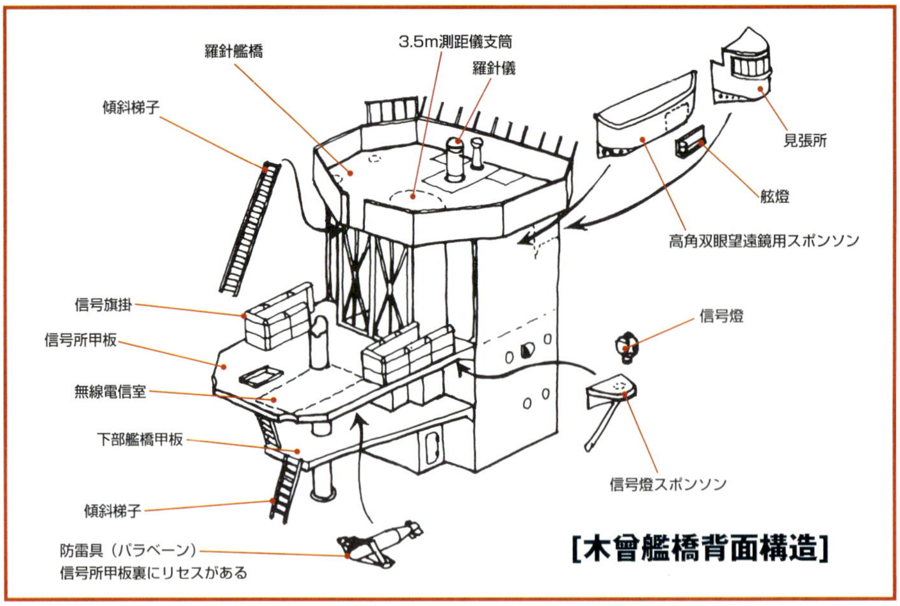

[木曾艦橋背面構造]

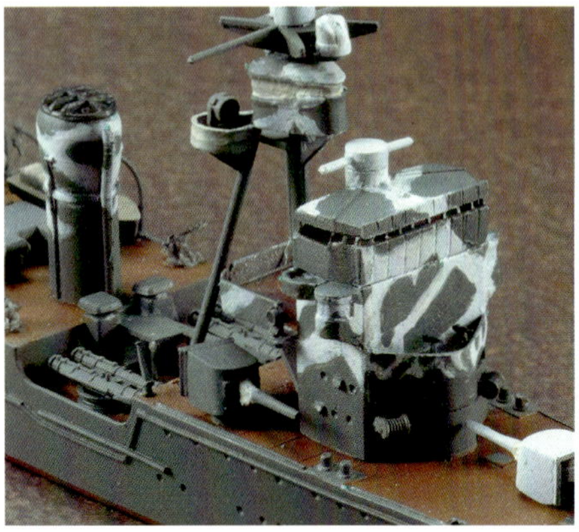

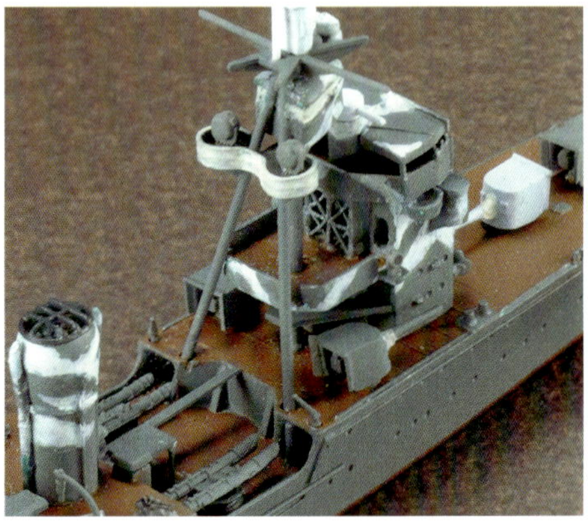

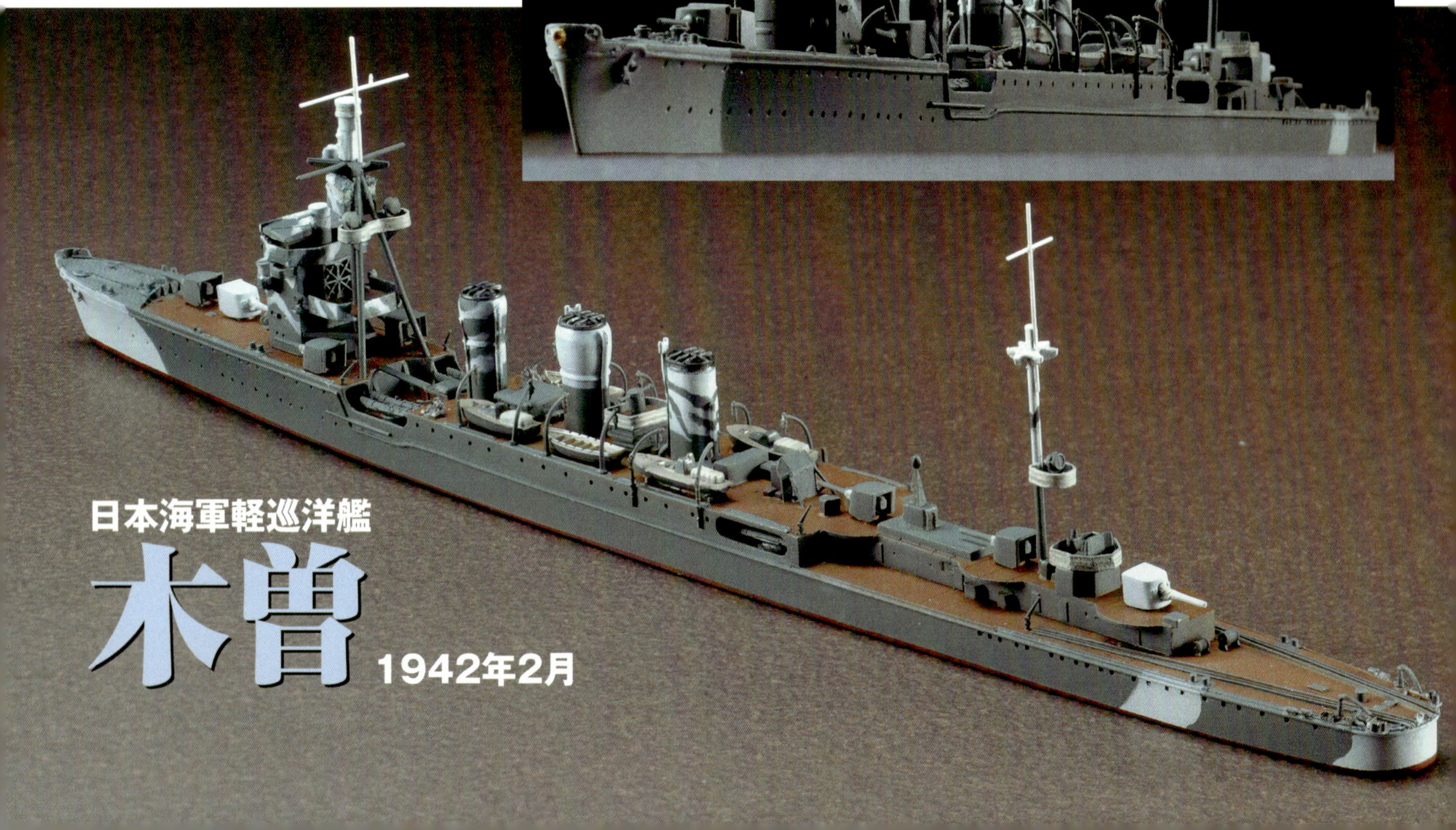

日本海軍軽巡洋艦
木曽
1942年2月

日本海軍軽巡洋艦

多摩

1942年2月

北方警備の任につく 5500トン級軽巡2番艦

日本海軍軽巡洋艦 多摩
タミヤ1/700
インジェクションプラスチックキット
製作・文／佐藤美夫
作図／畑中省吾

Imperial Japanese Navy light cruiser Tama.
TAMIYA 1/700 Injection-plastic kit.
Modeled and described by Yoshio SATOU.
drawing by Shougo HATANAKA

5500トン級軽巡で比較的に構造が分かりやすい「球磨型」の「多摩」を製作する。タミヤの良質キットだが古いキットなのでヒケなどが目立っている。組み立て前にヒケをチェックしておく。必要に応じてパテなどで埋めておこう。この項ではキットの素性のまま実艦に近づける製作例なのでキットパーツをできるだけ使用する。元々素性の良いキットなので、ポイントを突けばよいものが出来上がるだろう。

■船体の製作

船体は1/700にすると3㎜ほど短く、乾舷も低いがそのまま使用する。甲板舷側のスパンウォータ部分を0.5㎜×0.25㎜のプラ棒を船体の縁に貼り付けた。これで甲板が引き締まる。ここは塗装表現でもよい。艦首甲板の艤装をディテールアップするが下図を参考に加工していく。ホースパイプは楕円に切り取ったプラバンをホール位置に接着してからホースパイプ穴を開けるほうが失敗しにくいだろう。ケーブルホルダーはコトブキヤなどから発売されているリベットパーツを使用するとよい。錨鎖はエッチングパーツだがABERの1/35戦車用チェーンの極細がよい。波よけは0.14㎜プラペーパーで作り付けた。艦首フェアリーダーが省略されているので菊花紋章取り付け板込みでプラバンで作り付ける。菊花紋章は丁度よい大きさのパーツがないのでコトブキヤのリベットパーツにしている。飛行機作業甲板パーツ61はリノリウム押えのモールドがないのでスジ彫りをして表現をする。右舷側の拡張部分は上甲板との間に支柱があるのでこれを伸ばしランナーなどで作り付ける。舷外電路は鋼板カバータイプなのでエッチングパーツは使用せず、0.5㎜×0.25㎜のプラ棒を貼り付けた。鋼板カバータイプは留め金が目立たないのでこのほうが実艦に近い表現ができる。個人的には、カバー無しの場合はエッチングパーツとして区別して表現している。なんでもかんでもエッチングパーツとしないところに表現力が生まれてくるのだ。

■艦橋と前檣の製作

艦橋は船の顔だ、ここの表現しだいで別艦になってしまう。畑中氏の図をみて「多摩」の顔を理解してほしい。製作はキットパーツをきれいに整形することで見違えるように良くなってく

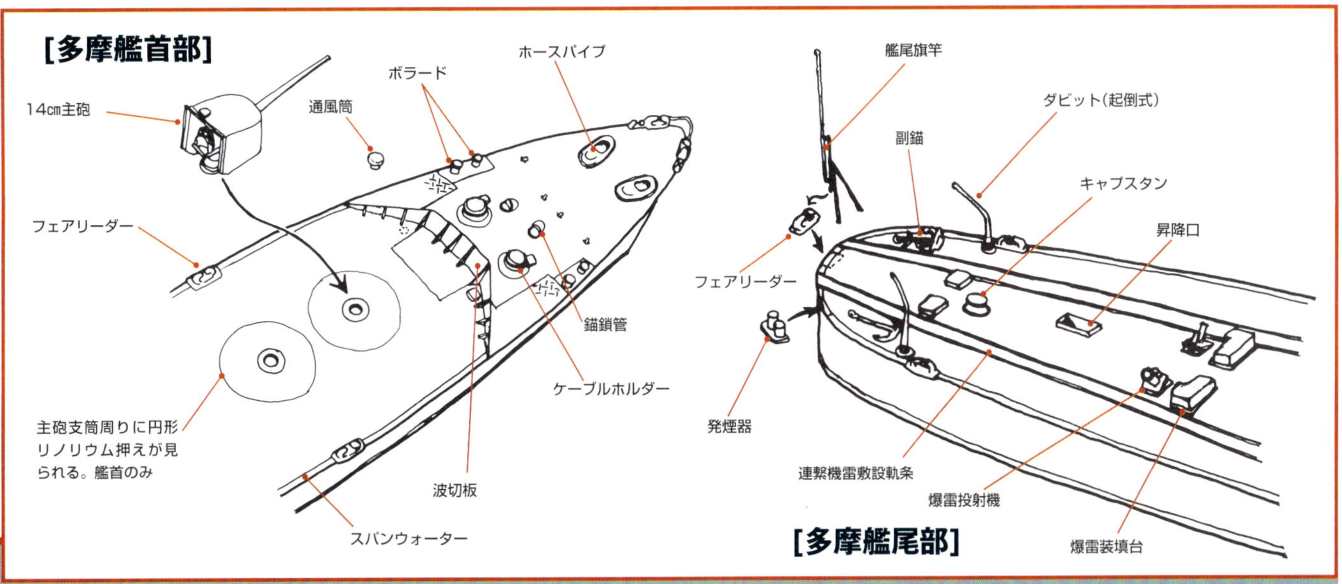

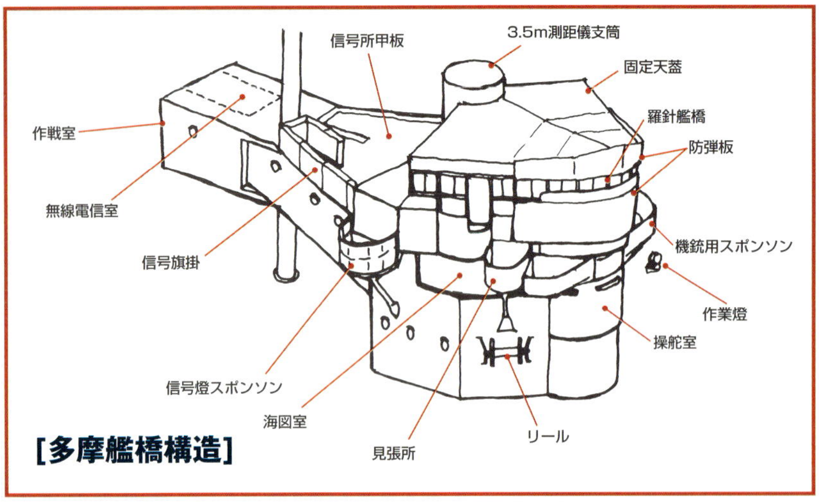

[多摩艦橋構造]

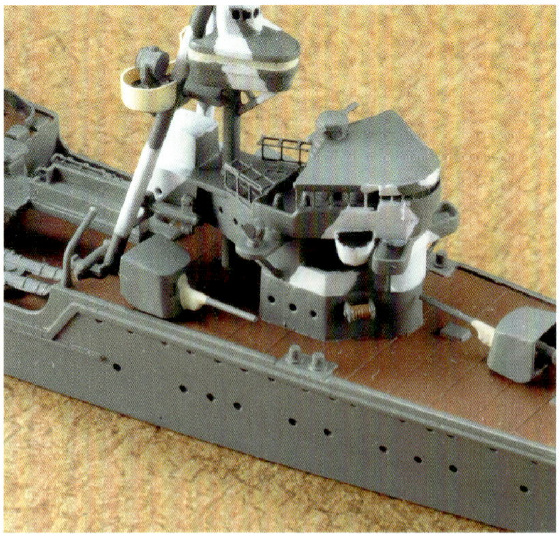

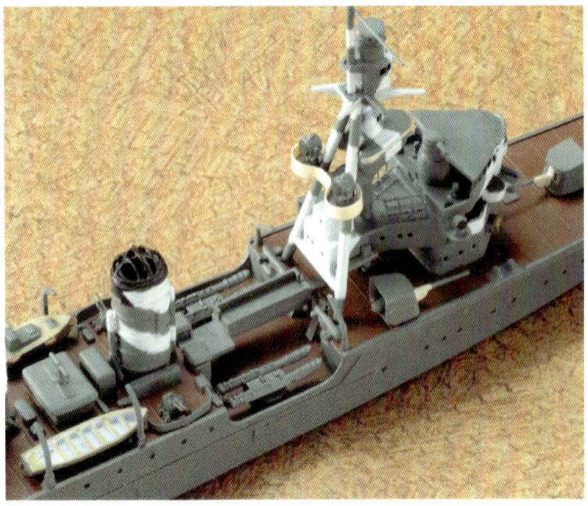

る。プラ板に貼り付けた耐水性サンドペーパーで平面を出す作業を行ない、成型（金型）の関係で傾いている垂直面を垂直に整形する。円筒形の指令塔上部は少し大きめになるので0.14㎜プラペーパーを周囲に貼り付ける。1942年時の艦橋は指令塔（操舵室）後部がキャンバスで塞がれているが今回はそのままとしている。羅針艦橋窓は2種類の窓枠エッチングパーツを使用した。窓枠を取り付けてから0.14㎜プラペーパーで防弾板を貼り付ける。前檣は本艦の最も重要な製作ポイントとなる。主柱はキットパーツを使用し、支柱は1㎜径のプラ棒に変えたがキットパーツでも問題ない。測的所（パーツ23+51）は窓部をパテで埋めキャンバス張りとする。窓部に防弾板として0.14㎜プラペーパーを貼り付ける。測的所と上部のパーツ26を取り付け主柱と支柱をクロスツリー部分でしっかり隙間無く密着させ組み立てる。クロスツリーは水平になるようにする。探照灯のフラットはブルワークを切り取り、代わりに紙を貼り付けキャンバスとする。このフラットも水平になるように取り付ける。水平、垂直をとることが組み立ての要となる。斜めや貧弱なイメージにならないようにすることが製作ポイントとなる。これは後檣の組み立ても同様だ。

■その他の上構造物

煙突は、ジャッキステーの表現を0.12㎜銅線で強め、トップの雨覆管は0.18㎜銅線で作り付けたが初心者はパーツのままでも問題ない。14㎝主砲はキットパーツに砲身を0.4㎜真ちゅう線とした。防水布はパテで表現する。25㎜連装機銃はファインモールドのナノドレッド・シリーズの物とした。カタパルトはファインモールドのエッチングパーツ呉式2号3型を使用した。魚雷発射管はピットロードのNE-04魚雷発射管セットの六年式発射管とした。艦載艇はキットパーツに防舷物などのディテールアップを施して使用した。

日本海軍軽巡洋艦

多摩

1942年2月

単行本追加作例

日本海軍軽巡洋艦

球磨

1935年

ふくれた煙突がチャームポイントの球磨型の長姉

日本海軍軽巡洋艦 球磨
タミヤ1/700
インジェクションプラスチックキット
製作・文／佐藤美夫

Imperial Japanese Navy light cruiser Kuma.
TAMIYA 1/700 Injection-plastic kit.
Modeled and described by Yoshio SATOU.

「球磨」の製作は21～22ページで製作した「多摩」と同じ方法で行なうとよい。製作年時は1935年（昭和10年）頃とした。

キットはタミヤの「球磨」を使用する。古いキットでヒケなどが目立つ。また、成形があまくなっているパーツもある。組み立て前にパーツをチェックしヒケはパテなどで埋め、あまいパーツはヤスリで整形するなどしてシャープにする。

■船体の製作

「木曾」「多摩」の記事により理解されていると思うがタミヤの5500トン級は一部を除き船体が3㎜ほど短い。作例はそのまま使用しているが誤差が気になる場合は110～111ページで船体の工作が掲載されているので参照されたい。

この船体工作で修正が必要な項目として「球磨」も「長良」と同じくリノリウム止めが縦に施されていることだ。作例ではスジ彫り表現にした。余力のある方は伸ばしランナーや真ちゅう線などを貼り付けるのもよいだろう。甲板上にモールドされた構造物は実艦と異なっている。リノリウムモールドの修正に併せて構造物も全て削り取ることにした。リノリウム止めのスジ彫り後に給気塔や野菜庫などの構造物を実艦写真や畑中氏の図面を参考に自作して取り付けた。

甲板艤装は「多摩」同様に行なった。甲板の縁のスパンウォータ部分に0.5㎜×0.25㎜のプラ棒を貼り付ける。艦首甲板はアンカーホールをプラバンで作り付け、ケーブルホルダーはコトブキヤから発売されているリベットパーツを使用した。艦首フェアリーダーとご紋章取付板はプラバンで作り付ける。菊花紋章はファインモールドのナノドレッドパーツにしている。

シェルター甲板（飛行機作業場）パーツ56は竣工時のままとなっている。近代化改装後は左舷側が拡張しているのでプラバンで拡張工作をする。

船体側面は舷外電路のモールドを削り取る。また、アンカーホールのベルマウスをプラバンで作り付けた。

■艦橋と前檣および後檣の製作

「多摩」製作同様にパーツの整形を行なう。キットパーツ自身はそのまま使用できる。成型の関係で傾いている垂直面を垂直に整形する。旗甲板パーツ55後部の縁のブルワークは削り取った。パーツ49もブルワークは削り取り、細切りの紙を貼り付けキャンバスとした。羅針艦橋窓は2種類の窓枠エッチングパーツを使用

した。窓枠を取り付けてから0.14㎜プラペーパーの防弾板を貼り付ける。

前檣の主柱はキットパーツを使用し、支柱は1㎜径のプラ丸棒にした。測的所（パーツ23＋59）はパーツ59のみキットパーツを使用し窓部の前方を窓枠エッチングパーツに、側面を0.14㎜プラペーパーを貼り付けキャンバス張りとた。天蓋はパーツ23の代わりにプラバンで加工した。

測的所と上部のパーツ26を取り付け主柱と支柱をクロスツリー部分でしっかり隙間無く密着させ組み立てる。クロスツリーは水平になるようにする。探照灯のフラットはブルワークを切り取り、細切りの紙を貼り付けキャンバスとする。

後檣は同様に支柱を0.8㎜径のプラ丸棒にしている。探照灯のフラットも前檣同様の工作とした。後部見張り所はプラバンで自作している。トップマストは0.4㎜、ヤードは0.3㎜真ちゅう線にしている。

■その他、上構造物

煙突は、トップ格子は0.12㎜銅線で作り付けた。14㎝主砲はキットパーツに砲身のみ0.4㎜真ちゅう線に替えた。防水布はパテで表現する。25㎜連装機銃パーツ11は取り付けずに、8㎝単装高角砲を取り付ける。8㎝単装高角砲はピットロードの装備セットNE－03に収録されたものを使用した。魚雷発射管はピットロードのNE－04魚雷発射管セットの六年式発射管とした。カタパルトは呉式2号1型なのだが、エッチングパーツは無い。そこでファインモールドのエッチングパーツ呉式2号3型を使用し後部の下側を斜めに切り取り、それらしく加工してみた。

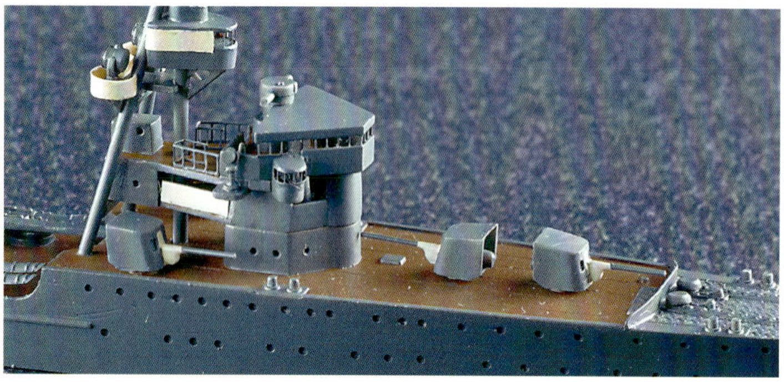

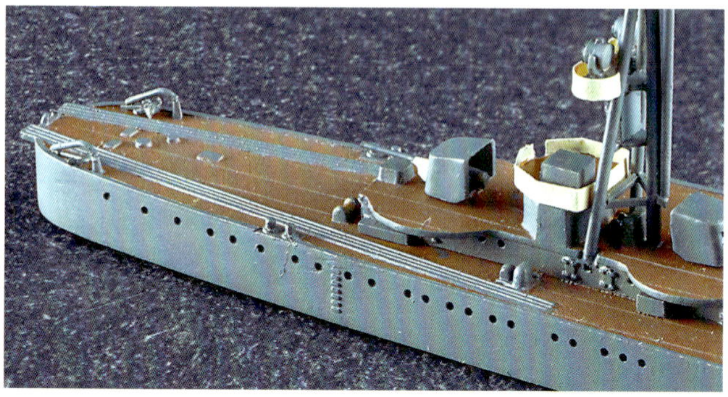

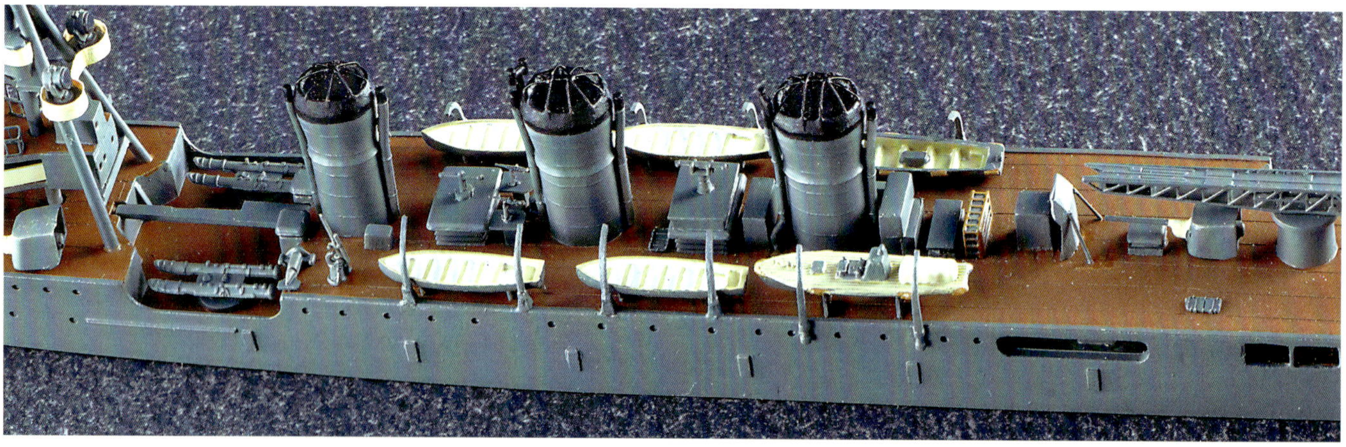

日本海軍軽巡洋艦
球磨
1935年

日本海軍軽巡洋艦球磨

1935年

作図・文／畑中省吾
drawing & text by Shougo HATANAKA

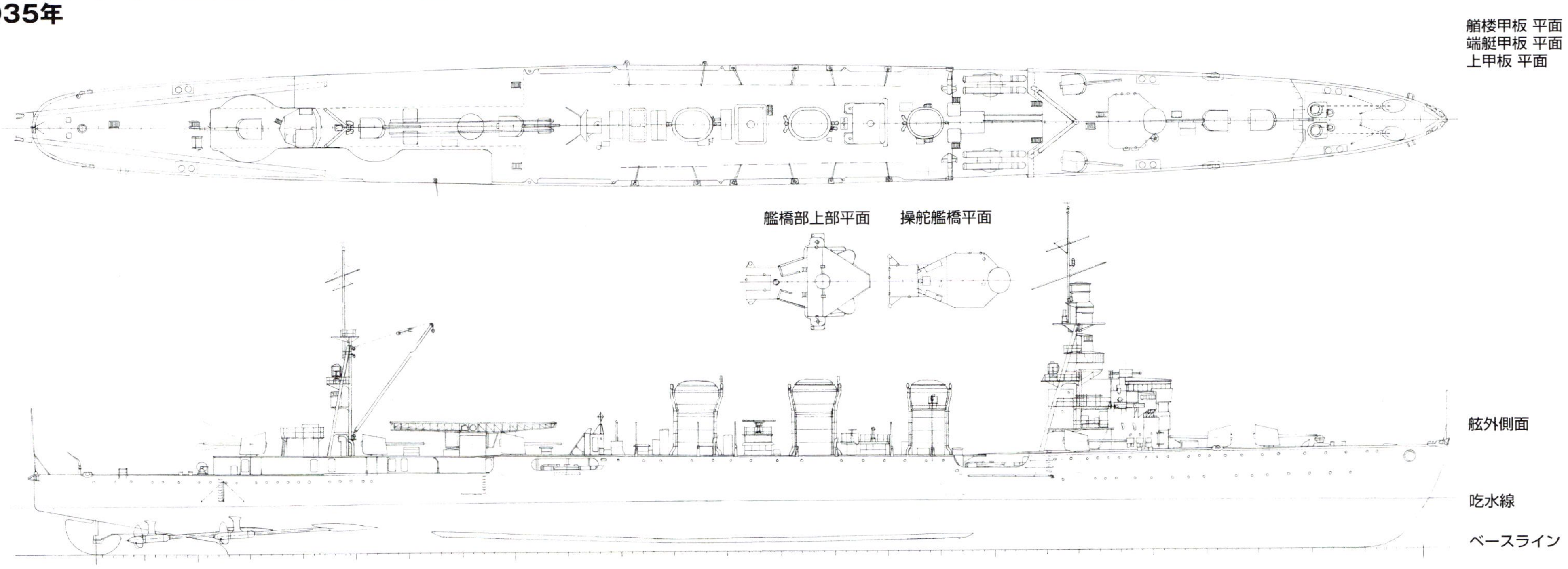

1917年成立の八四艦隊案に3500トン級軽巡「天龍」型の6隻の追加が盛り込まれたが、列強の同種艦艇がトン数でも武装でも速力でも「天龍」型を凌駕していることから、「天龍」型の追加建造を中止し、拡大型として5500トン級軽巡を建造することになった。「球磨」はその第1艦で、「天龍」型に引き続き、河井定二造船少監が設計に当たった。したがって、デザインはよく似ており、直線を主体としたシンプルな姿が特徴である。羅針艦橋は露天式で、必要に応じてキャンバスで風雨を避ける方式である。

「球磨」は、1917年に「龍田」に続けて佐世保海軍工廠で起工された。「天龍」型と異なり、前檣は射撃指揮所を置くため当初より三脚とした。前檣にはその後、魚雷戦指揮のための見張所が中段に増設され、その後も改装が加えられて徐々ににぎやかになっていく。ちなみに、魚雷兵装は六年式連装発射管4基で、「天龍」型の約3割増しとなった。装備位置は上甲板で、新造時は4基とも露天だった。その後近代化改装時に端艇甲板が延長されて後部の2基は屋内装備に変わり、舷側の発射口から射出する方式になった。前部の2基はウェルデッキ装備のままである。魚雷は危険物なので普段は起爆部を外して格納しておく。前部の魚雷格納位置は船首楼甲板後端部にあり、使用するときは魚雷運搬車に載せて発射管に籠め射出する。

「球磨」は1929年から始まった特定修理を受けた際、当時開発中だった煙突から煙路への雨水の侵入を防ぐ雨水除去装置を取りつけることになった。しかし、開発初期だったこともあって装置自体が大きかったため、煙突上端が膨らんだ奇妙な形状になってしまった。同時期の「加古」「金剛」「霧島」等もこれを取りつけた。「加古」のそれは装置が巨大であまりに不細工だったため、後にスマートなものに取り換えたが、「球磨」は生涯そのままだった。そして、この煙突の形状が「球磨」を識別するもっとも有効なポイントとなった。

1932年に「球磨」は近代化改装を受け、それまで停船して水面に降ろしていた水上偵察機を、艦上から発進させる発艦促進装置すなわちカタパルトを主檣の前の5、6番主砲間に新設した。カタパルトの型式は火薬式の呉式2号1型である。同時に、水偵吊り上げ用のクレーンを主檣に設け、強度を上げるためにストラットを1組取りつけて三脚構造とした。

羅針艦橋は前方と側面を固定式にし、ガラスをはめた窓枠を上下させる構造のエンクローズ式艦橋に変えた。天蓋も固定天蓋とした。羅針艦橋後部には主砲射撃用の3.5m測距儀が装備された。羅針艦橋甲板を後ろに延長して信号旗掛けを艦橋甲板から移動し、ここを信号所甲板とした。また、羅針艦橋左右に突き出すように水面見張所を設置した。

「球磨」型は元来艦橋が小型であったので、作戦室や士官休憩室あるいは無線電信室などのスペースを艦橋内に設けることができなかった。そこで、艦橋甲板平面を延長し構造物と前檣とをつなぐフラットを設けてそこに緒室を増設した。

「球磨」はこの姿で1935年頃から支那方面に進出し、欧米諸国の偵察用カメラにその艦姿が写されて今に伝えられている。写真写りのよさも手伝って「球磨」としてはこの時期がもっとも整った姿であったと思う。タミヤのキットもこの時期の姿をもとにモデル化された。

後で「由良」「天龍」の項で触れるように、佐世保海軍工廠で建造された軽巡のいくつかが露天甲板のリノリウムを縦に貼っているのを写真で確認できる。「球磨」も佐世保工廠製で、「丸スペシャル」掲載の写真でリノリウムを縦に貼っている様子が確認されている。ただし佐廠建造艦すべてがそのような状態かどうかは一概には言えない。やはり個艦ごとの確認が必要だろう。

日本海軍軽巡洋艦多摩

1942年2月

作図・文／畑中省吾
drawing & text by Shougo HATANAKA

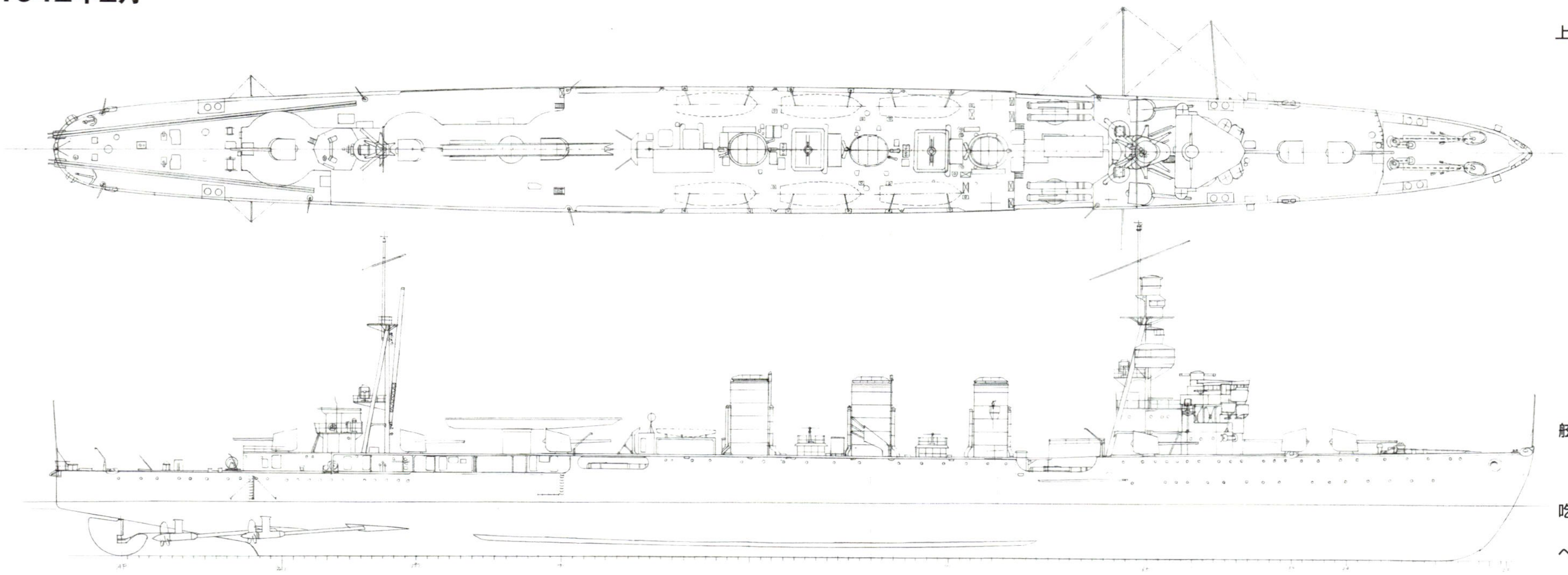

5500トン級軽巡のなかで一般艤装図のあることが艦艇愛好家に早くから知られていたのが「多摩」である。ウォーターラインシリーズの初期の傑作キットといわれるタミヤの「多摩」は、この公式図をもとに綿密に設計されたと思われる。作りやすく、しかもディテールバランスのよいキットにまとめあげた設計者の腕前もそうとう高いものであるが、公式図を使えるか否かでキットの出来が大きく左右されることの証左でもある。5500トン級軽巡の船体は基本的にはどれも同じ形状なのであるから、ウォーターライン好きな人のなかには、よくできた「多摩」のキットの船体を使って、「球磨」を除く13隻全部を作った人もいたことだろう。かくいう筆者も全部ではなかったが「多摩」のキットでたくさん作った一人で、パーツも含め、そのできのよさに感謝したものである。なお「球磨」は単独のキットがありそのまま製作したということでカウントから除いた。もちろん船体パーツは「多摩」と同じである。

「多摩」には非常に優れたソリッドモデルの作品も生まれた。学研の歴史群像太平洋戦史シリーズvol.32「球磨・長良・川内型」の巻頭カラーページに掲載された岡本好司氏の1/150「多摩」である。岡本氏ならではの綿密なリサーチによって作り出されたこの作品は、実艦を見るのと同じといえるほど資料性の高さを感じさせる。これも、一般艤装図が参照できたということがもたらした福音かもしれない。

「多摩」の情報には、海軍報道部撮影と思われるニュース映像もある。荒れた北方の海でローリング、ピッチングをくり返す「多摩」と、波間に見え隠れしながらその後方をついてくる「木曾」が写っている。この映像は「日本ニュース」に一部が使われたが、現在はアメリカの国立公文書館に保管されているという。羅針艦橋の上下に施した防弾板や迷彩の塗分けパターンなどがわかって興味深い。また、艦首の錨鎖甲板と1番主砲との間に波除けが設けられているのが確認できる。せっかくだからキットに貼り足しておこう。ちなみに、主砲はオープンシールドゆえ、2番主砲を前向きにしているところが映っている。

「多摩」は開戦当時、第5艦隊第21戦隊の所属であった。第5艦隊は北方方面を護っており、「木曾」とともに厚岸湾から択捉島などに進出していた。ウォーターラインシリーズの「多摩」の箱絵は、上田毅八郎画伯畢生の名作のひとつであるが、この作品のもとになった厚岸湾で撮影の写真にあるように、北方迷彩といわれる白黒濃淡の不規則な模様が外舷および上部構造物に施された。この迷彩は開戦の直前に「木曾」とともに厚岸で施された。「木曾」のほうは途中で塗りのパターンがやや変わったところがあるといわれるが、「多摩」はあまり変わっていないようだ。いずれにしろ、1942年の春がくると、迷彩は一般的な軍艦色に塗り直された。

「多摩」は「木曾」とともに開戦早々の真冬の千島方面を哨戒していたが、北方の気候の険しさのため、波浪による船体の歪みが発生してしまう。そこで両艦は1942年2月に横須賀へ帰投し、損傷修理と船体補強をほどこした。その際、前檣トップを短縮し、ヤードを1本に減らした。上記、厚岸湾で海軍報道部が撮影した写真はこの修理後の姿である。

険しい気候のもとでの作戦であるが、羅針艦橋はエンクローズされてはいない。これはどの艦も同様であるが、身を切るような寒風のなかで作戦が行なわれているわけである。防寒設備も整っておらず、極寒のなかでの長期の作戦はさぞつらいものであったことと想像される。北方の敵は、濃霧、荒天そして極寒の気候だったのかもしれない。そんなことを想像しながら模型を作ると、「多摩」に対するいとおしさを感じる。

潜水戦隊を束ね通商破壊、偵察に南方の激戦を支えた名コンビ

日本海軍軽巡洋艦鬼怒 1942年4月
日本海軍軽巡洋艦名取 1942年4月

「長良」型は「球磨」型に雷装強化と航空機搭載の標準化の改良を加えて、5500トン級で最多の6隻が建造された。このクラスでは真珠湾攻撃の先導を務めた「阿武隈」や防空艦に改装された「五十鈴」のいかめしい姿が良く知られるところであるが、ここでは知られざるエピソード、第2南遣艦隊の「鬼怒」「名取」の渋〜いコンビの活躍を紹介しよう

日本海軍軽巡洋艦 鬼怒

▶1937年の「鬼怒」。近代化改装で吃水が深くなっていることが伺える。大戦中は舷外電路の他、前檣クロスツリーのヤードの切断、後檣の探照灯をアップデートして設置位置を低める等の改装が行なわれている

「鬼怒」は1943年11月の状態の公式図面が公開されており、前檣に電探を装備して、7番砲を12.7cm高角砲に換装した大戦後期の姿を知る絶好の資料となっているが、緒戦期の姿を知る資料は畑中氏の述べられている通り「丸エキストラ26集」に掲載のたった一葉の写真が知られるのみである。あまり鮮明とは言えない一葉だが、案外情報量は多く、1942年4月頃までには上掲の写真キャプションに記したとおり前、後檣に改正が加えられており、また前檣の主砲指揮所より上部が白く塗装されていることなどがわかる

日本海軍軽巡洋艦 名取

▶1935年頃の撮影とされる「名取」。近代化改装成ったばかりの頃の姿で、大戦中に比べると艦橋に固定天蓋がなく、トップマストが高く信号ヤードが短い、後檣の探照灯が2基で位置が高い等の違いが見られる

「名取」は1943年春の損傷修理のためセレター軍港のドックに入渠した時の写真が知られている。この時は既に艦橋は固定天蓋となり、前檣クロスツリーのヤードの切断、上部見張所の覆塔の撤去など変更が見て取れるが、これらの改正がどの時点で行なわれたのかは特定できない。上記「丸エキストラ」誌の一連の写真で、「鬼怒」と同じ後檣の探照灯の変更などは1942年初頭までには行なわれていたようだ。開戦直前の9月に舞鶴で入渠の記録があるので、おそらくその折に舷外電路の装着等と併せて改正が成されていたのだろう

（写真提供／大和ミュージアム）

第2南遣艦隊当時の第16戦隊を製作

開戦当時、「名取」は第3艦隊第5水雷戦隊旗艦としてマカオにあった。開戦前の1941年4月の泰仏国境紛争の際にはサイゴンに赴き艦上で停戦協定の調印を執り行なうなど、この辺りのボス的存在であった。開戦直後、ルソン島北部のアパリ攻撃を指揮して飛行場占拠に成功。敵機の反撃を受けたが損害は軽微だった。1942年3月2日のバタビア沖海戦では僚艦と協力して重巡「ヒューストン」、軽巡「パース」を撃沈する大戦果を挙げたが、友軍の魚雷の誤射で味方輸送船を沈没させるという苦い経験も味わった。

「鬼怒」は第4潜水戦隊旗艦として第5潜水戦隊の「由良」とともにマレー方面で行動していた。開戦直後の12月9日、シンガポールから北上してくる敵戦艦を警戒してマレー半島東に配した麾下潜水隊が敵戦艦2隻を発見。「鬼怒」からの通報が2隻の戦艦の撃沈に一役買った。この戦艦とは言うまでもなくイギリスの「レパルス」と「プリンス・オブ・ウェールズ」である。その後は南シナ海やジャワ島近海の通商破壊作戦を指揮。最大の戦果は1942年1月下旬のもので馬来部隊のバンカ、パレンバン攻略作戦を支援した折に麾下の伊54、55、56潜が商船6隻を撃沈している。

1942年3月10日、第3艦隊は第2南遣艦隊と改称した。旗艦に重巡「足柄」を据え、新編成の第16戦隊「名取」「鬼怒」「五十鈴」を主体にジャワ、ボルネオ、セレベス、スンダ列島、西ニューギニアと広範囲で活動した。「名取」は1942年3月31日のクリスマス島攻略を支援し占領に成功する。「名取」はこの時の戦闘で潜水艦の魚雷を受けて損傷した「那珂」をシンガポールまで曳航している。「鬼怒」は7月24日から8月9日までの潜水艦によるベンガル湾の交通破壊作戦を指揮した。両艦がそろって行動したのは1942年12月1日。チモール島沖で索敵機に発見されたオーストラリア艦隊を追跡したという記録が見られるが戦果は得られなかった。1943年1月、敵潜水艦の雷撃を受けて艦尾を失った「名取」を「鬼怒」がシンガポールへと護送し、以降両艦揃っての行動は記録されていない。

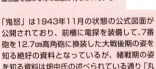

日本海軍軽巡洋艦鬼怒

1942年4月

作図・文／畑中省吾
drawing & text by Shougo HATANAKA

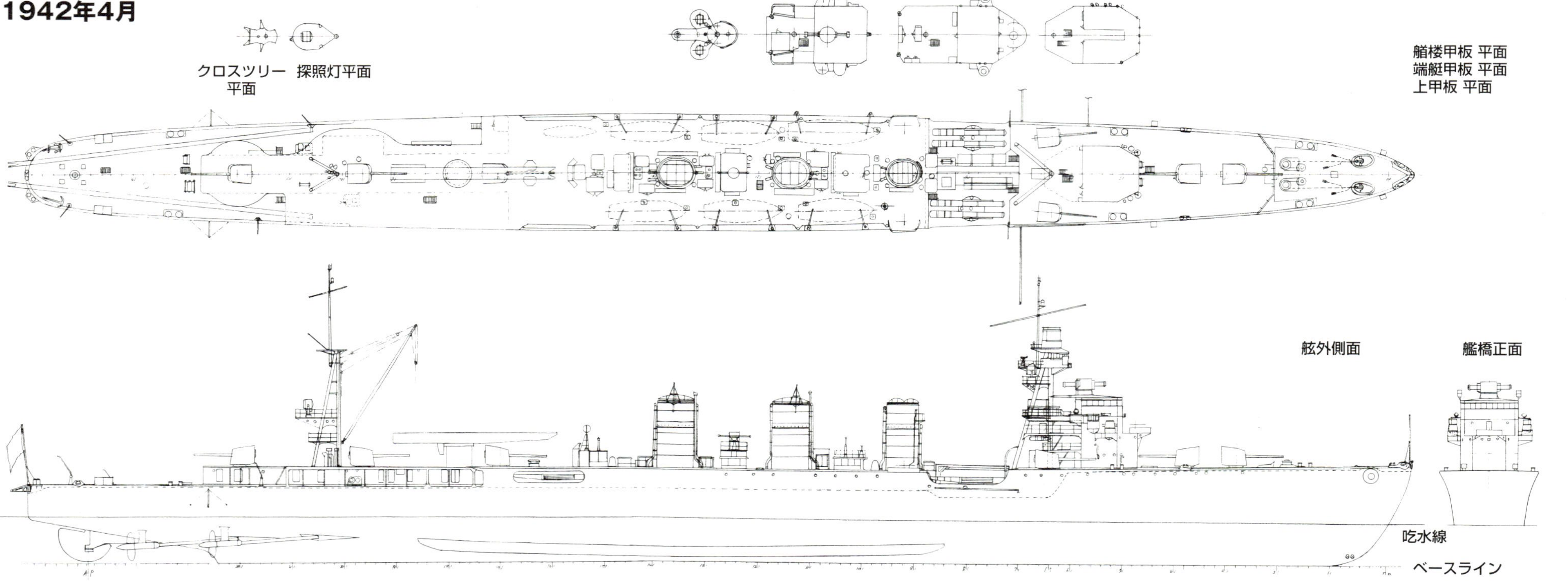

「鬼怒」艦型図について

5500トン級軽巡洋艦14隻のうち、新造時に羅針艦橋下部を飛行機の格納所とした艦は「木曾」以降「那珂」まで10隻に及ぶ。

「鬼怒」には1930年に射出機の有用性比較のため、火薬式射出機の呉式2号2型が、羅針艦橋前方の主砲の上に設けてあった滑走台の上に設置された。羅針艦橋の下に飛行機格納庫をおき、飛行機は分解して格納する。この装備のせいか、艦首方がやや沈み込む前トリム状態に見える。射出機や格納庫は普段はキャンバスで隠していたらしく、射出機の詳細がわかる写真は少ない。「鬼怒」はこの状態で2年ほどテストを行なったあと、射出機を取り外して「神通」に譲った。

射出機を撤去して不要となった飛行機格納所は僚艦同様1935年頃に廃止され、そのスペースは作戦室などに充てられた。10隻のうち「鬼怒」および「川内」の2隻だけが改装に際してもと飛行機格納所のあった上部艦橋の高さを縮めた。その結果、羅針艦橋天蓋の位置が煙突とほぼ同高となり、縦に細長い他の艦と明確に区別できる。

「鬼怒」の一般艤装図は呉の「大和ミュージアム」のライブラリーで閲覧することができる。図が示すのは1943（昭和18）年11月の状態で、5番主砲を撤去して両舷寄りに25㎜3連装機銃2基を追加し、7番主砲をシールド付12.7cm連装高角砲に代え、前檣に21号電探を装備している。保存状態はきわめて良好で、セットのすべてが揃っている。ただ残念なのは図が表すときの実艦の写真がなく、実際に図のとおりの姿だったかどうか確認できないことである。

今回取り上げる「鬼怒」は1942年4月頃マカッサル方面で「名取」などとともに行動していた第2南遣艦隊当時を再現することにしたので、1943年後半とは異なる箇所がある。「鬼怒」の同型艦との外観上目立つ相違点は、上に言った艦橋高さのほかに、艦首御紋章取付位置、ベルマウスの大きさ、煙突に設けられた空中線支柱などが挙げられる。「木曾」以降の5500トン級軽巡は飛行機格納所の関係で羅針艦橋が横広になったため左右前方の視界が不良となった。そこで羅針艦橋の左右端を少し斜めに切った形状にしている。これはどの艦でもそうである。正面から艦橋を見ると四角に見えるのだが、左右端には必ず斜め窓がある。

洋上模型では必要ない部分だが、船底の両側湾曲部に高速時の船の安定を保つ目的で取り付けるビルジキール。18ページの「木曾」はビルジキールの幅が狭い。図面の残されている5500トン級軽巡のビルジキールを調べてみると「球磨」型はすべて幅狭タイプだ。「長良」型の「五十鈴」は幅狭タイプである。それが「鬼怒」「阿武隈」になると幅広タイプに変わっている。6隻のうちどの艦から幅広タイプに変更されたかは不明である。「川内」も幅広タイプである。また「球磨」型の「北上」であるが、当初は幅狭タイプだったが、最終時の回天搭載艦時代は幅広に描いてある。想像だが、重雷装艦に改造した際、舷側を左右に広げたことで艦の安定性が不足し、ビルジキールを張り足して安定を図ったのではなかろうか。

「丸」エキストラ「戦史と旅」26集の巻頭に“軽巡「名取」南方作戦の航跡”と題したグラビアが掲載された。うち1枚だけマカッサル港で「名取」から撮影された「鬼怒」が写っている。長期の行動による外舷の汚れが目立ち戦場の雰囲気をリアルに伝えている。ただ画像は鮮明とはいえず、「名取」乗組員が帽振れをする姿が重なるなどディテールを知るにじゅうぶんではないが、前檣、艦首部の舷外電路など、大戦中の「鬼怒」の得難い情報が読み取れる。また、これは要検討事項ながら、羅針艦橋内部を写した1枚があり、「名取」と説明されているが、窓の配置等からこれは「鬼怒」の羅針艦橋ではないかと筆者は見る。今後の研究を待ちたい。

日本海軍軽巡洋艦
鬼怒
1942年4月

日本海軍軽巡洋艦 鬼怒
タミヤ1／700
インジェクションプラスチックキット
製作・文／米波保之
作図／畑中省吾
Imperial Japanese Navy light cruiser Kinu.
TAMIYA 1/700 Injection-plastic kit.
Modeled and described by Yasuyuki YONENAMI.
drawing by Shougo HATANAKA

南方、蘭印作戦で活躍した長良型5番艦

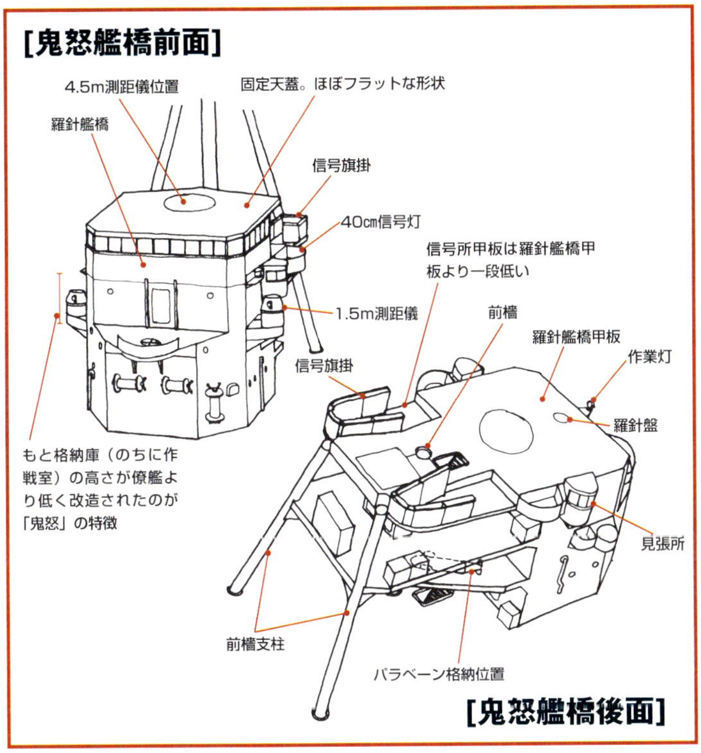

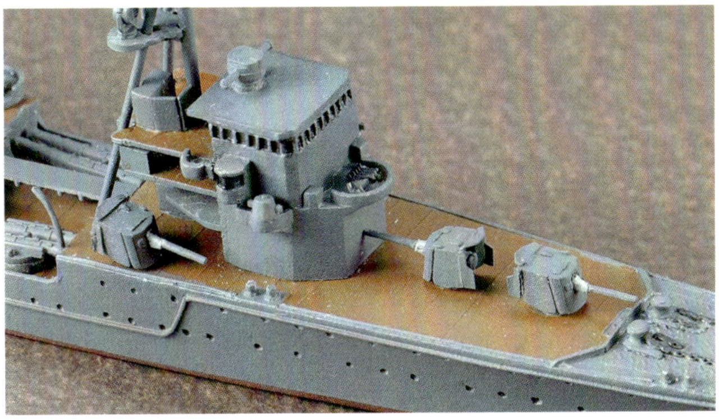

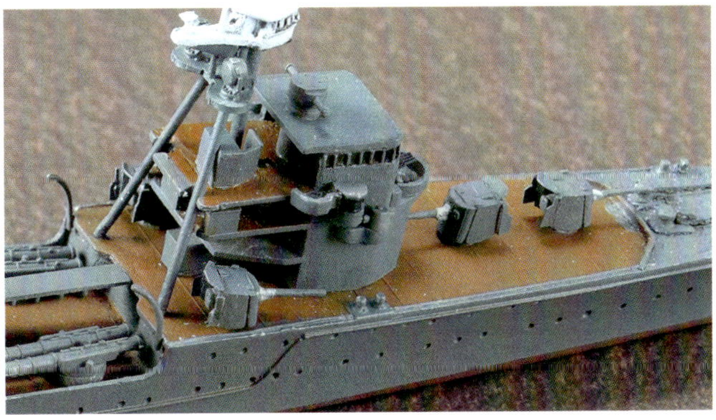

キットは1941年ごろの設定となっている。発売時には判明していなかった事実を踏まえ、畑中氏の図面を基にディテールアップを行なった。

■船体

まず後部発射管室の開口部の後ろの段差の所で船体を一旦切断し、船体を3mm延長する。また、下端の全体面に1mm角のプラ材を貼り、乾舷高さを増した。後部の機雷敷設軌条の取り付け用の溝をプラ板で埋め、0.3mm角のプラ材を並べて接着し、軌条を表現する。また、軌条の間にある爆雷投下機のモールドは削り取って平滑にする。後部発射管室の開口部は前側をプラ板で塞ぎ、後ろ側を削って2.5mm後退させる。開口部後ろの壁面はプラ板を貼って5mmほど延長しておく。省略されている発射管室の床はプラ板で後付けできるように加工し、最終的に取り付けるようにした。甲板上の突起物はレイアウトが異なるので全て削り取り、穴のあいた所はプラ板で埋める。これらの加工で消えたリノリウム止めのモールドはケガキ針で筋彫りして表現しうえで、図面を参考にプラ材で作った突起物を各所に取り付けた。「長良」型の魚雷発射管は八年式61cmだがキットのものは「球磨」型の六年式53cmとなっている。アフターパーツの61cmに置き換えると前部のウェルデッキに収まらないため、船首楼の後端部を1mm削りデッキを拡張する必要がある。この際に発射管取り付け部の円盤は削り取っておく。なおウェルデッキはリノリウム貼りなのでサイドのブルワークをいったん削り取り、筋彫りでリノリウム止めを表現した後、プラ板で高さ1mmのブルワークを取り付けた。ウェルデッキの改造で艦橋取り付け位置の辻褄が合わなくなるので、取り付けガイドの突起の後端を1mm削っておく。取り付けガイドをそっくり削り取っても良いが甲板に大穴があくので後ろを削るだけにとどめた。艦橋後ろに開いた穴と前檣取り付け穴は埋めておく。主砲取り付け部の丸いモールドも同様に前進させるため削り取る。艦首には波除け、フェアリーダーなどのディテールを加え、揚錨機やホースパイプもプラ材を加工して立体感を増し、錨鎖はアベール社のAFV用のエッチング鎖を使用した。なお錨口のベルマウスが他の姉妹艦より大きいのが「鬼怒」の特徴なので、3mm径のプラパイプを輪切りにしたものを貼り付けて再現してみた。舷外電路のモールドは削って、図面を参考に0.3mm角のプラ材で表現した。

■艦橋

艦橋は畑中氏の図面に合わせてひとまわり小さく改修するので、プラ板でそっくり作り変えた方が簡単かも知れないが、作例は極力キットのパーツを使用した。下部艦橋（C17）は高さを6mmとし、後部の張り出しを切除、背面に付ける部品（C2）

は使用せず、取り付け部をプラ板で塞ぐ。上部艦橋は上部を削って高さ5mmとする。こちらも後部の張り出しを切除、羅針艦橋の後ろを素通しとするため上から2mmの所まで後壁を取り除き、プラ板で底面を作る。ここまで出来たら上下の艦橋パーツを接着し、両側から0.5mmずつ削って幅詰めする。続いて上部艦橋前部の角を面取りして、上端に0.25mm×1mmのプラ材を貼り付け、一段窪ませて窓枠のベースとする。そこへ0.3mm角のプラ材で窓枠を取り付け、0.5mmプラ板で天蓋を作り付ける。トップの後部の張り出しは全てプラ板で作り替え取り付けた。前檣も全てプラ材でスクラッチビルド。主柱は1mm、支柱は0.8mmプラ棒を使用した。クロスツリー（C-9）は取り付けず、上部の主砲指揮所は2.5×4.8mmのプラ材から削り出し加工。トップマストは0.5mm、ヤードは0.4mmプラ棒を使用した。

■煙突・上部構造物

煙突は上部の段差を削り取る。この工作で消えたジャッキステーのモールドを伸ばしランナーで再生、中段に0.4mmのプラ棒で雨樋を付ける。トップの格子は裏側からリューターでくり抜いたが、3番煙突のみ細いプラ材で左右に一本ずつ格子を追加した。尚、格子と煙突本体の間に挟むように指定されている部品（B13、B14）は煙突が高くなりすぎるので使用せず、格子を直付けとした。蒸気捨管は写真と図面を参考に0.3～0.4mmのプラ棒で作り取り付けた。

後部主砲甲板（C4）は左舷側の張り出しの形が異なるので図面を参考に修正。下部の甲板室はプラ材で作り替えた。後檣は主柱を0.8mmプラ棒に置き換え、プラ板で作った探照灯台を取り付け、そこへ支柱（C23）を組み込んだ。探照灯台の下には三角形のプラットホームを付ける。クロスツリー（C11）は図面を参考に形を整え、ドリルで穴開けしてトップマストが突き抜けるように加工する。デリックブームはアオシマ「川内」の余剰パーツを流用。トップマストは0.4mm、ヤードを0.3mmのプラ棒で製作している。

■武装・その他

主砲はピットロードNE-03のものを定数分入手できなかったので同社の「愛国丸」のものを使用。砲身を0.5mmプラ棒を先細りのテーパーに削ったものに置き換え、後部の防水板を削って艦首部の4基のみプラペーパーで形状変更した防水板を取り付けた。13mm、25mm機銃はナノ・ドレッド、魚雷発射管はピットロードNE-04。探照灯と右舷前方の9m内火艇を除く端艇類はピットロードNE-02から。第三煙突脇左舷の9mランチのみ適当なパーツがなかったので9mカッターをそれらしく加工して取り付けた。カタパルトはファインモールドのエッチングパーツ「呉式2号3型」。搭載機の94式水偵は出来の良いピットロード「愛国丸」のものを載せてみた。

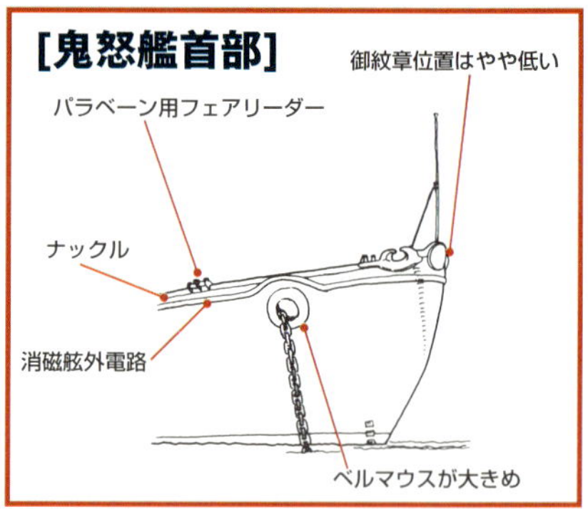

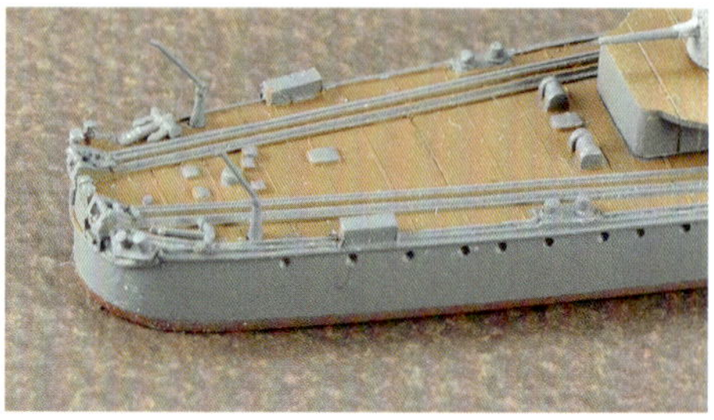

日本海軍軽巡洋艦 鬼怒 1942年4月

第16戦隊旗艦として南方警備についた長良型3番艦

日本海軍軽巡洋艦
名取
1942年4月

日本海軍軽巡洋艦 名取
タミヤ1/700
インジェクションプラスチックキット
製作・文／佐藤美夫
作図／畑中省吾

Imperial Japanese Navy light cruiser Natori.
TAMIYA 1/700 Injection-plastic kit.
Modeled and described by Yoshio SATOU.
drawing by Shougo HATANAKA

ここで取り上げるのは「長良」型軽巡洋艦。私は「名取」を担当することとなった。「名取」といえば1935年の東京湾接岸中の写真がもっとも鮮明に近代改装後の様子をとらえている。しかし1942年の写真はほとんどないので考証がむずかしい。基本的には1935年時をベースにすることとした。タミヤのキットも1935年時なのでこれを1942年時へと改造することとなる。基本的な改造は後檣の探照灯の変更、見張方向盤の撤去、前檣トップの短縮、艦橋天蓋の固定化となる。天蓋はキットパーツでよいのでキットで大きく修正するのは後檣周辺となる。

■船体の製作

船体は「球磨」「多摩」のものなので甲板上構造物艤装を一部修正する。21～22ページの「多摩」同様に艦首艤装のディテールアップを行なう。アンカーホールは楕円に切り取ったプラバンをホール位置に接着してからアンカーホール穴を開ける。ケーブルホルダーはコトブキヤのリベットパーツを使用した。錨鎖はABERの1/35戦車用チェーンのエッチングパーツに収録の極細のもの。波よけは0.14㎜プラペーパーを1.5㎜幅の短冊切りにし両舷に傾斜を付ける。富士山型に上部両舷を切断して取り付ける。艦首フェアリーダーをご紋章取り付け板込みでプラバンで作り付ける。菊花紋章はコトブキヤのリベットパーツにしている。甲板舷側のスパンウォータ部分を0.5㎜×0.25㎜のプラ棒を船体の縁に貼りつける。

飛行機作業甲板パーツC5はリノリウム押さえのモールドがないのでスジ彫りをして表現をする。左舷側の拡張部分は上甲板との間の支柱を伸ばしランナーなどで作り付ける。舷外電路は鋼板カバーなしなので今回はエッチングパーツを使用した。

前述のとおり甲板上艤装を一部修正した。後部の給気筒（説明書でbとしている）を1㎜ほど嵩上げする。方位探知所の前部にある構造物を全て切り取り新たにプラ材で製作した給気筒類を取り付けた。

「名取」の魚雷発射管は八年式61㎝連装魚雷発射管でキットに付属する六年式連装魚雷発射管とは長さが異なる。前部側は長い発射管が取り付けられないので付け焼き刃的な修正となるが艦首楼甲板の後部を1㎜弱ほど削ることにした。後部側は取り付けは可能だが開口部を広げ

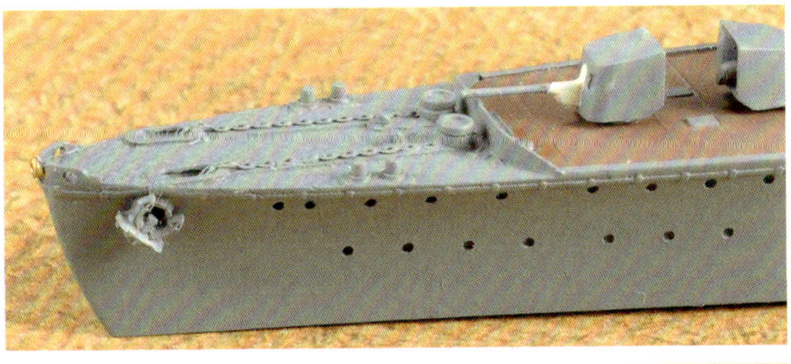

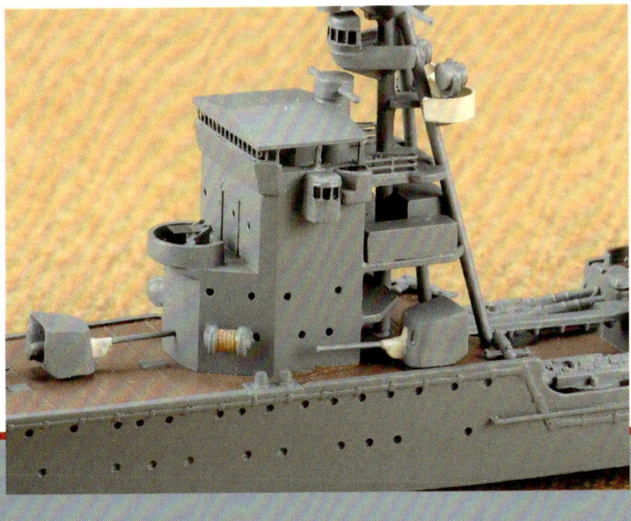

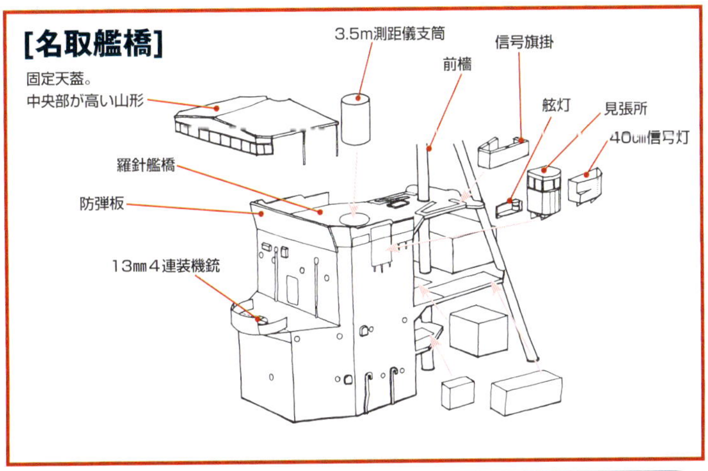

5500トン級軽巡洋艦の主砲シールド

5500トン級軽巡が搭載した主砲のオープンシールドの形状は、天蓋が平坦なものとナックルが付けられたものの2タイプがあったようだが、各艦のディテールが判明する写真があまり残されていないため「多摩」「由良」「阿武隈」がナックル付きタイプだったということ以外に筆者は確認が取れていない。また、前部にある砲は飛沫を受けるため後方に防水板を装着しており、この防水板の形状も各艦で微妙な違いがあるようだが、残念ながら図面が残されている「由良」「鬼怒」の他は詳細は不明だ。（文／米波保之）

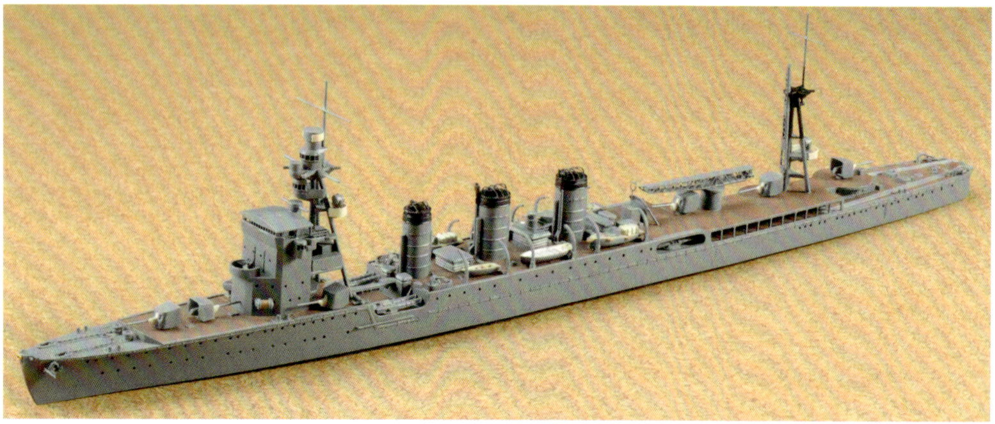

ている。

■艦橋と前檣・後檣の製作

下部艦橋はほぼキットパーツのまま使用する。2番砲の砲身長を本来の縮小サイズすると干渉するので機銃座下部の膨らみを削りフラットにするとよい。上部艦橋は羅針艦橋を修正する。パーツC18の後部の張り出しより上部を切り取り窓部を含め作り直した。窓枠はエッチングパーツとし両側面は伸ばしランナーで天蓋支柱を付けた。前面は防弾板をプラ板で作り付ける。天蓋パーツC4はそのまま使用するが測距儀取り付け部は切り取る。測距儀は位置をキットより後方へ移動する。2.4㎜径のプラパイプを羅針艦橋甲板上の天蓋後端位置に取り付け、上に測距儀パーツB4を取り付けた。

前檣はキットパーツとしたが前述の測距儀の後方移動で測的所（B5）に干渉して取り付け不能となった。よってストラット（支柱B8）を0.8㎜径プラ棒に変更して前檣全体を嵩上げした。この周辺の相関関係をよく吟味して製作するとよいだろう。

後檣の各柱はキットパーツを使用し探照灯座などのフラットパーツは使用しない。探照灯座はプラバンで製作し下から7㎜ほどの位置でキットではパーツC11を付ける位置に取り付ける。パーツC11は取り付けない。探照灯は90㎝探照灯となる。後檣トップは真ちゅう線にした。クレーンは手持ちの適当なエッチングパーツを使用している。

■その他の艤装

14㎝主砲はキットパーツに砲身を0.4㎜真ちゅう線とした。防水布はパテで表現する。25㎜連装機銃はファインモールドのナノドレッド・シリーズの物。13㎜4連装機銃は手持ちの関係でジョーワールドのエッチングパーツとした。カタパルトはファインモールドのエッチングパーツ呉式2号3型を使用した。魚雷発射管はピットロードのNE-04魚雷発射管セットの八年式発射管とした。

日本海軍軽巡洋艦
名取
1942年4月

日本海軍軽巡洋艦名取
1942年

作図・文／畑中省吾
drawing & text by Shougo HATANAKA

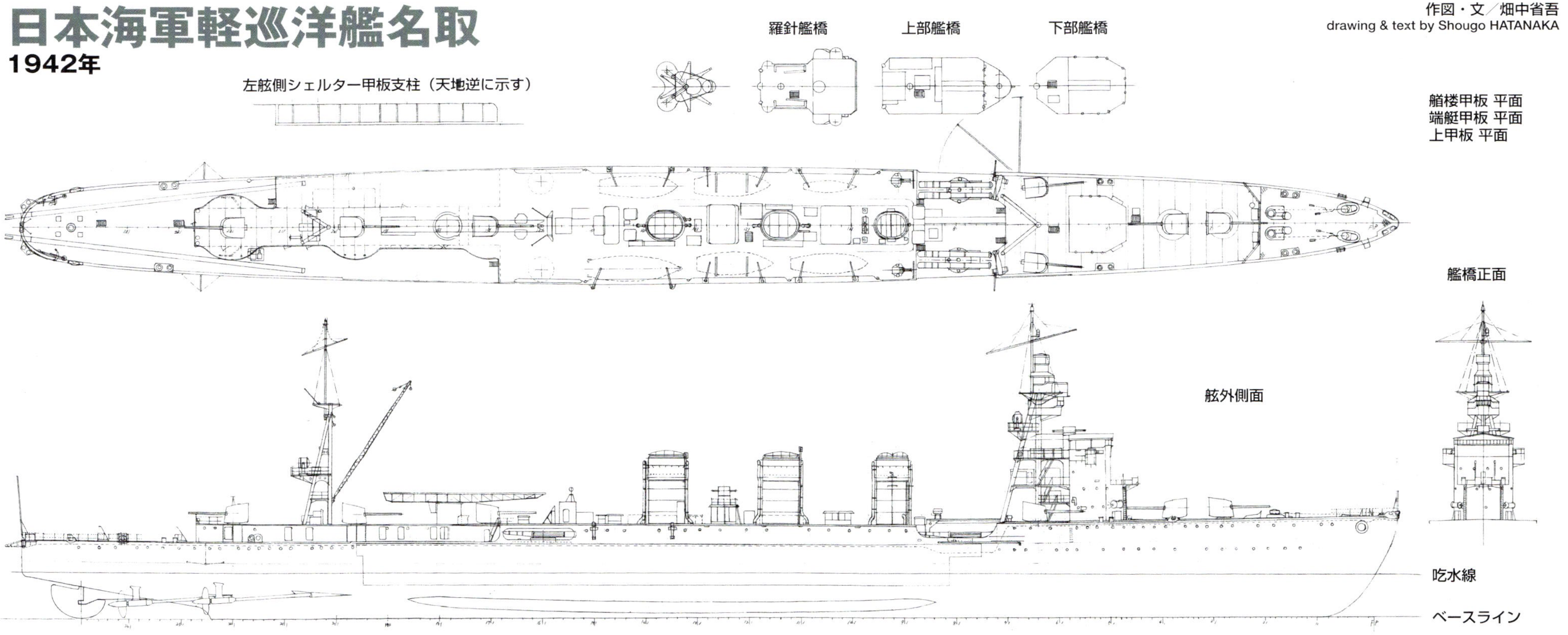

「鬼怒」艦型図について

軽巡「名取」は、「長良」型軽巡のなかでもっともアベレージな姿を保った艦といえそうである。しかし、一般艤装図は見つかっていない。

新造時は艦橋構造物の前側に1・2番主砲にかぶさるように滑走台が設けられていた。しかし、「由良」「神通」「鬼怒」のような射出機を載せたことがないまま、1932～33年に実施された近代化改装では5・6番主砲の間に呉式2号3型射出機を装備。その際、不要となった艦橋前の滑走台は撤去される予定だったと思われる。しかし、滑走台支柱の上に13mm4連装機銃1基を載せたまましばらく行動したらしく、写真が残っている。これは「阿武隈」も同様である。この滑走台は友鶴事件に関連して上部重量の軽量化の一環として1935年には撤去されたらしい。

近代化改装後の羅針艦橋天蓋は固定式天蓋となり、中心線部が山型に高くなる寄棟方式である。一方、「五十鈴」「鬼怒」「由良」などは平らな天蓋をもつ。新造時はどの艦も天井部にキャンバスを張る開放式羅針艦橋だった。各艦が独自の顔つきを獲得するのは、特定修理（※）を実施して後のことになる。

1935年10月に「名取」は東京港に接岸した。このときに撮った写真が「丸スペシャル」に掲載されていて、艦上のディテールばかりか、船体の外板、あるいはリベットまで看取できるクオリティの高い写真である。残念ながら艦橋の前半分が画面から切れてしまっているが、側面に突き出た見張所と高角望遠鏡用スポンソンはちゃんと写っている。すばらしいのは前檣の詳細がわかることで、下から順に、須式90cm探照灯、測的所、その天蓋に見張方向盤を収めた見張所、クロスツリーの上に予備指揮所、その上に射撃指揮所といった構造物が雛壇式に積み重なっている様子がくっきりと写っている。端艇甲板も、見学者のために端艇を降ろしてあって煙突基部やその間にある缶室給気路などを見通せる。キャンバスを張った射出機の上には90式水偵がちょこっと乗っている。光も順光で画像に立体感があり、ほとんど文句のない写真である。

大戦中の軽巡「名取」は、KKベストセラーズ「海軍艦艇史 2」に掲載されている昭南（シンガポール）はセレター軍港に入渠した1943年2月の損傷修理記録写真がきわめて有用である。この一連の写真から「名取」は、上記の東京湾入稿時のときとスタイルがほとんど変わっていないことに驚く。トップマストが短縮されヤードが1本となり、羅針艦橋には防弾板を取りつけているが、そのほかはほぼ1935年のときと変わらない。「名取」が長期にわたり「長良」型旧来のスタイルを保っていたことがわかる。艦橋前には13mm4連装機銃、羅針艦橋天蓋は依然として中折れの固定式、端艇甲板前端舷側部に25mm連装機銃、舷外電路は損傷で一部がちぎれているがコースをおおよそたどれる。

また、「名取」のビルジキールは幅広タイプであることがわかる。

「丸」エキストラ「戦史と旅」26集の巻頭に掲載された“軽巡「名取」南方作戦の航跡”の「名取」写真アルバムには「名取」自身の鮮明な姿はあまり写っていない。扉写真のみ鮮明なよい写真で、1941年の撮影である。おそらく海軍報道班によるものだろう。この写真の「名取」の羅針艦橋上の破風の部分にはまだら迷彩が施してある。南方作戦の写真は乗組員の誰かによるスナップと思われ、写りはそれほどよいとはいえない。「名取」の全身が写っている防毒ガス訓練を上空から見た写真も解像度は低くおおまかな姿がわかる程度である。しかし、艦上を写した写真は貴重でリノリウムの貼り方など得難い情報であるし、なによりもすべての写真が作戦の記録として臨場感この上ない。

後特定修理：大改装ほどではないが、改修する箇所を限って行なう修理および改修

文／畑中省吾

日本海軍軽巡洋艦 多摩

「多摩」は八六艦隊の補助艦艇として民間の三菱長崎造船所で建造された。1921年1月竣工。同造船所では引き続き八八艦隊用の戦艦「土佐」を建造中だったが、この年の11月にワシントンで軍縮会議が開かれ大建艦計画は中止となった。開戦時、「多摩」はすでに艦齢20年になる旧式艦だった。ワシントン条約とロンドン条約で課された排水量制限は日本海軍に、いざとなればどんな船も戦いに投入すべし、との思いをいだかせたことだろう。「多摩」も老躯に新しい武具を身に着け出陣した。

そんな「多摩」が開戦劈頭に所属したのが北方部隊だった。対潜北方迷彩が施されたのは開戦直前のこと。冬の北海道、千島方面での作戦である。雪と氷と強風そして高波。僚艦「木曽」ともども荒天による波浪などが原因で船体に歪みがでてしまう。両艦は1941年12月末に横須賀へ帰投してすぐに修理と船体補強工事を行なった。また、前檣トップを短縮し、ヤードの一部を撤去している。こうしてふたたび1942年1月末には北方警備の任にもどった。写真は同年2月頃に海軍報道部が撮影したもの。第5艦隊旗艦の「多摩」の姿である。

日本海軍軽巡洋艦 球磨

八四艦隊計画の軽巡「天龍」（基準排水量3500トン）は欧米の同種の軽巡と比べ見劣りすることが判明し、八六計画ではこれに代わり基準排水量5500トンの軽巡を建造することとなった。その第一艦が「球磨」である。1920年8月、佐世保海軍工廠で竣工。公試で36.2ノットを出した。

大正末から昭和初期（1925～28）にかけて煙突に雨水除去装置を取りつけた。まず「木曽」の1、2番煙突に設置して効果を確かめたうえで「球磨」の3本の煙突に装置を取りつけた。開発途上の装置だったためコンパクトさに欠けたことから、バランスの悪い煙突形状になってしまったが、この奇妙な形の煙突が「球磨」のもっとも「球磨」らしい特徴となった。

素朴な姿だった「球磨」も1932年に近代化改装を受け、その姿で、このころキナ臭くなってきた支那方面の警備につくため青島、旅順などで行動した。1933年の国際連盟離脱もあって各国は日本への警戒を強め、大陸沿岸などにおける日本軍艦の監視にやっきとなって偵察写真をかなり撮った。今ではそれらが我々に貴重な軍艦情報を提供してくれている。

（写真提供／大和ミュージアム）

練習艦から秘密兵器へ 完全変態を遂げた老兵

日本海軍軽巡洋艦北上　1938年7月
日本海軍重雷装艦北上　1941年12月
日本海軍回天搭載艦北上　1945年1月

軽巡から、10基の魚雷発射管をずらりと並べた重雷装艦、そして特攻兵器回天とハリネズミのような対空兵装…改装に次ぐ改装で大きく変貌を遂げた北上は、戦局の推移に翻弄され、その派手な外観とは裏腹に地味な任務に終始した。代表的な三態を模型で再現する

日本海軍 軽巡洋艦 北上

1940年2月28日、浦賀船渠で特定修理完了直後の北上。1935年の復元性能改善工事で第二、第三煙突が低められ、姉妹艦「大井」との大きな識別点となっている

軽巡時代の「北上」の羅針艦橋は前部が曲面、姉妹艦の「大井」は角型でこの識別点は「多摩」と「球磨」の関係によく似ている。重雷装艦に改装後もこの形を保持していたと思われるが、羅針艦橋全体に囲壁と固定天蓋が設けられる等、外観は顕著に変化している。最終時はさらに機銃台や防空指揮所の新設、遮風装置の装着などでさらに厳めしい印象となった。重雷装艦時代の艦容を捉えた写真は皆無で、残された図面や改装前・後の写真などから推測するしかないが、近年、魚雷発射管に簡易型の防盾が取り付けられていたという資料が公開され話題となった。

ところで、重雷装艦から回天搭載艦に改装されるまでの間に後部の発射管を降ろして運貨艇（大発）を搭載した時期があるのだが、大発の運用はどのように行なわれていたのだろう？積込みは港湾で行なわれるが、降ろす時は島嶼の上陸地点であったりするわけで、艦に何らかの揚卸のための装置がなければ不便と思われるが、1944年、回天搭載艦改装時に改装空母「千歳」の水母時代のものを移設されるまで後檣にクレーンが設けられた記録はなく、このことからもかなり場当り的な改造だったことがうかがえる

1945年1月、回天搭載艦として改装完成時の姿。軽巡時の写真と比較すると変化していない箇所がほとんど見当たらず、とても同一艦とは思えない変貌ぶりである

軽巡から重雷装艦へ、そして回天搭載艦へと改装

「北上」は「球磨」型3番艦として1921年4月に佐世保工廠で竣工した。竣工後は主に中国方面に行動していたが、日米間の緊張が高まると、極秘裏に対米戦の決戦兵器として転用する準備が進められた。そして1941年夏、姉妹艦の「大井」と共に世界に類を見ない重雷装艦に改装された。片舷20射線の無航跡の酸素魚雷で太平洋を渡ってくるアメリカ艦隊を迎え撃つ究極の魚雷戦兵器であったが、開戦後は想定していた艦隊決戦は生起せず、1942年後半には後部の魚雷発射管を陸揚げして大発を搭載。ソロモン諸島、フィリピン、ニューギニア等への兵員輸送や輸送船団の護衛任務に活路を求めた。1943年7月には「大井」と共に西南方面艦隊に編入され、スラバヤを拠点に警備活動に従事した。本格的な高速輸送艦への改装が検討された矢先の1944年1月27日、輸送船を護送中にマラッカ海峡で米潜水艦「テンプラー」の雷撃を受け、艦尾に2発が命中。後部機械室を破壊されたが沈没は免れた。「鬼怒」の曳航でシンガポールに辿り着き応急修理を受けた彼女は8月、佐世保に帰投して改装工事を受けた。最後の姿は特攻兵器回天の母艦であった。艦尾に回天を発進させるためのスロープを新設。大破した後部の主機を撤去して機械室は船倉に改造された。目を見張るのは発射管を全廃して広く空いた舷側の張出しにずらりと並んだ25㎜機銃で、さながらハリネズミのようであった。1945年1月、改装が完成し、さっそく回天の発進テストが行なわれたが、実際の出撃には至らなかったのがせめてもの救いだろう。1945年7月24日、米軍機の攻撃で主機を損傷し、航行不能のまま終戦を迎えた。15隻の5500トン級軽巡の中で終戦まで生き残ったのは彼女が唯一であった。

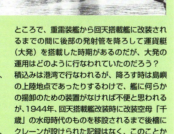

球磨型3番艦の軽巡時代の姿を再現

日本海軍軽巡洋艦

北上

1938年7月

日本海軍軽巡洋艦 北上
フジミ1／700 インジェクション
プラスチックキット北上改造
製作・文／米波保之
作図／畑中省吾

Imperial Japanese Navy light cruiser Kitakami.
Conversion from Fujimi 1/700 Injection-plastic kit,Kitakami.
Modeled and described by Yasuyuki YONENAMI.
drawing by Shougo HATANAKA

5500トン級軽巡を製作する場合、そのベースとしてタミヤのキットを使用するケースが多い。タミヤの「球磨」型はウォーターラインシリーズの傑作のひとつだが、全長がやや短いという欠点がある。そこでここではフジミの「北上」回天搭載艦のキットを改造して軽巡時代に先祖がえりさせることを試みた。このキットは船体形状が非常に良く捉えられており、艦首に微妙に付けられたシアーやフレアの曲面の具合などが見事に再現されている。容易な工作とはいえないが、素材としての利用価値は非常に高く、ひと手間かけることで5500トン級軽巡本来のスタイルの良さを堪能できるだろう。

■船体

回天搭載艦に改装後の船体は軽巡時代と全くの別物のように見えるが、フジミのキットは甲板と舷側の張出しが別パーツとなっているので、5500トン級の原型に戻すことは不可能ではない。張出しのパーツ（B10、B27）はもちろん使用しないので取り付け穴をプラ棒で埋める。舷外電路などのモールドもすべて削り取り、艦首のガンネルにはナックルラインを表現する。艦首前端から67㎜の所の舷側を長さ13㎜にわたって切除し、角を丸く仕上げる。ここに発射管甲板を構築する。艦尾は後端の坂になったところを底だけを残して切除して、代わりにプラ板で艦尾の外板を貼る。船首楼後端は左舷側が長くなっているが、右舷側に長さを揃えてから0.5㎜プラ板を貼り、側壁を35㎜延長。後端から1㎜の所に長さ11㎜の後部発射管室の穴を開口しておく。元の舷側ラインとの継ぎ目が強度不足なので、裏側からプラ板を貼って補強しておくと良い。甲板はキットのパーツを改造して使っても良いが、モールドをすべて削り取ったり後部の湾曲した部分を修正したりする必要があるので、すべてプラ板で作り替えた方がきれいに仕上がる。船体パーツの外形を1㎜厚のプラ板に写し取って切り出し、現物合わせで少しずつやすりで削りながらフィッティングを採っていく。艦首の錨甲板のみキットのパーツ（C1）から切り離し、機銃のブルワークを削り、波除けをつけるなどの加工をしたうえで使用した。リノリウム張りのモールドは、伸ばしランナーや真ちゅう線を用いて再現する方法が一般的だが、私はエンボス加工したプラペーパーを貼り付ける方法を採った。手順は、エバーグリーン社の2.5㎜間隔で筋彫りの入った

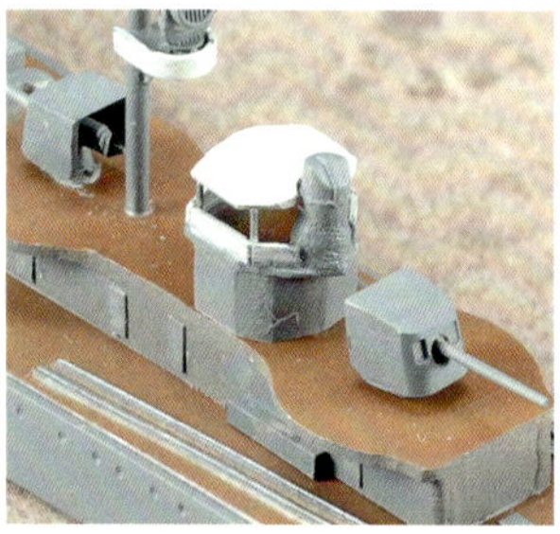

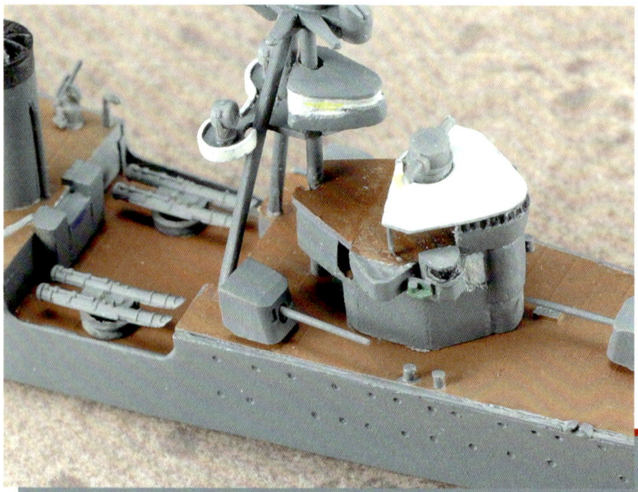

[北上艦橋]

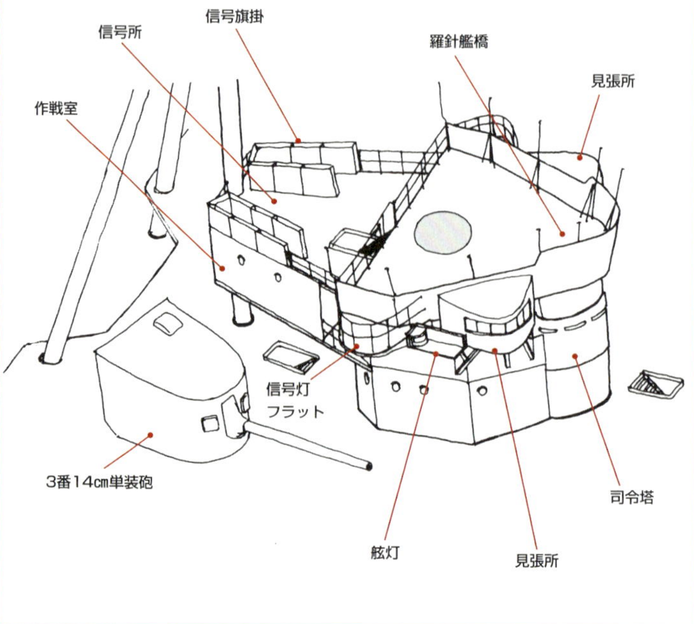

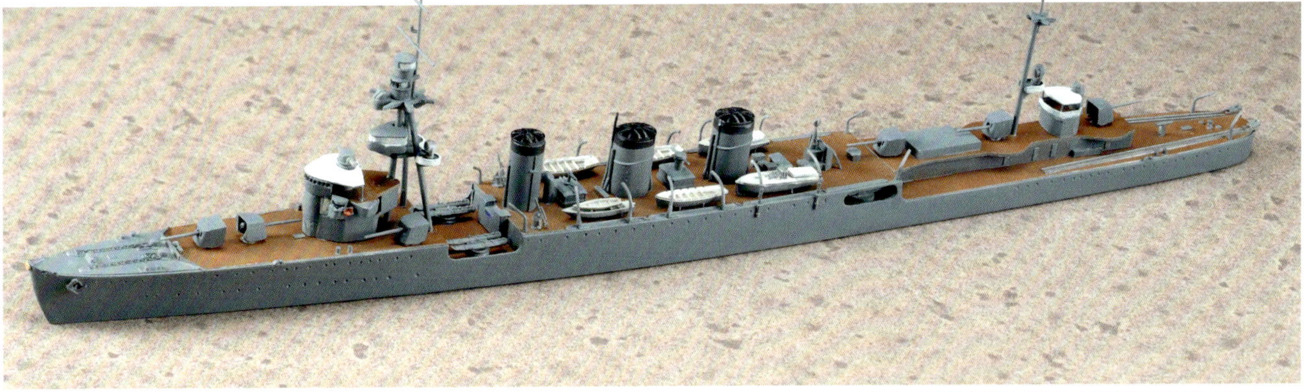

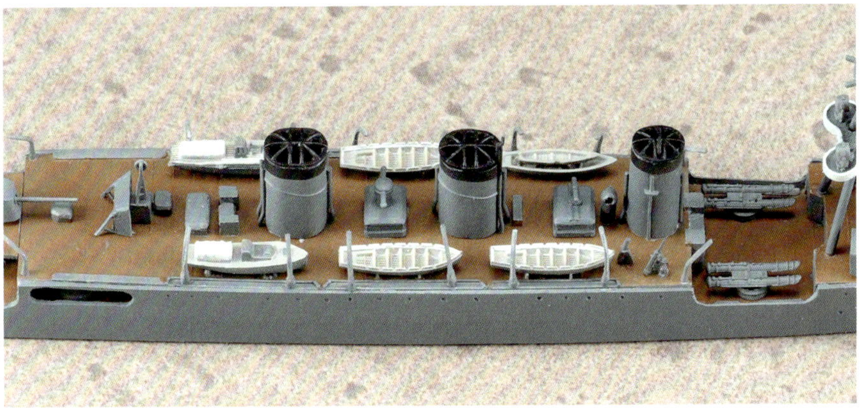

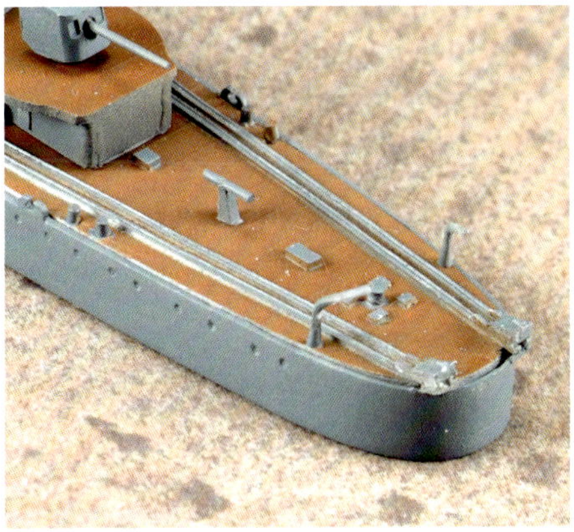

「Vグループ」というプラ板にプラペーパーをテープで止めて、筋彫りをガイドにケガキ針でなぞるとプラペーパーに均一な間隔の筋が入る。これを裏返して甲板に貼り付けるとプラキットのモールドに似た感じの質感になるというわけだ。尚、プラペーパーを貼り付ける時は溶剤系の接着剤を用いると溶けて筋が潰れてしまうのでクラフトボンドなど非溶剤系のものを使用して貼り付けると良い。縁の部分が浮きやすいので、つまようじの先などを使ってしっかり接着しておく。こうして船首楼甲板、前部発射管甲板、上甲板、端艇甲板を作ったら、まず前部発射管甲板を張って、続いて上甲板を張り、後部発射管室の工作を済ませておく。最上甲板の取り付けは発射管室内部の工作塗装が済んでから行なう。詳しい工作方法は111ページでも図版入りで紹介しているので参考にしていただければ幸いである。艦尾の機雷敷設軌条は0.5㎜角のプラ棒の上部にリューターと目立てやすりを用いて溝を彫ることで表現してみた。この軌条の工作は今回で3回目になるが、すべて違う方法で製作した。どれも一長一短で、未だ試行錯誤の中である。なお、前部発射管甲板の上に船首楼甲板と端艇甲板をつなぐ渡り板があるのだが作例では付け忘れてしまったので、畑中氏の艦型図を参考にプラ板で取り付けておこう。

■艦橋・前檣

艦橋構造物は羅針艦橋のみキットのパーツ（D8）の後ろを6㎜ほど切り詰め、高さを低くしたうえで使用。他の部分はほとんど畑中氏による艦型図を参考にプラ材で構築している。下部艦橋はプラブロックの組合せから削り出した。前部の円筒形の司令塔はプラ丸棒を組み込み、側面の開口部は一段彫り下げてキャンバスカバーを張った表現とした。羅針艦橋の底面（D3）は左右の張出しを切除し、プラ板で形状変更する。後部の信号甲板は前檣主柱の所まで延長し下部に作戦室を設ける。艦橋側面の左右に水面見張所を設け、その後ろにプラ材の細切りで舷灯を付ける。前檣は三脚を1㎜径のプラ棒で組み、クロスツリーや探照灯プラットホーム、上部の構造物などは前回製作した「鬼怒」で使用しなかったパーツを流用している。トップマストは0.5㎜径、ヤードを0.4㎜径のプラ棒をテーパーに削ったもので作り、二本のヤードの間に右舷に寄せてプラ材の細切りで2kW信号灯を取り付ける。

■上部構造物

後部の主砲甲板は、先に作った他の甲板と同様の方法でプラ板より製作し、下部の甲板室もプラ板にて取り付ける。煙突は格子のパーツ（C10、C11）を裏側からリューターでできるだけ薄く削り、第二、第三煙突の両脇にある突起は不要なので削って平滑にする。また、蒸気捨管が回天搭載艦時と異なるので、すべてプラ棒で作り直した。第一煙突の後ろにキセル型通風塔があるのがこの時期の「北上」の特徴だ。甲板上の缶室給気路などの艤装はすべてプラ材で自作して取り付けた。後部艦橋は0.25×1㎜のプラ材でブルワークを、後部に見張方向盤を取り付け、キャンバスの屋根は0.5㎜プラ板で表現した。後檣は主柱を1㎜径、トップマストを0.4㎜径、ヤードを0.3㎜径のプラ棒で製作。クロスツリーはタミヤのキットの余剰パーツを利用した。

■武装・その他

主砲はタミヤのキットから部品取りし、砲身のみ0.5㎜径のプラ棒をテーパーに削ったものに付け替えた。8㎝高角砲、方向探知アンテナはピットロードNE03。六年式魚雷発射管はNE04。探照灯はNE02より流用。ボートダビットはタミヤのキットのものを細く削って使用しているが、右舷後部の11m内火艇用のもののみ大型で、舷側に取り付けられている。こちらはNE02よりチョイスした。端艇は30ftカッター代わりの9mカッターをナノ・ドレッド。11m内火艇、6m通船をNE02。9m内火艇はウォーターライン共通パーツ。8m通船は適当なものがなく、ジャンクパーツより似た形のものを選んで使用した。

対米漸減邀撃作戦の切り札 重雷装艦となる

日本海軍重雷装艦 北上 1941年12月

日本海軍重雷装艦 北上
ピットロード1/700
インジェクションプラスチックキット
製作・文／山下郁夫
作図／畑中省吾
Imperial Japanese Navy Torpedo cruiser Kitakami.
Pitroad 1/700 Injection-plastic kit.
Modeled and described by Ikuo YAMASHITA.
drawing by Shougo HATANAKA

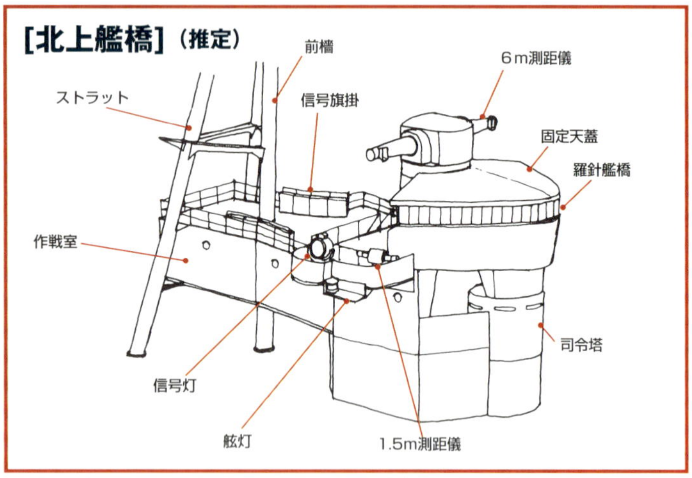

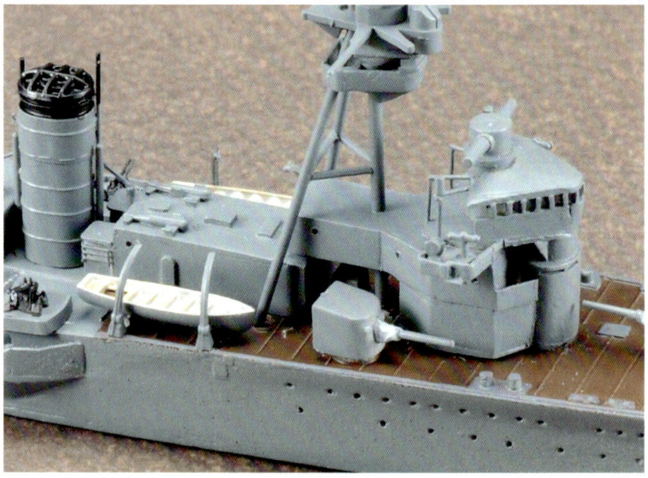

大量の魚雷を浴びせかけ米国太平洋艦隊を撃滅するとの作戦思想によって、魚雷攻撃を重視する重雷装艦に改装されたのが、5500トン級巡洋艦「北上」と「大井」である。このうち「北上」を、ピットロード社のキットを使って、畑中氏の考証図を元に製作してみた。ただ、重雷装艦時代の「北上」の写真は現在、公表されていないので、模型でしかその雄姿を窺い知ることができない。

■船体

船体は上下抜きの金型によって成形されている。このため舷窓が抜き方向による表現で甘いので、彫刻に従って0.6mm径のドリルで舷窓部分を開け直し再現した。続いて、このキットの一番の見せ場である舷側に大きく張り出した魚雷甲板部分についての工作に入る。上下抜きであるため肉厚が太い部分もあって、上下面にヒケが見られる。特に下面部分は、彫刻部分と違ってフラット面が広い関係もあって強く出ている。これを平滑にするために、カッターの刃を張り出し部分の下面に押し当て「カンナ掛け」方式で削り、さらに平ヤスリで平滑にして、パテなどの使用を極力最小限にした。

船首楼甲板から魚雷甲板部分にかけて雛壇状の形状になっているが、この表現は舷側面形状をそのまま艦上構造物につなげたからだ。ここは魚雷甲板から船首楼への通路となっているため、この雛壇を彫刻刀で全て撤去し、0.3mmプラ板で通路と部屋を製作、そして最前列魚雷発射管の艦首方向に設置された波除けのブルワークも0.3mmプラ板で製作した。

■甲板構造物

船体の加工に含まれることだが、煙突基部の構造物の平面形が非常にスリムな表現となっているため、ここに設置されるキノコ型通風筒、筐などを取り付けるスペースがない。資料からこの部分を採寸したところ左右方向に各0.3mm拡張する必要から、構造物両面全体に0.3mmプラ板を貼り拡張した。さらにこの部分に設けられた構造物全般を撤去し、あらためてプラ板の積層などで構造物を作り直した。これは、上下方向に成形品を打ち出すための抜け幅が大きくつけられているためで、横から見たときに台形のように見え実感を損ねている。

拡張された煙突基部部分にヤマシタホビー製のキノコ型通風筒、0.8mmプラ棒を曲げて加工した雁首型通風筒、1mm角のプラ棒をカットし筐などを作り、資料に従って取り付けた。さらに、0.16mmプラ板で煙突基部に取り付けられているシールドも取り付けた。

■艦橋とその他の構造物

キットと資料とでは、大幅な違いを見せるのが艦橋である。「北上」など球磨型は写真から受ける印象と違って、艦橋基部の平面形が正六角形に近い。これは羅針艦橋天蓋の平面形状に惑わされることに起因して、前半部分を長めの表現としてしまうことにある。

キットもこの傾向にあるので、艦橋をプラ板で全面的に作り直した。平面形を0.5mmプラ板で作り、この周囲に0.3mmプラ板で囲うようにして艦橋基部を作った。司令塔は、まず3mm丸棒2本の面を平らになるように削る。その後に削った側の面を合わせて接着し、断面が数字の8の字状になるようにする。これに断面のへこんだところの面にプラ板を貼ってヤスリなどで楕円形にする。プラ板を加工して窓を復元し、この上にプラ板をもう1枚貼って、カッターナイフ、ヤスリで形状を出した。艦橋天蓋部分も、0.5mmプラ板で作り、艦橋の窓は、0.3mmプラ板を細かく切ったものをはめ込んで再現してある。これらの工作によって、甲板に彫られている艦橋基部が、新規に作った艦橋を接着するのに邪魔になるので甲板から撤去した。艦橋後方に設置する兵員待機所部品も、資料に比べ短いのでプラ板で作り直し、ここに彫刻してあった扉類を削り取り、プラ板で扉などを、パラベーンはジャンクパーツによって復元製作した。

煙突の間に設置されるベンチレーター類の部品も抜け幅を大きくとっていて、缶室給気路の形状が階段状となっている。これらの部品も各サイズのプラ板で作り直し、缶室給気路の模様を、エッチングパーツの手すり部分で表現した。煙突はキットのものを使うつもりであったが、若干太めであったので、タミヤの「鬼怒」の煙突部品を転用した。ただ煙突周辺の各蒸気捨管については、0.5㎜、0.3㎜のプラ棒に置き換えて装着している。前部マストは、各サイズのプラ棒で支柱部分を作り、指揮所はタミヤの「鬼怒」のジャンクパーツより該当のパーツに追加工作を行なって作った。後部マストも各サイズのプラ棒で支柱部と桁を作り、探照灯台も0.3㎜プラ板で作り、WLシリーズの共通パーツより探照灯部品を転用している。

■魚雷発射管と主砲

「北上」の主兵装である4連装魚雷発射管だが、キットのものは細部の表現など申し分ないのだが、資料と照らし合わせたところ、幅が狭いことがわかった。このため資料と同寸の4連装魚雷発射管を探したところ、アオシマの高雄型のものがサイズ的に全く同じであることに気づき、ジャンクパーツ化していた魚雷発射管部品を転用、これに資料にあるような簡易型シールドをプラ板で作り装着した。

このような部品変更により、発射管がキットの設定サイズに対し大きくなったため、発射管を回してみると艦上構造物に当たってしまうので、装備位置の変更が発生してしまう。このため魚雷甲板に彫刻された回転軸受を削り取り、新たに円形に切り出した0.3㎜プラ板で魚雷発射管回転軸受を作った。資料にある回転軸の位置を参考にして、舷側のぎりぎり一杯のところまでずらした後で、魚雷発射管を甲板に接着した。この作業によって、発射管を回転させたとしても艦上構造物に干渉しないようにしてある。

キットの14㎝主砲を組み立てると、砲身が太めとなっているので、資料から受けるイメージに対して違和感が生じる。さらに砲室も前後方向に長めの印象を受ける。そこでイメージに近づけるために、砲室と主砲基部をアオシマの川内型のものに、砲身をヤマシタホビーの8インチ砲塔セットから砲身部分をカットして取り付けた。

しかし資料通りの砲身長に14㎝砲を製作してみると、第二砲室を後方に指向させると、艦橋に当たることが分かった。そこで、後方に指向させることが可能な砲身寸法に、残り3門の砲身も短縮して製作した。

実際の砲身長と相違することは、船首楼部分の設計時における寸法割当てで、砲室の支筒配置寸法に誤差があったと思われる。ただし模型の商品化の場合、写真などから受けるイメージを強調するという設計方針から、わざと寸法誤差を生じさせることもあるので、いちがいに間違いだ、とは言い切れない。

今回は資料をもとに製作するというテーマでの工作であるので、キットと実際の寸法との違いにあえて触れてみた。

■その他

船首楼後端の25㎜機銃座はキットのものが分厚く実感に欠けるので、0.3㎜プラ板から4.5㎜径の円形板を作り、キットの機銃座に合わせて円の一部をカットし半円形の形に修正した。このカットした部分を中心にして、0.3㎜プラ板でブルワークを復元した。この機銃座に、ファインモールドの25㎜連装機銃をセットした。

内火艇とカッターはウォーターラインシリーズの共通パーツを使用し、これらのダビットは、タミヤの5500トン級軽巡のものや、0.5㎜プラ棒を加工して作ったものを、船体に取り付けてある。

キットはフジミとピットロードのものを使用

フジミの回天搭載艦北上は2014年秋に発売になった5500トン級軽巡では最新のキットのひとつだ。近年の同社らしい繊細なモールドに加え、よく考証された船体の基本形状が非常に優れており、これまでの5500トン級のキットとは一線を画す。今回の作例ではこのキットを使用して改装前のプレーンな状態に先祖がえりさせたが、甲板や舷側の張出しが別パーツとなっているので、思ったより簡単に改造が可能だ。

ピットロード・スカイウェーブシリーズの重雷装艦のキットは、1999年の発売から20年近い年月を経ている。発売当時のスカイウエーブシリーズのラインナップはまだ小型艦が中心で、シリーズ初の巡洋艦、また、多くのマニアが長く待ちわびていた重雷装艦の登場とあって非常に嬉しいものだった。メリハリの利いたモールドは現在も古さを感じさせないが、発売後に魚雷発射管にシールドが装着されていたことなどが判明している。重雷装艦、回天搭載艦については本稿執筆後の2017年にアオシマから最新考証に基づいたキットが発売されたため、これらの艦に関しては選択肢も増えている

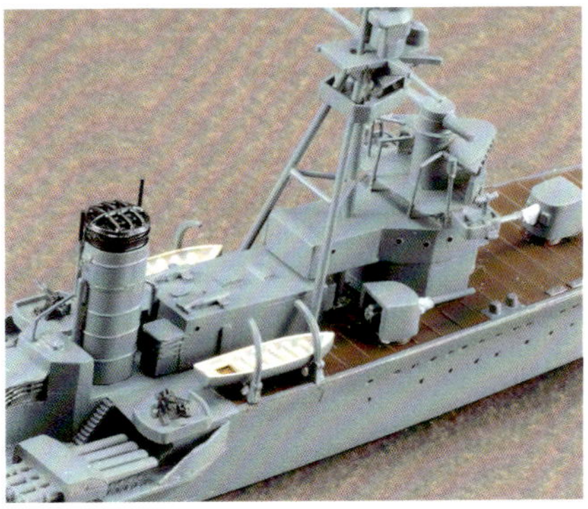

対空兵装を増備し回天搭載艦として最後を迎える

日本海軍回天搭載艦

北上

1945年1月

日本海軍回天搭載艦 北上
フジミ1/700
インジェクションプラスチックキット
製作・文／米波保之
作図／畑中省吾
Imperial Japanese Navy Kaiten carrier Kitakami.
Fujimi 1/700 Injection-plastic kit.
Modeled and described by Yasuyuki YONENAMI.
drawing by Shougo HATANAKA

回天搭載艦「北上」も長い間発売が待たれていたアイテムのひとつだろう。古くからタミヤの「多摩」をベースにスクラッチビルドの対象として、多くのモデラーが腕を振るってきたがそのハードルは高く、唯一存在していたピットロードのレジンキャストキットも近年は流通しておらず、その後もキット運に恵まれていなかった。実戦でも活躍の場に恵まれなかったわけだが、5500トン級軽巡の中でも異色中の異色。対空兵装をずらりと並べた勇ましい姿に制作意欲を掻き立てられたモデラーも多いことだろう。待望の発売となったフジミのキットは近年公開された新資料がフルに活かされ、そのまま製作しても精密感が充分に感じられる出来だが、さらなる考証を加えて最終時の「北上」にせまってみよう。

■船体

船体は、艦首先端に僅かなヒケが見られるので紙やすりで整える。甲板や舷側の張出しが別パーツとなっているが、それぞれの合いは良好で、継ぎ目がうまく隠れるように設計されているので、ほぼストレスなく組み上がる。船首楼甲板（C1）の先端に僅かな隙間と、後端左舷側に段差が生じるので、そこは丁寧に処理しておきたい。キットの後部甲板パーツ（C2）はむき出しの鉄甲板の表現だが、実艦の写真で人物の影の写り方から光沢がある面のように見えるのでリノリウム貼りと想定し、ケガキ針で筋彫りを施した。船首楼甲板のリノリウム張りのモールドが非常に繊細なので、伸ばしランナーなどを貼るより違和感は感じられないと思う。また、写真から回天の運搬軌条はかなりゴツいものののように見受けられるので、モールドの上に0.14×0.5㎜のプラストライプを貼って強調してみた。甲板上に一体モールドされている機銃座のブルワークは厚みを感じるので、内側から薄く削る。また、第一煙突両脇の機銃射撃装置のブルワークは、少し舷側にはみ出すのが正しいので、モールドを切り取って、1㎜ほど外側にずらして接着。隙間をプラ板で埋める。またC2にモールドされている倉口ハッチには蓋はないと思われるので、少し掘り下げてキャンバスでカバーを被せた表現とした。艦首尾の旗竿は取り付けず、取付け用の穴をプラ棒で埋めている。

■艦橋・前檣

艦橋下部パーツ（D3）は金型の関係なのか簡略化されていて、操舵室と側面の開口部の表現がないので少々手を入れたいところだ。まず、両舷の張出し前端の下に四角い穴を開け、開口部を表現。前部は円筒形に見えるように加工した。また、後部左右の張出しにはプラ材の組合せで舷灯を追加して、右舷を緑、左舷を赤で塗装しておくと良い。天蓋（D7）は測距儀基部パーツ（B15）との嵌合せが少しきついので、後部の丸い穴の部分をやすりで削って調整しておく。前檣は良く出来ているが、構造物と柱とのフィッティングがあまり良くないので、そのままではうまく組み立てができない。必ず仮組みし不具合な部分を削るなどの調整をしてから取り付けよう。主柱（D12）にモールドされているプラットホームの支柱は切除して細いプラ材に置き換える。トップマスト（D20）も細いプラ材で作り換え、13号電探の支持架の間に右舷側に傾けて2kw信号灯をプラ材の細切りで作り取り付けた。また、クロスツリー（D4）後部下方のトップマストのサポートが省略されているので、0.3㎜径のプラ材で取り付けた。

■上部構造物

甲板室のパーツはいずれもほぼ一体モールドとなっているが、金型の関係でエッジが甘いところがあるので、カッターの刃を当てシャープなラインになるよう整形した。機銃のブルワー

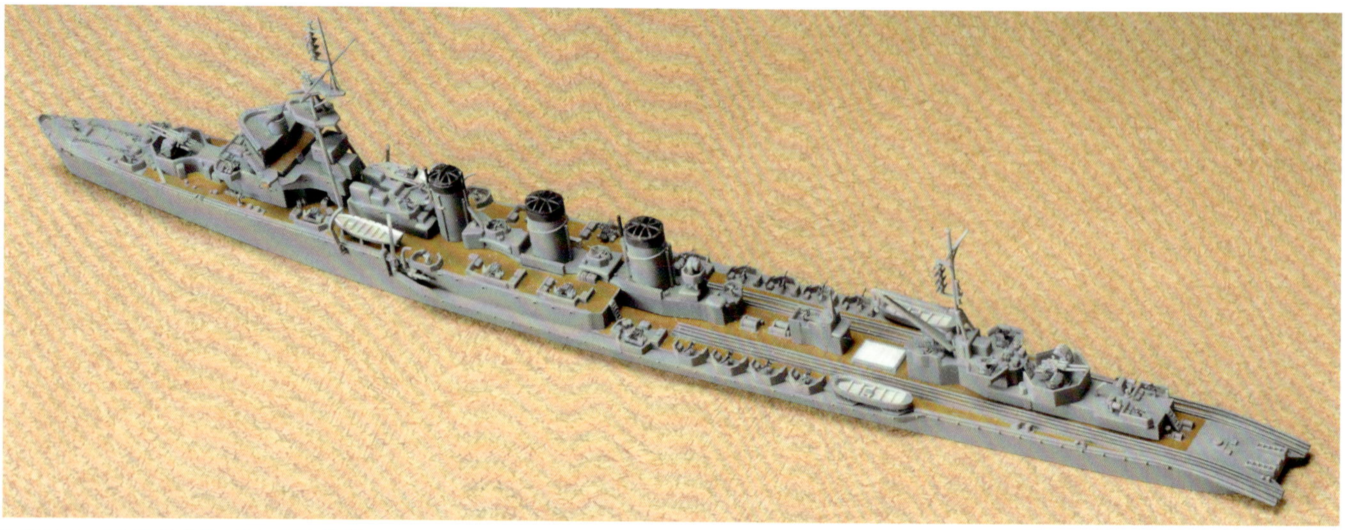

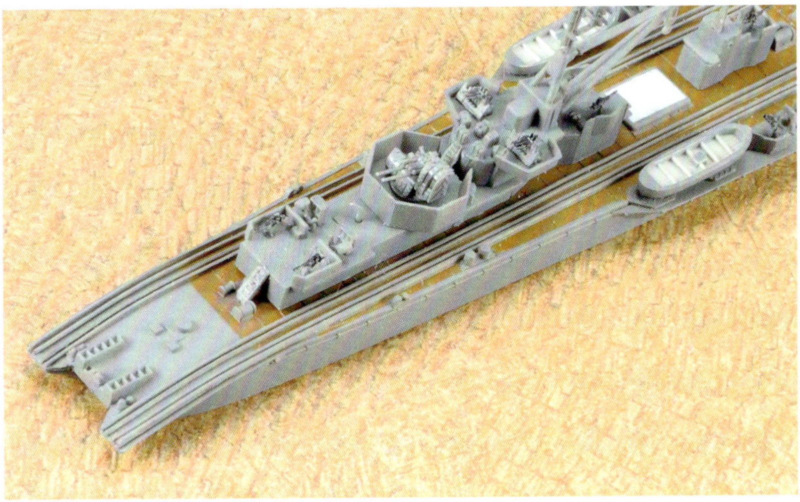

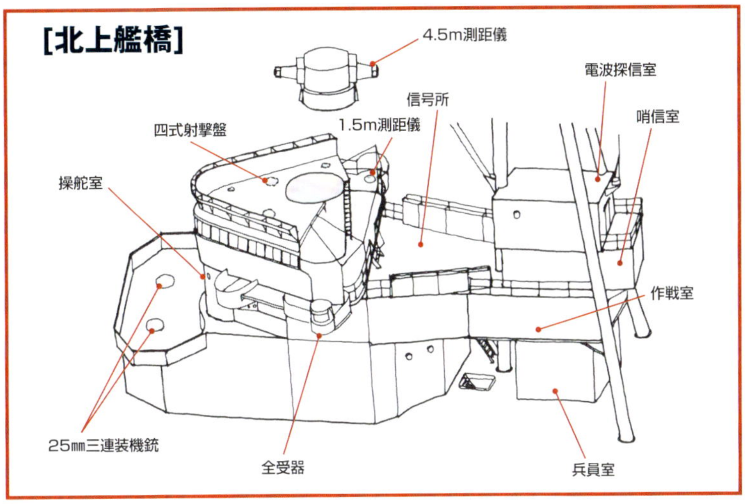

クも内側から薄く削る。煙突は格子のパーツ(C10、C11)をリューターで裏側からできるだけ細く削った。また第二、第三煙突の脇にモールドされている突起は不要なので削り取る。蒸気捨管はキットのパーツをできるだけ細く削って使用した。第三煙突下部の構造物にブルワークのようなモールドがある。これは重油蛇管の格納筐なのだが、それらしく見えないのでモールドを切除して0.75×1.5mmのプラ材に置き換えた。また第二煙突の脇には左舷に端艇のマスト格納所、右舷に応急材の格納所があるのでそれぞれプラ材で作り取り付けた。後檣は良く出来ているので、トップマスト(D6)のヤードをできるだけ細く削ったのみで、ほとんどそのまま使用した。ただ、クレーンのワイヤーのモールドが少々うるさく感じられたので、短く切って、あまり目立ちすぎないようにしてみた。各所の梯子も部品化されているが、厚みが気になるので薄く削って使用した。

■武装・その他

ナノ・ドレッドやピットロードNEシリーズのパーツはキットの繊細なモールドによくフィットする。12.7cm高角砲、25mm三連装および単装機銃、逆探アンテナ、9mカッターをナノ・ドレッド。13号、22号電探、方位探知アンテナをピットロードNE03。11m内火艇をNE02のものに換装した。三連装機銃は防盾付きとして、大戦末期の物々しさを表現してみた。張出しの最後部の単装機銃(4挺)は取り付けず、代わりに端艇を置いた。キットの説明図には昭和19年仕様とあるが、本艦の完成は昭和20年なので誤りである。最後部の機銃は移動式で、端艇を置く場合は取り外されている。作例ではうっかり両舷に10m型運貨艇(小発)を取り付けてしまったが、これは左舷のみで、右舷側には9mカッターを取り付けるのが正解だ。小発はウォーターラインシリーズ小型艦用共通パーツのものを使用している。なお、回天は心情的に載せたくなかったので割愛した。

北上、大井の幻の改装計画

重雷装艦として使用の見込みがなくなった1943年6月、「北上」「大井」は本格的な高速輸送艦に改装されることになった。改装計画は魚雷発射管を2基(5、6番)のみ残して撤去。第一缶室のボイラー4基及び第一煙突を撤去し缶室を船倉に改造、輸送物件300トンを可能とし、速力は29ノットに減少。14cm砲を全廃し、12.7cm連装高角砲2基、25mm三連装機銃10基を装備。大発4隻、小発2隻を搭載等、かなり大規模であったが、2本になった煙突ではバランスを欠き、不格好な感は否めないものだった。しかし、改装準備中の1944年1月「北上」が被雷大破、7月に「大井」が戦没したため計画は頓挫した。回天搭載艦への改装要領はこの時のものを概ね踏襲したものといわれるが、缶と第一煙突の撤去は行なわれなかったため、威容は損なわれなかった

帝国海軍軽巡洋艦北上

1940年2月

作図・文／畑中省吾
drawing & text by Shougo HATANAKA

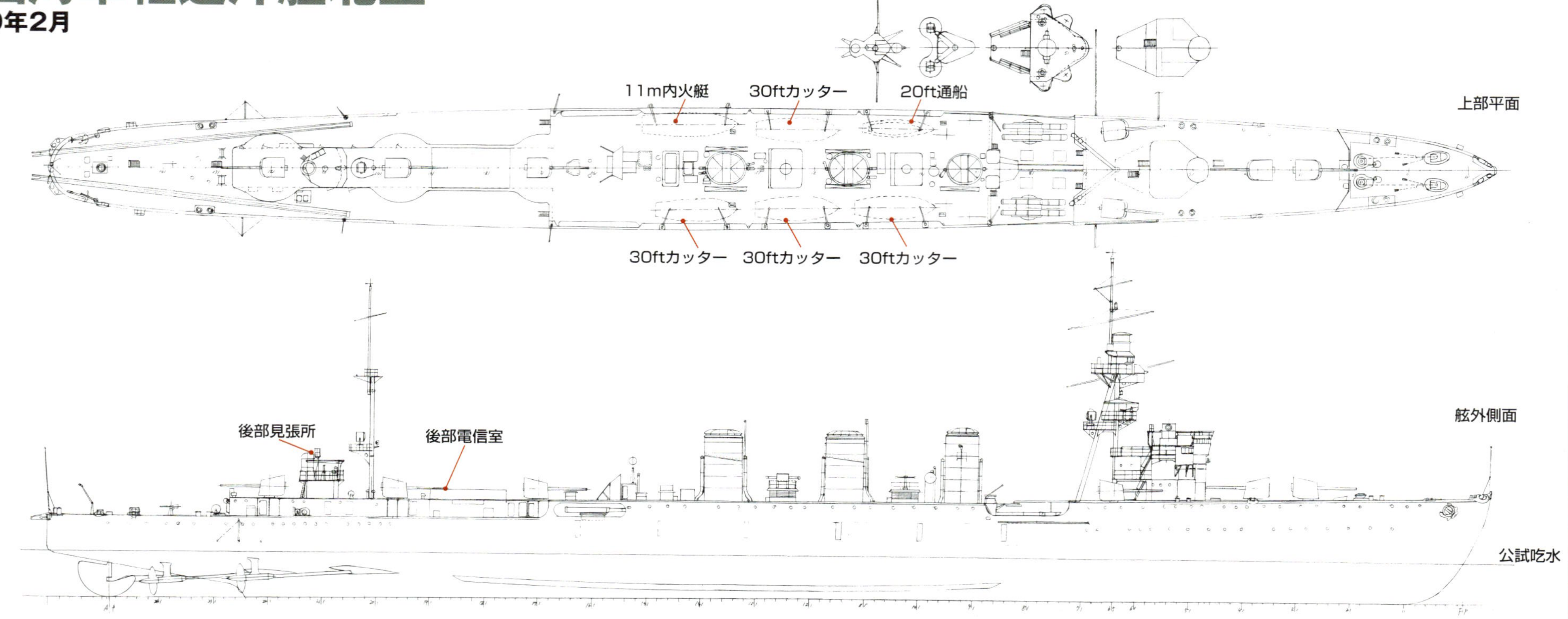

「北上」艦型図について

「球磨」型3番艦「北上」は1930年10月20日に行なわれた特別大演習で「阿武隈」と衝突事故を起こした。その頃の「北上」は中央部の端艇甲板と後部のシェルター甲板の間にある上甲板の魚雷発射管が露天搭載だった。端艇甲板と後部シェルター甲板がつながったのは1933年頃で、近代化改装工事で魚雷発射管室ができたときである。しかし、同型の「球磨」「多摩」が1932年頃の近代化改装で水上偵察機用呉式2号射出機を装備したのに対し、「北上」は航空兵装強化がなされなかった。したがって、後檣は単檣のままである。その他では、艦橋への見張所設置、羅針艦橋の固定ブルワーク装着などが行なわれた。1935～36年には復原性および船体強度改善工事が施工され、第2・第3煙突の高さが低められた。その後「北上」は開戦前の1938～39年にも特定修理を受けたが、8cm高角砲を25mm連装機銃に換装した以外は外観に大きな変化はなかったと考えられる。

「北上」の一般艤装図は筆者の知る限り3つの時期のものが残存している。そのひとつが1940年の近代化改装後を示す図面である。舷外側面図、上部平面図などがあり、そのうちの艦内側面図が「日本海軍艦艇図面集」(原書房刊)に収録されている。これらの図面と「丸スペシャル」(潮書房刊)などに掲載の写真をもとに描いたのが上掲の艦型図である。軽巡としての最後の状態を示す。上記の外観的特徴以外にも、5・6番主砲間にある後部電信室（もと水偵格納庫)、および後部艦橋にある目立つ見張所が「北上」の特徴である。このあと僚艦「大井」と似た経過をたどる「北上」だが、両者を弁別する外観の違いは艦橋にある。「大井」の羅針艦橋前面がナックル付きの角ばった形状であるのに対し、「北上」は曲面処理となっている。羅針艦橋下の司令塔左右に張り出して設けられた見張所の形状も、「大井」が覆塔で「北上」が窓付きブルワークと、異なる。

「北上」は1941年1月に佐世保海軍工廠で重雷装艦への改装に着手される（「大井」は舞鶴海軍工廠)。重雷装艦はディテールを判別できる写真が知られていないため、確信をもって艦型図を描くことができない。ただ、このときの状態を示す天幕展張用図という公式図があり、図の使用目的から艦のディテールがおおまかにしか描かれていないが、写真からの手掛かりが得られない以上この図をもとに重雷装艦時代の外観を推定していくしかない。写真資料がないなか、月刊誌「世界の艦船」の第516号読者交歓室に小さく重雷装艦時代の「北上」の艦橋を後ろから見た写真が載ったことがある。機密のやかましかった当時の記録としては「よくぞ残してくれました」と言いたくなる貴重なものである。それを見ると、前檣が天幕展張用図に描かれている形状とは明らかに違う。軽巡時代に近いものに見える。確かな情報がないため明言は避けたいが、天幕展張用図の示している対勢観測所（魚雷戦指揮）をトップに置いた状態の前檣へは時期をずらして工事を行なったと思われる。というのは、1945年の回天搭載艦改装完成時の写真の見張所及び電探フラットが天幕展張用図の主砲指揮所及び射撃指揮所フラットと同じ形状になっていたからで、改装されたのは確実である。重雷装艦の顕著な特徴である魚雷発射管については学研「歴史群像　太平洋戦史シリーズ」第32号が重要な情報を提供している。魚雷を載せる台車の運搬軌条レイアウトは天幕展張用図から知れる。軽巡時代の後部シェルター甲板は大改造されて後檣より後ろに乗組員諸室を新設、天蓋部に端艇を載せる甲板を設けた。魚雷運搬台車の軌条がここへ延びているが、残念ながら上甲板の平面図がないため、軌条の配置は不明である。新設された端艇甲板の下部は、中央断面図によると後部艦橋の下までが通路となっており、その後ろは端艇

日本海軍重雷装艦北上
1941年12月

作図・文／畑中省吾
drawing & text by Shougo HATANAKA

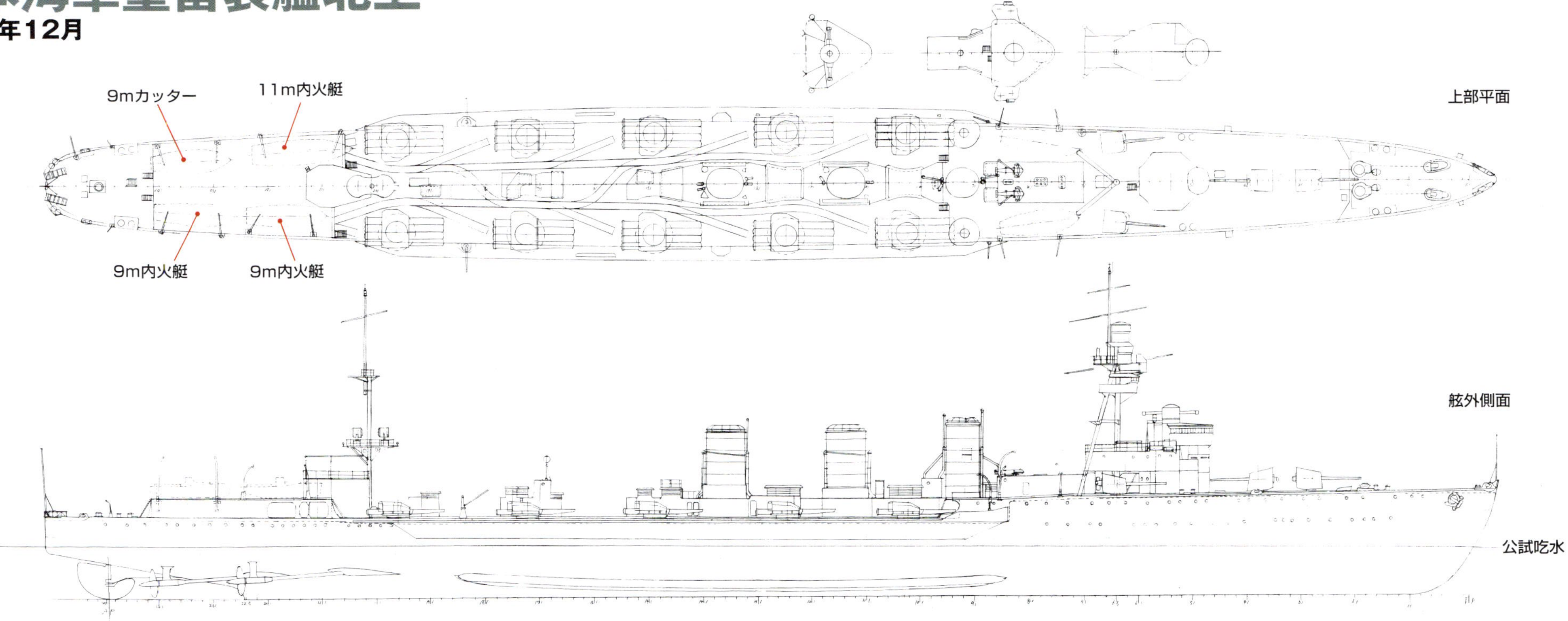

甲板のエンドまで士官浴室や内火艇用軽質油庫や兵員室が並ぶ。ただしこれらの部屋の幅は不明である。回天搭載艦に改装された際に外舷寄りは回天の運搬軌条を通すため解放式になったことから、重雷装艦時代の甲板室も似た配置だった可能性がある。後端は全面壁になっていたことが、元乗組員の方の艦上スナップ写真で確かめられた。舷側寄りに水密扉がある。

緒戦期を終えた時点で重雷装艦には想定された活躍の舞台がなく期待された働きができなかった。「北上」は魚雷発射管の一部を撤去し14m大発を載せて輸送任務に就いたが、1944年1月に艦尾に魚雷を喫して損傷する。修理の後、8月から佐世保海軍工廠で再び改装が施されて回天搭載艦となり1945年1月に就役した。この時期の一般艤装図のうち艦内側面図が「日本海軍艦艇図面集」に掲載されている。なお、ページの関係で回天搭載艦の艦型図は省略した。

さて、詳細がわからない重雷装艦時代の艦橋について考察しよう。写真の残る軽巡時代と回天搭載艦時代のそれを比較したのが右掲の艦橋変遷図である。軽巡時代は羅針艦橋フラットと信号所フラットの間にほとんど段差が見られないが、回天搭載艦時代になると信号所甲板が明らかに下げられていて段差が確認できる。改修は重雷装艦改装の際に施工されたと思われ、天幕展張用図でも段差が認められる。重雷装艦の艦橋は、トップに魚雷戦用の6m測距儀を装備し、羅針艦橋天蓋が軽巡時代の帆布でなく固定天蓋になり、窓が固定式になったと推定される。上部艦橋や羅針艦橋脇に張り出して装備された見張所・測距儀・信号灯の配置は、重雷装艦と軽巡・回天搭載艦時代で類似点がなく推定が困難な部分である。公式図そのままとするしかない。ただ、司令塔両脇が開放構造であることは軽巡時代と回天搭載艦時代で変わらないので、重雷装艦時代も開放構造だったと思われる。これは天幕展張用図に描かれておらず、推定である。

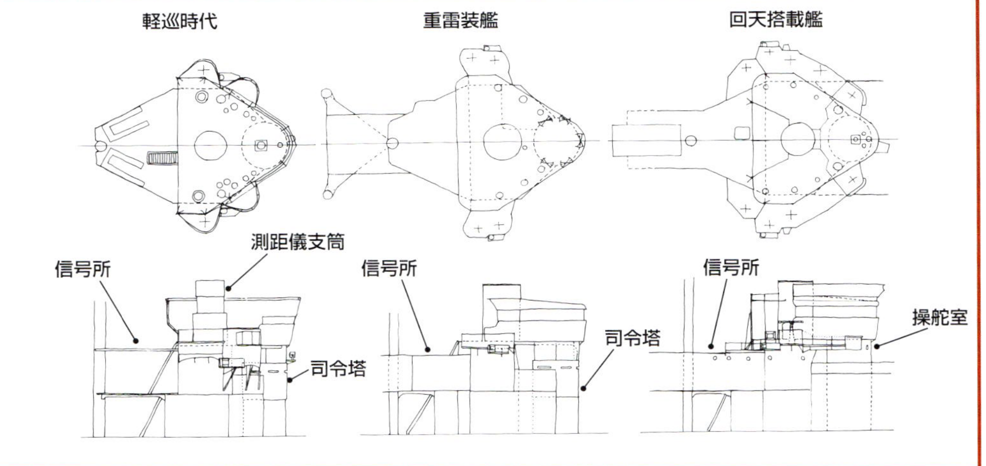

文／畑中省吾

日本海軍軽巡洋艦 名取

戦時中の日本軍艦の写真が少ないなかで、第16戦隊の軽巡「名取」は珍しく戦時中の鮮明な写真が残された艦のひとつである。「名取」は1943年1月末頃オーストラリアの北を航行中に敵潜水艦が放った魚雷を受けて艦尾を切断し、舵を失い、推進軸を大きく損傷した。アンボンに退避して仮修理中、今度は爆撃機の攻撃を受けて至近弾により右舷側のビルジキール部に破孔を生じた。艦は「鬼怒」などの護衛のもと自力でマカッサル経由でシンガポールのセレター軍港へ入港して、ここで応急修理が行なわれた。このときの工事記録写真が福井静夫氏の艦艇写真集に掲載された。この写真はそのうちの1枚である。前から見ると堂々たる入港シーンのようだが、艦尾が7番主砲のある後部甲板室の後ろで切断喪失している。

この時点での「名取」は、開戦前の姿と大きく変わっていない。機銃、高角砲、魚雷兵装なども変化がなく、電探も未装備である。この後の戦傷修理は舞鶴海軍工廠で行なわれるが、修理後の艦影は不明である。　（写真提供／大和ミュージアム）

日本海軍軽巡洋艦 鬼怒

「長良」型5番艦「鬼怒」は、さいわいにも福井静夫氏が一般艤装図を保管しておいてくれた。福井氏の蒐集した膨大な資料は、その後、呉市歴史海事博物館に保管管理されることになり、館長の戸高一成さんの努力がみのって、現在はデータ化された図面をプリントの形で購入することができる。長い年月を経ているにもかかわらず「鬼怒」の一般艤装図の状態は上ランクである。

「長良」型は羅針艦橋の下に飛行機格納庫をもっていたので艦橋のシルエットが横から見ると細長くて前から見ると四角い。「長良」型6隻中「鬼怒」だけが近代化改装のときに元格納庫の高さを低くした。一般艤装図でそのことを確かめることができる。とくに艦内側面図と艦橋附近の切断図がわかりやすい。この写真でも艦橋天蓋が煙突の先端とほぼ同高であるのがわかる。写真の撮影時期は1937年1月で、この姿に近い状態で開戦を迎えたと考えられる。なお、一般艤装図は開戦後およそ2年を経た昭和18（1943）年11月の状況を記録したもので、前檣の射撃指揮所や電探、主砲に換えて装備した連装高角砲などが写真と異なる。

これぞ軽巡。水雷戦隊旗艦として勇猛果敢に戦う

日本海軍軽巡洋艦川内 1939年2月
日本海軍軽巡洋艦那珂 1943年4月

四本煙突とダブルカーヴェーチャーバウ。三本煙突にスプーンバウがトレードマークの5500トン級軽巡の中で異彩を放つ艦容の「川内」型だが、その理由は国策、大震災、大事故……。水雷戦隊を率い勇猛果敢に戦った夜戦の女王姉妹を再現

日本海軍軽巡洋艦 川内

1939年2月、21駆逐隊と訓練中の「川内」。まだ前檣の改正などが行なわれておらずキットの状態と異なる。「川内」のいちばん均整のとれた姿を捉えた一葉。（写真提供／大和ミュージアム）

「川内」はこのクラスで唯一、旧式の八年式魚雷発射管のまま大戦を戦った。艦首も姉妹艦と異なりスプーンバウを保持しているため古臭い印象を受けるが、大戦前に損傷することがなかったのがその理由で、無事是名馬の証しともいえる。友鶴事件に伴う復原性能改善で本艦のみ第1煙突が低められ、4本の煙突の高さが揃ったので他の姉妹艦より均整は取れているように見える。大戦中の姿は、測的所の改正などが実施され前檣クロスツリーのヤードが無くなるなど、ややバランスが崩れた感がある。

日本海軍軽巡洋艦 那珂

1942年4月、敵潜の雷撃で損傷した「那珂」。浸水により吃水が沈み込んでいるため別の艦のように見える。本型の数少ない大戦中の姿を捉えた貴重な一葉。（写真提供／大和ミュージアム）

「那珂」は開戦に先立ち「神通」とともに酸素魚雷搭載のため魚雷発射管の換装を行なった。そのためウェルデッキが廃止となり、長船首楼型の形態となった。「神通」は艦橋が近代改装前と同じ箱型のままなので識別は比較的容易である。大戦中はほぼ全期間南方にあったが1942年4月に敵潜水艦の雷撃により損傷。現地で応急修理の後、本土に帰還して舞鶴で入渠した際、5番砲を陸揚げして12.7㎝連装高角砲に換装している。他の5500トン級で同じ改正をした艦もあるが、本艦がもっとも早い時期だったと思われる。

5500トン級 第3グループとなる川内型

「川内」型は5500トン級の最終グループとして1921年に起工された。建艦技術向上の目的で民間造船所の横浜船渠に発注された「那珂」は進水間近の1922年9月1日、関東大震災により建造中の船体を全損。一旦解体のうえ新たに造り直されることになった。艦首の形は当初は3隻ともスプーン型だったが、竣工の遅れた「那珂」のみは設計を変更して艦首をダブルカーブ型に改めた。4本煙突は、当時進行中だった八八艦隊計画で大量消費が見込まれる重油の節約のため、混焼缶を増やして缶室がひとつ増えたことによる。三姉妹が就役したころはワシントン軍縮条約で米英に対し劣勢を強いられていた帝国海軍は、個艦優越主義と猛訓練による戦技向上でこれを補おうとしていた。そんな中の1927年8月、島根県美保ヶ関沖で夜間訓練中の「神通」と「那珂」が、駆逐艦「蕨」、「葦」に衝突して「蕨」は沈没。119名の殉職者を出す大事故となった。両艦とも艦首を大破、「神通」は損傷した艦首を「那珂」と同じ形に改めた。このような猛訓練で培われた夜戦能力は帝国海軍のお家芸と呼ばれるようになった。大戦に突入した三姉妹はそれぞれ水雷戦隊旗艦を務め勇戦した。1942年2月のスラバヤ沖海戦で「神通」は第2水雷戦隊を率い、麾下の駆逐隊とともに得意の夜戦で殊勲を挙げが、1943年7月のコロンバンガラ沖夜戦で壮絶な最期を遂げた。同年11月のブーゲンビル島沖海戦では得意なはずの夜戦で米軍のレーダー射撃の返り討ちに遭い「川内」が失われた。残った「那珂」は1944年2月、沈没に瀕した「阿賀野」の救援の途中、米軍機の攻撃により沈没した。

日本海軍軽巡洋艦川内
1939年2月

作図・文／畑中省吾
drawing & text by Shougo HATANAKA

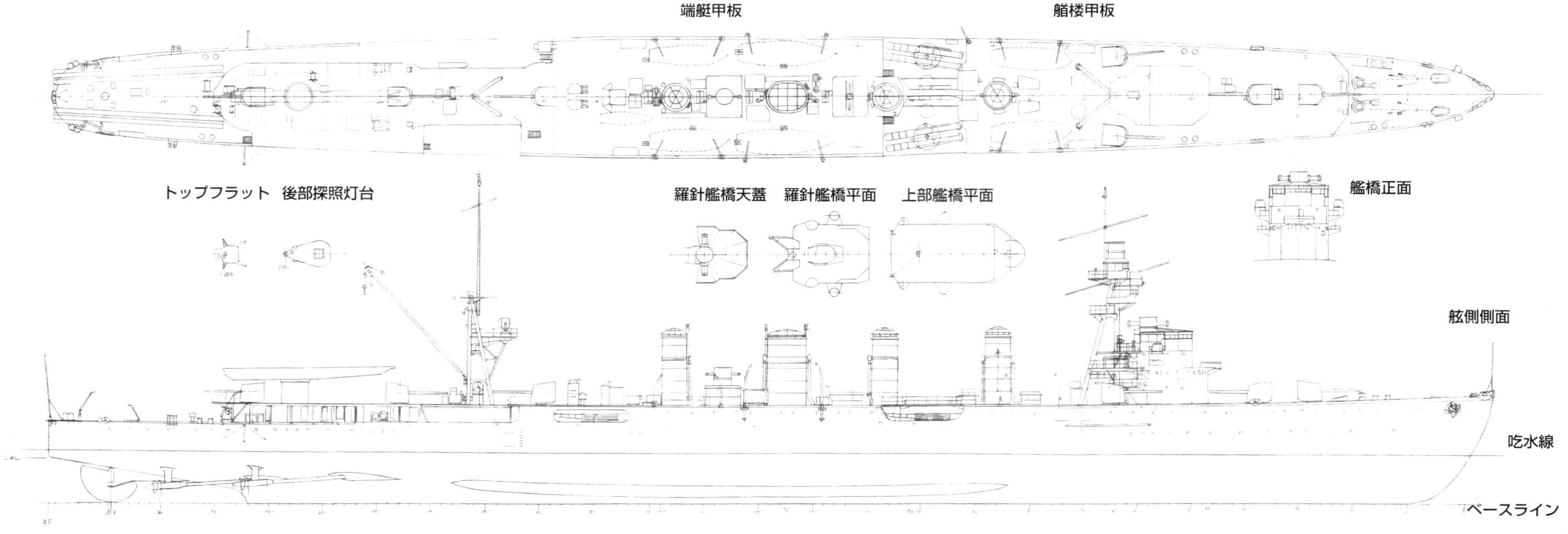

「川内」艦型図について

5500トン級軽巡洋艦の第3グループが「川内」型である。もともとは八八艦隊計画の軽巡で、8隻のうち3隻が建造された。残り5隻はワシントン海軍軍縮条約の成立を受けて計画が改訂され、「加古」型・「青葉」型になった。ちなみに「加古」は「川内」型4番艦として予算成立していたので、重巡なのに軽巡用の川の名を名乗る。八八艦隊は同軍縮条約により計画が破棄されたが、もし実現していれば膨大な数の艦艇が誕生したことであろう。そしてそれらの艦艇が行動するための重油の大量消費が懸念された。少しでも重油消費を抑えるため、「川内」型は前級の「長良」型よりも石炭混焼缶を増やすことになり、缶配置が変更されて煙突が4本に増えた。なお、第1煙突と艦橋が接近したため、排煙の逆流対策として高さを高めている。

1番艦「川内」は三菱重工業長崎造船所で建造された。「川内」型も「球磨」型・「長良」型と同様にバウはスプーン形で設計された。しかし「神通」「那珂」は早期にダブルカーブ形に改良されたため、スプーン形を最後まで保ち続けたのは「川内」のみだった。「川内」型の船首楼には前級までと異なり、ゆるいシーア（舷孤）がつけてある。建造中の写真を見ると、船首楼のガンネルと水平なナックルラインの間が2番砲から艦首にかけて徐々に広がっていくことで確認できる。「神通」も新造時はこれと同様だった。なお、「神通」「那珂」はバウ形状変更後もシーアはそのままで、ナックルラインをガンネルに沿わせている。

1933年、支那方面から戻った「川内」は近代化改装を行なう。艦橋前にあった滑走台を撤去し、後部甲板室上に射出機を装備、7番砲を甲板室後端に移動するなどの改正がなされた。翌1934年末には混焼缶の専焼缶化が実施される。同時に、友鶴事件対策で復原性改善のため低いシルエットの艦橋に近代化された。第1煙突の高さを他の3本に揃えたのは艦橋改正のすぐ後と思われる。引き続き船体補強工事や後橋の探照灯台改良などが実施されている。これらの改正を受けた「川内」は、1935年頃から第1水雷戦隊旗艦として再度支那方面に出動した。この時期の「川内」は鮮明な写真が多く、安定したよいプロポーションを見せている。また、この頃に撮った上海の岸壁に停泊している映像を「日本海軍艦艇集」（上）で見ることができる。

1939年に周防灘で訓練中の第1水雷戦隊旗艦「川内」を駆逐艦「子日」に乗艦した福井静夫氏が撮影した写真3枚が「海軍艦艇史2」「丸スペシャル」などに掲載されている。5500トン級軽巡の姿を明確に捉えたベストショットといえよう。今回の作例で取り上げたのはまさにこのときの姿だ。

「川内」の公式図は呉の大和ミュージアムに収蔵されていて、コピーの頒布が受けられる。1942（昭和17）年の状態で、第1水雷戦隊旗艦時に比べ、出師準備工事を済ませ艦橋・前橋・対空兵装などに改正が施された姿であるが、外観上大きな相違はない。舷外側面、上部平面、艦内側面、船首楼平面、上甲板平面から諸要部切断まで揃っている。上甲板平面を見ると、前部魚雷発射管用の予備魚雷格納所が第1煙突下の左右に設けられており、煙突後ろにある缶室給気路と舷側との間は壁ではなく開口部となっていることがわかる。魚雷は予備魚雷格納所の天井、つまり船首楼甲板の床下に設けられた運搬軌条のホイスト（魚雷装填車）で吊り下げて移動し、魚雷発射管に装填される仕組みである。

「川内」と「那珂」の羅針艦橋はよく似た形状である。「那珂」では中央の前壁が前傾しているがそれ以外はほとんど変わらない。それなのに見た印象が異なるのは、元飛行機格納所だった上部艦橋甲板の高さが違うためである。「神通」は「由良」のように左右に広い形状の羅針艦橋で、僚艦に対し異彩を放っている。

日本海軍軽巡洋艦

川内

1939年2月

日本海軍軽巡洋艦 川内
青島文化教材社1/700
インジェクションプラスチックキット
製作・文／米波保之
作図／畑中省吾
Imperial Japanese Navy light cruiser Sendai.
Aoshima 1/700 Injection-plastic kit.
Modeled and described by Yasuyuki YONENAMI.
drawing by Shougo HATANAKA

最後までクラシカルな姿を保持した川内の娘盛りを再現

2007年に発売されたアオシマの「川内」はウォーターライン3社でいちはやくリニューアルを手掛けてきた同社の、いよいよ脂の乗ってきたころの製品で、ウォーターラインシリーズの中でも上位にランクされる良好なプロポーションと適度なディテール表現を併せ持ち、ストレスなく組み立てられる。キットは前檣の上部が改正された後の1943年時を再現しているが、限定版として近代改装前の1933年時も発売されている。一部にこの部品を移植して前檣改正前の娘盛りともいえる「川内」の姿を再現してみよう。

■船体

良くできている船体の改修ポイントは前部魚雷発射管のウェルデッキにある。甲板が高く、舷側とほぼ面一になっておりブルワークの表現がないので、第1煙突基部を残して甲板面と船首楼甲板の後壁を切除し、プラ板で1㎜ほど下げた位置に新たに甲板を作る。リノリウム張りの表現は、エンボス加工を施したプラペーパーを貼り付けて、魚雷発射管の基部は4㎜径のプラパイプを切ったもので表現した。船首楼甲板の下は予備魚雷の格納所となっており、素通しとなっている。この付近の工作の詳細は下のイラストを参照していただきたい。「川内」固有の特徴である艦首のナックルラインは縁にパテを少し盛って強調。同時に艦首のフレアのラインもパテ盛りして整えてある。この加工で錨口のベルマウスのモールドが消えてしまったのでプラ板を2㎜径のポンチで抜いたものを貼り、ドリル刃で穴を開けて再現した。またモールドが消えた舷窓は0.6㎜径のドリル刃で復旧している。中央部の甲板には缶室の給気トランクなどが一体モールドされているが、金型の関係でディテールが省略されているので、抜きテーパーを修正しつつ細いプラ材でディテールを加え、ヤスリで少し低く削った天面にプラ板を貼って測距儀のプラットホームを表現した。甲板上にモールドされている他の突起物も側面を削って、抜きテーパーが目立たないように加工した。

■艦橋・前檣

キットの艦橋も良くできているが、唯一、羅針艦橋の高さがわずかに足りないので、部品D37の縁と伝令所のモールドの上端にプラ材を貼って、0.5㎜高さを増した。また、前面にモールドされている張り出しはこの年代には設置されていないので削り取って平滑に仕上げておく。前檣は上部をそっくり限定版キットの「川内1933」のCパーツのものに置き換え、クロスツリー（C09）の前方にジャンクパーツの見張り方向盤を取り付ける。トップマストはリュー

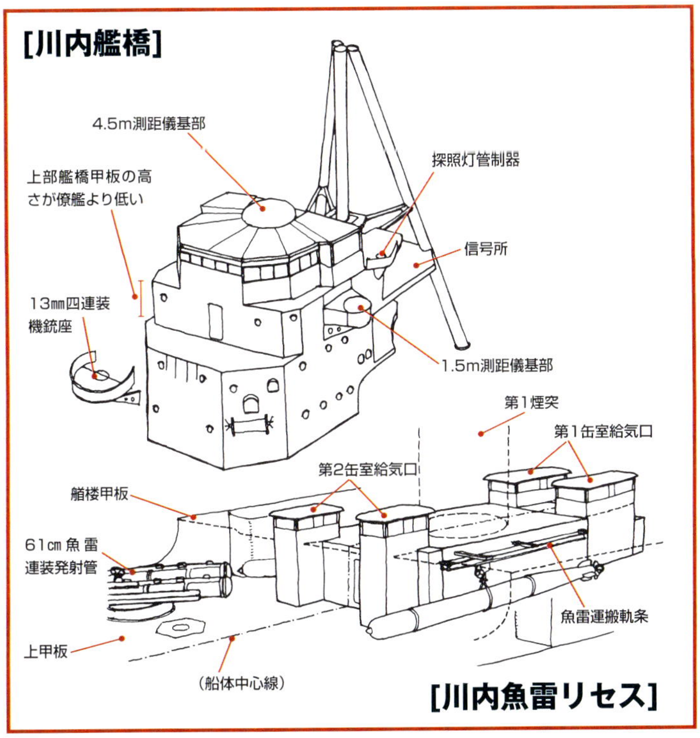

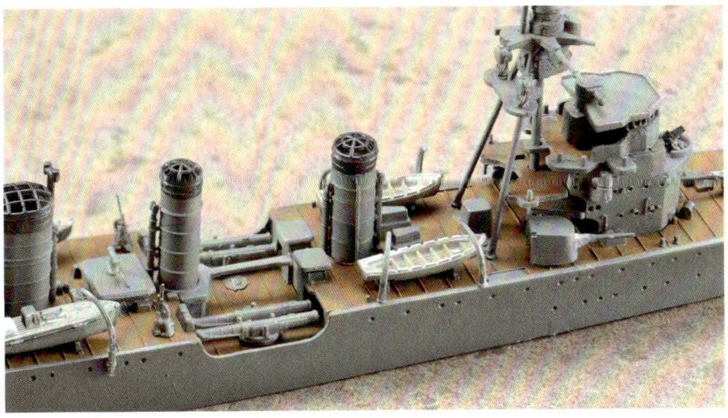

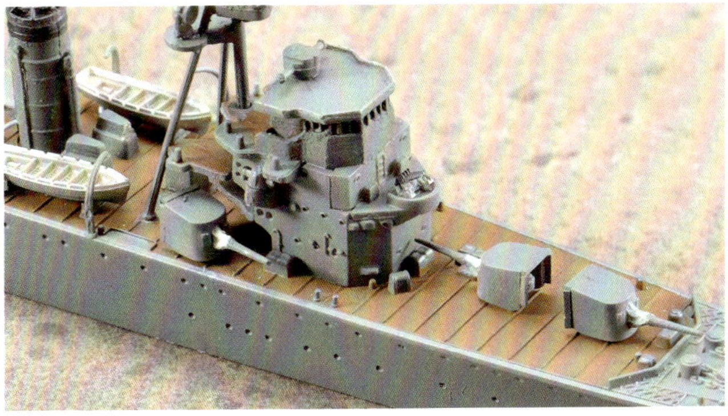

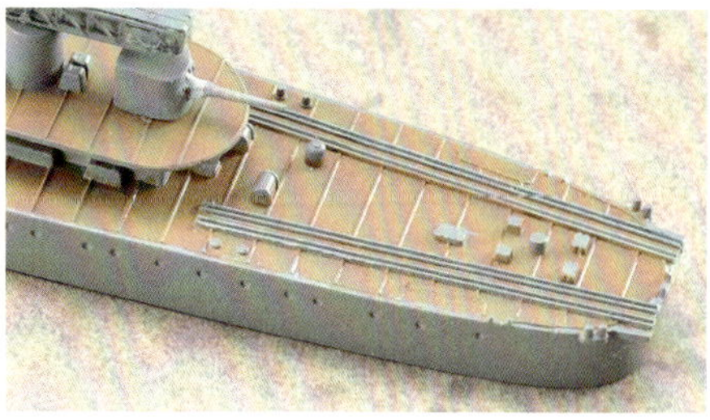

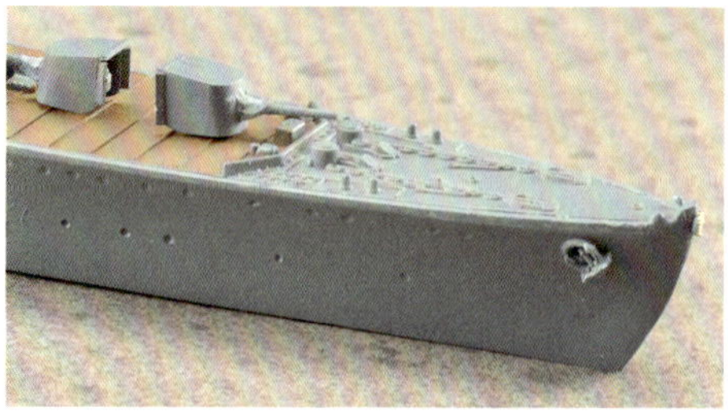

ターに咥えさせテーパー加工を施したプラ棒で作り替えた。マストは0.5㎜径、ヤードは0.4㎜径を使用している。ヤードの少し上に右舷に寄せて2kW信号灯が設置されているので、プラ材の細切れで表現しておくと良いアクセントになる。

■煙突・上部構造物

煙突の頂部に付く雨水除け格子のパーツ（B5～B7）は裏側からリューターで薄く削り、抜き加工を施して使用した。第1煙突の両脇に0.3㎜径のプラ棒で汽笛管を追加。第3、第4煙突に取り付ける2本一体でモールドされたパイプ類（B28、B29）は1本ずつに分離してから使用した。後檣は省略されている探照灯台の支柱を0.3㎜角のプラ材で追加した。また、部品D3に一体モールドされているデリックブームを一旦切り離し、係止位置に付け変えた。トップマストは（B25）0.4㎜径のプラ棒で同寸に作って付け替えている。主砲甲板（B21）は取り付けの際、継ぎ目が目立つので、周囲のモールドを壊さないよう注意しつつ、パテ盛りとペーパーがけで不連続感が出ないよう、きれいに均しておきたい。なお後檣の下の両舷の空間はブラストスクリーンで塞がれているので、プラ板を貼り付けておいた。飛行機作業所の支柱は0.3㎜角のプラ材に置き換えるが、実艦の写真で、両端と中央のものは太いことが確認できるので、その位置のみキットのモールドを残して使用した。

■武装・その他

主砲は砲身を細く削って使用。前甲板に設置される1～4番砲のみ後部に0.25×0.5㎜のプラ材で波除け板を取り付ける。なお作例ではうっかり後ろ向きに取り付けてしまったが、6番砲の係止位置は艦首側を向くのが正しい。第2煙突後ろの給気トランク両舷の25㎜連装機銃は8cm単装高角砲に置き換えたが、ここは13㎜連装機銃とする説もある。第3煙突後ろの給気トランクの上の3.5m測距儀は実艦写真で覆塔が装着されているのが確認できるので、プラ材で自作した。魚雷発射管はキットの部品の出来が良いので、敢えてアフターパーツに交換する必要はないだろう。カタパルトはファインモールドのエッチングパーツ2号3型に換装、係止位置は艦首向きとする。端艇はピットロードNE-02のものを使用。左舷最後部の9m内火艇のみキットのパーツを加工している。ボートダビットはジャンクパーツから適当なものを使用したが、第三煙突脇両舷の11m内火艇用のものは大型で舷側に取り付けられているので注意したい。キットの純正パーツや市販のアフターパーツに軽巡のサイズにぴったりなアンカーの部品がなかなかないので、いつも困ってしまう。ファインモールドのナノドレッドWA12「アンカー・菊花紋章セット」の大型艦用の副錨がいい感じなので使っているが、数が揃わないのが悩みの種だ。

[川内艦首部]

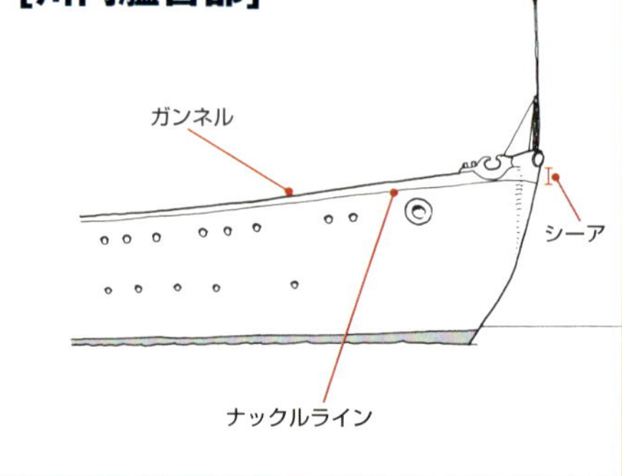

日本海軍軽巡洋艦
川内
1939年2月

日本海軍軽巡洋艦

那珂

1943年4月

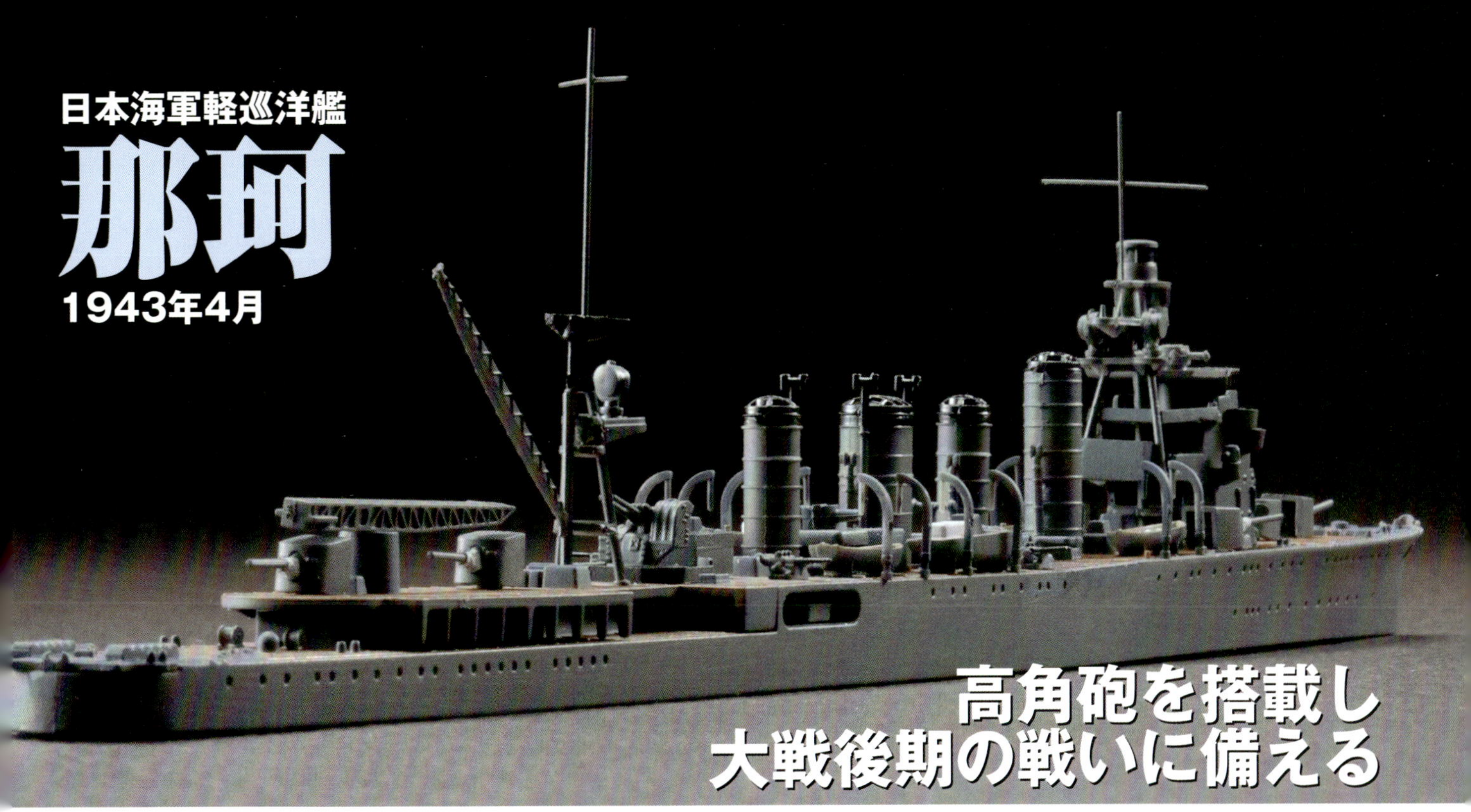

高角砲を搭載し 大戦後期の戦いに備える

日本海軍軽巡洋艦 那珂
青島文化教材社1/700
インジェクションプラスチックキット
製作・文／山下郁夫
作図／畑中省吾

Imperial Japanese Navy light cruiser Naka.
Aoshima 1/700 Injection-plastic kit.
Modeled and described by Ikuo YAMASHITA.
drawing by Shougo HATANAKA

■はじめに

5500トン型巡洋艦の最終グループである「川内」型において、防空兵装を強化した艦が、「那珂」である。南方方面の作戦中に雷撃によって損傷し、その修理を行なった際に5番砲を降ろして、ここに12.7cm連装高角砲を装備したと、文献などで紹介されている。「川内」型3隻中、主砲打撃力を減じてまでも対空力を強化した唯一の艦であることから、その特異な姿を機会があれば製作してみたいと思っていたので、文献から得られる情報を参考に作成した。

■船体

船体の工作において、もっとも手間がかかるのが、中央に配された2基の大型ベンチレーターの加工である。船体と一体とされているので、ダクトの構造が表現されていない。そこで、カミソリ鋸で上部をいったん切り離し、残った部分を甲板から取り除くために裏側からヤスリをかけて除去した。甲板に空いた穴の寸法に合わせて1㎜プラ板を加工しベンチレーター部分の基礎部を製作後、ダクトのディテールをエッチングパーツで表現した。これらの作業によって削除した甲板上の各筐類を角プラ棒で再現し、ウィンチやリール類は、ヤマシタホビー「吹雪」のウィンチやリールのパーツを使い、取り付けた。

■艦橋

艦橋の工作においては、畑中氏の図面を読み違え羅針艦橋トップの後部が短縮されていることに気付かず、布張り表現とされたキットのままとしてしまった。もし、読者の中で「那珂」を製作されるときはキットの後方に跳ね上がる部分でカットして取り付けていただきたい。

三脚マスト付近は、キットの状態より拡大されており、プラ板を継ぎ足し拡げ第一層の部分は兵員待機所が設けられていて、これもプラ板を積層して、取り付けた。艦橋前部に設置されている13㎜4連装機銃はキットにあるものを使用し、機銃座はプラ板で製作した。

■高角砲と機銃

今回の製作においてもっとも重要なポイントとなるのが、高角砲を含めた対空装備の工作であるがこれが一番時間を要した。まず、写真などの資料が皆無であり、図面も至極簡単なものしかない。このあたりの資料探しで苦慮したのは、高角砲座に関するものがないことである。

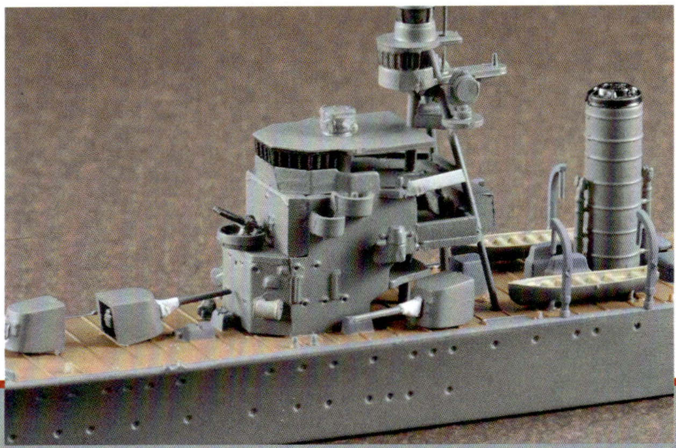

[那珂艦橋]（1942年4月）

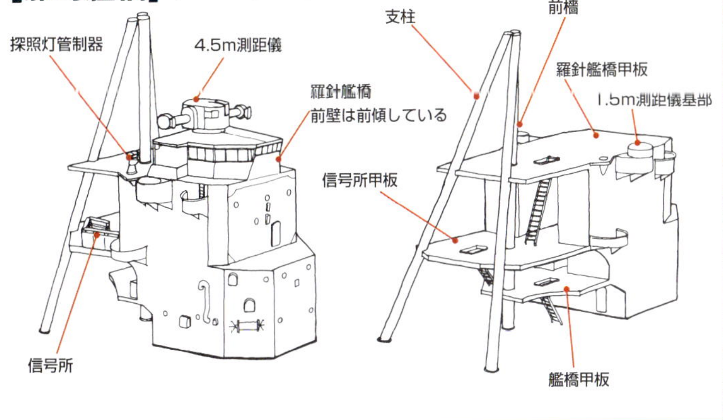

水雷戦隊旗艦と夜戦

水雷戦隊旗艦の軽巡は複数の駆逐隊を率いて行動する。戦場においての旗艦の任務は、麾下の駆逐隊の戦闘をサポートすることである。偵察機を駆って敵艦隊を捜索、砲撃で突撃の突破口を開き子隊に有利な位置を確保して雷撃で仕留める。また、夜戦時には探照灯で敵を照射して駆逐隊の攻撃をしやすくする。しかしこれは自艦の位置を敵に知らしめる危険な任務で、コロンバンガラ沖夜戦では「神通」が敵の集中砲火を浴びて沈没する結果となったが、敵駆逐艦1隻撃沈、軽巡3隻大破という戦果を身を挺して勝ち取った。しかし米軍はレーダー照準による射撃を実用化して、ブーゲンビル島沖海戦では「川内」が屠られ、夜戦での優位性は逆転された

※本稿では「那珂」の1番煙突の高さは修正していないが、1番煙突を戦時中に他の3本の煙突と同じ高さに変更したことがわかった。詳しくは16ページの記事を参照してください。

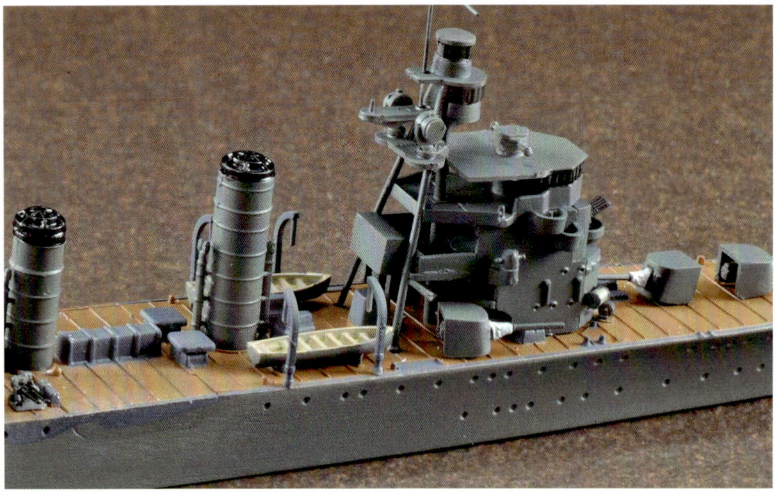

ただ5番砲のところに取り付けたというのは納得できず、当時の日本海軍の諸艦で実施された、形状または装備方法を探ることにした。そこで防空巡洋艦となった「五十鈴」や、その他の12.7㎝連装高角砲を戦時中に増備した艦を参考にして、まず砲座の形状を八角形とした。この形は、正方形の鉄板の四隅を切り落とし、手間をかけることなく円形に近い形を得る方法であったと思われるからだ。この形状は、高角砲のみならず機銃などの台座でもよく見られるので、推定ながらこのように作ってみた。これらの砲座に組み合わされているのが、兵員待機所でこれもプラ板を積層し、それらしい形状にしてある。連装高角砲はヤマシタホビーの保護防楯付き12.7㎝高角砲を使用している。この高角砲を使用するのは、1940年以降広く装備されているとの観点からである。ただここで、どうしても分からない点が高角砲の射撃指揮装置の配置で、やむなく後方の大型ベンチレーターの上に射撃指揮装置の代役として測距儀パーツを載せた。機銃についても、資料では25㎜連装と3連装を各1基、両舷に配したとあるだけでその位置は示されていない。他の軽巡を参考に甲板上に配置したが、対空兵装強化が実施された1942年6月時においては、ブルワークなどは設置されておらず、甲板に直置きであった艦があることもあって、あえて機銃座を設けていないとして製作した。機銃は、アオシマの戦艦「長門」のキットに新規にセットされた、25㎜機銃の連装と3連装のパーツから流用して取り付けてある。

■主砲

14㎝砲の砲身は、キットのままでは少し太く感じられたので、ヤマシタホビーの8インチ砲塔セットより8インチ主砲砲身をキットの砲身長に合わせ切断し、キットの14㎝砲の砲身も基部より切断して除去後に、8インチ砲身を取り付けるという作業を行なった。

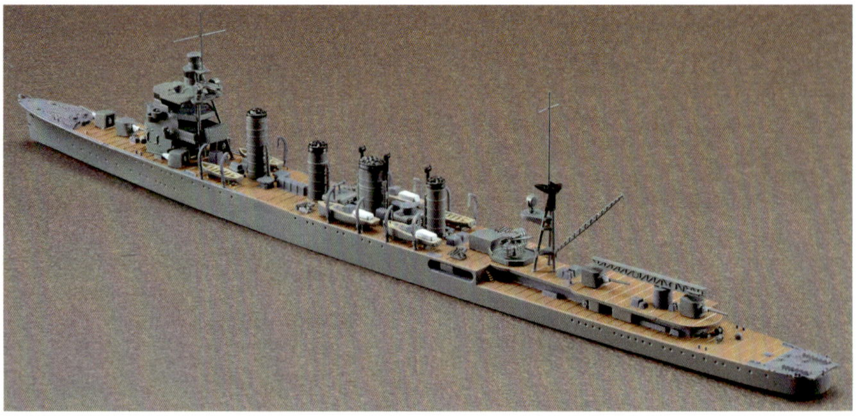

日本海軍軽巡洋艦
那珂
1943年4月

日本海軍軽巡洋艦那珂
1942年4月

作図・文／畑中省吾
drawing & text by Shougo HATANAKA

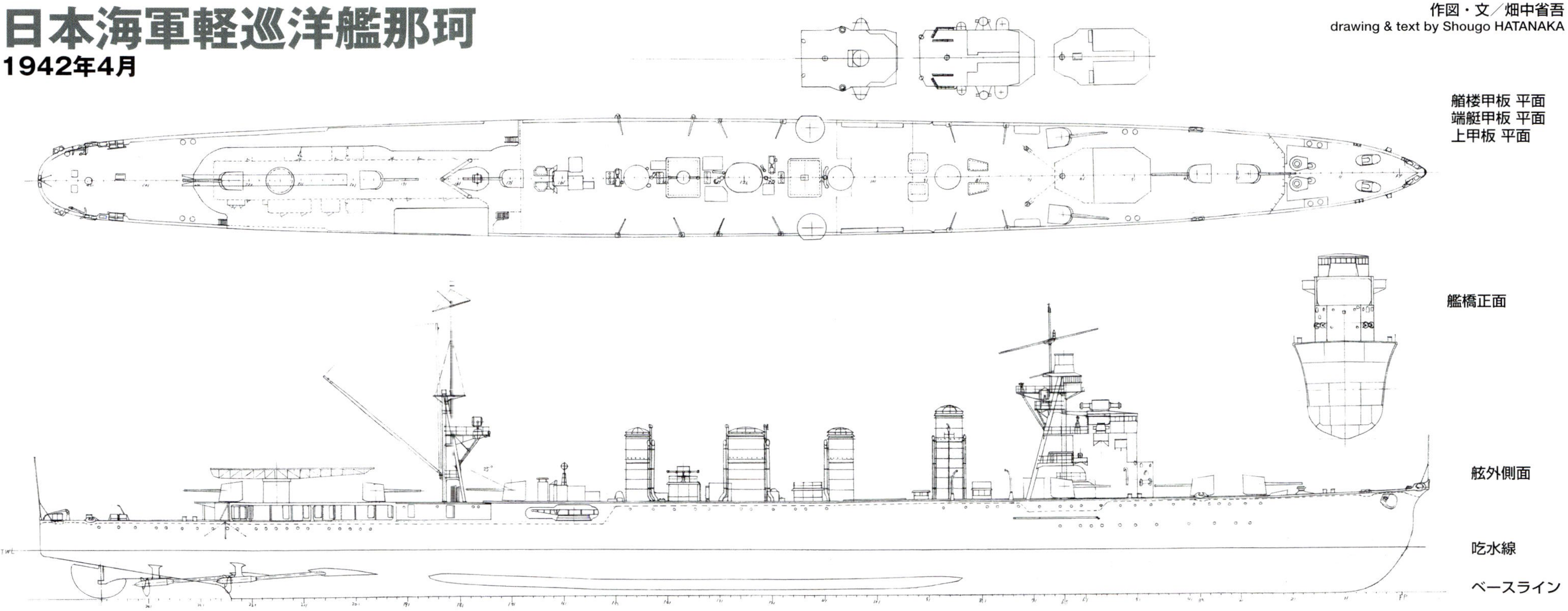

「那珂」は「川内」型の3番艦で、横浜船渠で起工した。しかし、進水間近の1923年9月に関東大震災にあい、船渠は壊滅、「那珂」も船体を大破した。結局、破損した船体をすべて解体し、再度組み直すという大きな手間をかけて竣工した。5500トン級軽巡が採用している、いわゆるスプーン型艦首は、元来、秘密兵器1号連繋機雷のワイヤーを乗り切るために考案された形状で、凌波性はあまりよくなかった。しかし、水雷戦隊を嚮導する旗艦任務を期待されていた5500トン級軽巡は高速を求められていた。「那珂」は、進水前の大破で工期が遅れたことを逆に利用する形で、ステムの形状を近代的なダブルカーブ型に変更することになった。同時に艦首外舷にフレアもつけられ、艦首部の凌波性は僚艦より少しだけ改善された。

それなのに、1927年8月24日夜、島根県美保ヶ関沖において、訓練中の水雷戦隊が僚艦同士の二重衝突事故をおこしてしまう。これに「那珂」もからんで、美しく整った艦首は無残にえぐられてしまった。すぐに舞鶴海軍工廠でもとのように直したが、関東大震災以来ついてない「那珂」である。同型艦「神通」も艦首を破損したので、修理ついでに、「那珂」と同じダブルカーブ型に修正してもらった。

私見であるが、5500トン級軽巡に近代的なダブルカーブ型艦首は似合っていない。各甲板ラインが直線で構成され、煙突は直立している大正生まれのオールドタイマーであるから、旧式でもスプーン型が合っている。

兵器の進歩はそんな感傷など待ってくれない。駆逐艦嚮導任務をさらにパワーアップさせるため、「那珂」は1933年4月からおよそ1年をかけて近代化改装を実施することになった。5500トン級軽巡は高速が求められたため、軽武装で構造物も極めて少なく設計されていた。しかし、近代化改装によって航空兵装の追加、艦橋への諸装置追加、前檣への見張所等の追加、通信兵器の追加など、ウェイトは約1000トンも増加した。しかも、この時期は友鶴事件、第4艦隊事件と重なる。当然のように「那珂」の船体強度やスタビリティにもメスが入れられ、改修工事によってさらにウェイトは増えた。その代わり、缶は従来の混焼缶から重油専焼缶に交換された。さらに1936～37年にかけて「那珂」は特定修理を受け、やや近代的な軽巡に変身した。

1940年、開戦が避けられない情勢となると、海軍は旧式軽巡「那珂」にも出師準備工事の訓令を送る。その内容の主なものは、93式酸素魚雷の搭載、魚雷戦に合わせ前檣の測的所の近代化、磁気機雷用消磁電路の装着などである。

この姿で太平洋戦争に臨んだ軽巡「那珂」である。第2艦隊第4水雷戦隊の旗艦となった「那珂」は1942年初頭に南方のタラカン、バリックパパンなど石油地帯へと進出して、2月にスラバヤ沖海戦、クリスマス島作戦などに参戦した。4月1日、潜水艦の魚雷を艦首に受けて、急遽元英海軍のドックがあるシンガポールのセレター軍港へと退避した。ここで假修理を行ない、横須賀経由で舞鶴海軍工廠へ入渠し本格修理を受けた。

艦型図は1942年4月にシンガポールに入港したときの損傷記録写真をもとに描いた。このときの一連の写真はKKベストセラーズ「海軍艦艇史2 巡洋艦」に8点掲載されている。「那珂」の公式図は昭和13年（1938）の諸要部切断図があり、艦橋などはこれをもとに描いた。その他の部分は、同型で一般艤装図が一揃い揃っている「川内」がもとになっている。1番煙突の高さは周囲との比率で決めたので、正確ではない。同型艦との相違については、それぞれの艦のところで「那珂」も引合いに出して説明しているので、そちらを参照していただきたい。

文／畑中省吾

日本海軍軽巡洋艦
川内

5500トン級軽巡の第3弾は「那珂」を1番艦として横浜船渠で建造が始まったのだが、進水直前に起きた関東大震災で船体を全損。代わって、三菱長崎造船所で建造の進んでいた2番艦「川内」がこのタイプのネームシップとなっている。
「川内」は1933年頃に実施した近代化改装で艦橋の高さを低くした。その後、1番煙突高さも艦橋に合わせて低くしたのでシルエットが整い、筆者好みのスタイルとなった。この写真は駆逐艦「子日」に乗艦していた福井静夫氏がシャッターを押し捉えたみごとな艦艇写真である。1939年2月、周防灘で実施された第1艦隊第1水雷戦隊旗艦の「川内」に対する第21駆逐隊をはじめとする子隊各艦の旗艦接舷訓練中のシーンで、「子日」は水脈をひいて旗艦から離れつつあり､代わって駆逐艦「若葉」「初春」が近接作業中。「川内」の舷側には防舷物が降ろされている。　　　（写真提供／大和ミュージアム）

日本海軍回天輸送艦
北上

この写真の「北上」は軽巡洋艦のそれではない。回天搭載艦の「北上」である。「北上」は軽巡から重雷装艦へ艦種が変わり、さらに高速輸送艦への改装が予定されたが変わる寸前に回天搭載艦へと変わった異色の経歴をもつ軽巡である。このかんに姿も大きく変わり、最終的に軽巡のときから変わらないのは3本の直立煙突と、スプーン型の艦首ステムラインくらいである。
P98のコラムで米波氏が触れているように､5500トン級軽巡は大戦期にはさまざまな装備が時代遅れとなっていたようで、「北上」「大井」の他艦種への改造は時代遅れ対応策の先駆けだったのであろう。ただ、改造するにしても今少し有用な艦にする案は浮かばなかったのだろうかと、今から見れば少々残念な気がする。

空からの脅威に相次ぐ被害 全艦ハリネズミとなるも……

日本海軍軽巡洋艦五十鈴　1940～41年
日本海軍防空巡洋艦五十鈴　1944年9月

1944年、防空巡洋艦に改装された厳めしい姿は激戦を生き抜いた証し。4度にわたる戦傷から不死鳥のごとく甦り、5500トン級の中では終戦時に残存した「北上」を除き唯一1945年まで生き残った歴戦の猛者の変遷を再現する

日本海軍軽巡洋艦 五十鈴

大戦中、ことに大戦前期における「五十鈴」の姿を知るための写真資料は非常に乏しい。1943年に米軍機に撮影された空撮写真が知られているが、遠景のためディテールは判然としないものである。近い時期のものとして知られているのは畑中氏も述べている通り1940~41年頃の撮影とされる空撮写真のみだが、これをつぶさに見ると、第一煙突両脇の対空兵装が撮影時には13㎜連装機銃だったらしいことが見て取れる。大戦中の他の軽巡の標準装備は同位置に25㎜連装機銃となっていたので、「五十鈴」も損傷復旧などの時点で25㎜連装機銃に換装されていた可能性が高いと思われる。また大戦前半には他の軽巡と同様に装着されていたと思われる舷外電路は、防空巡洋艦改装時には撤去されていることが写真から判る。後檣に取り付けられたという13号電探は確認できる写真がなく不明。少なくともエンガノ岬沖海戦時までは未装備だったようだ。

◀竣工間もない頃の姿。当時は艦橋中段に飛行機格納庫、その前方に滑走台を設けているのが特徴だ。この設備は1933年の近代化改装時に撤去された

▶1944年9月、防空巡洋艦への改装工事を完了した姿。3本煙突にかつての面影を残す他は艦容が一新している。ほぼこの姿でエンガノ岬沖海戦にも参加した

損傷を機に対空、対潜兵装を強化 唯一の防空巡洋艦へ

「五十鈴」の戦歴は、度重なる損傷との闘いでもあった。開戦劈頭は香港攻略戦に参加。第二遣支艦隊第16戦隊に属し、1942年夏頃までは蘭印方面などで行動した。同年秋頃からソロモン諸島方面での戦闘が激しくなると、「五十鈴」も同方面に進出。第2水雷戦隊の旗艦として同年10月26日、南太平洋海戦に参加。11月の第三次ソロモン海戦では至近弾を被り第二、第三缶室に浸水、一時航行不能となる危機に陥った。損傷復旧後は輸送や護衛任務に従事していたが1943年11月5日、カビエン港内で触雷により1番、3番主砲が旋回不能となり、12月5日にはルオットでアメリカ機動部隊の空襲により6番砲に直撃弾を受けるなどの大損傷を被った。辛くも沈没を免れた彼女はトラックで応急修理のあと1944年1月横須賀に戻り入渠修理を行なった。この時主砲をすべて12.7cm連装高角砲に換装し防空巡洋艦に生まれ変わるのだが、それもそのはず。彼女の7門の主砲のうち3門は使い物にならなかったのだから……。同年10月の捷号作戦には小沢艦隊の護衛としてエンガノ岬沖海戦に参加。敵機13機を撃墜破するなど勇戦したが、「瑞鶴」をはじめ4隻の空母は全滅した。11月19日にはコレヒドール島沖で敵潜水艦の雷撃により艦尾を大破。これも乗り切って、修理を完了した矢先の1945年4月6日、敵機の爆撃で至近弾により舵を故障。そして翌7日、スンバワ島ビワ沖で米潜水艦「ゲビラン」、「チャー」に捕捉され、魚雷3発が命中。ついに、度重なる損傷に耐えてきた彼女の命運は尽きた。最後に、1928年8月から12月まで山本五十六（当時大佐）が彼女の10代目艦長を務めていたことを記しておこう。

日本海軍軽巡洋艦五十鈴

1940年～41年

作図・文／畑中省吾
drawing & text by Shougo HATANAKA

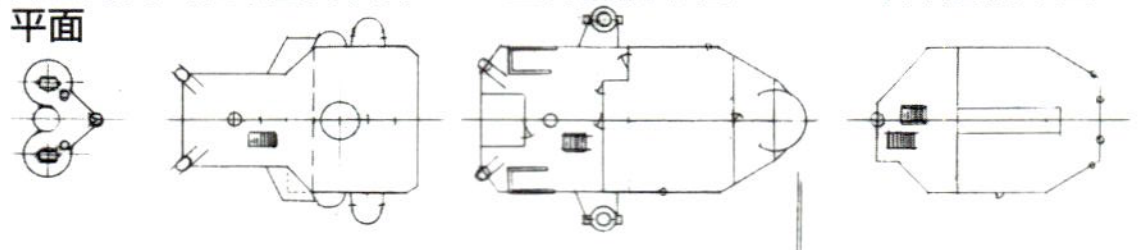

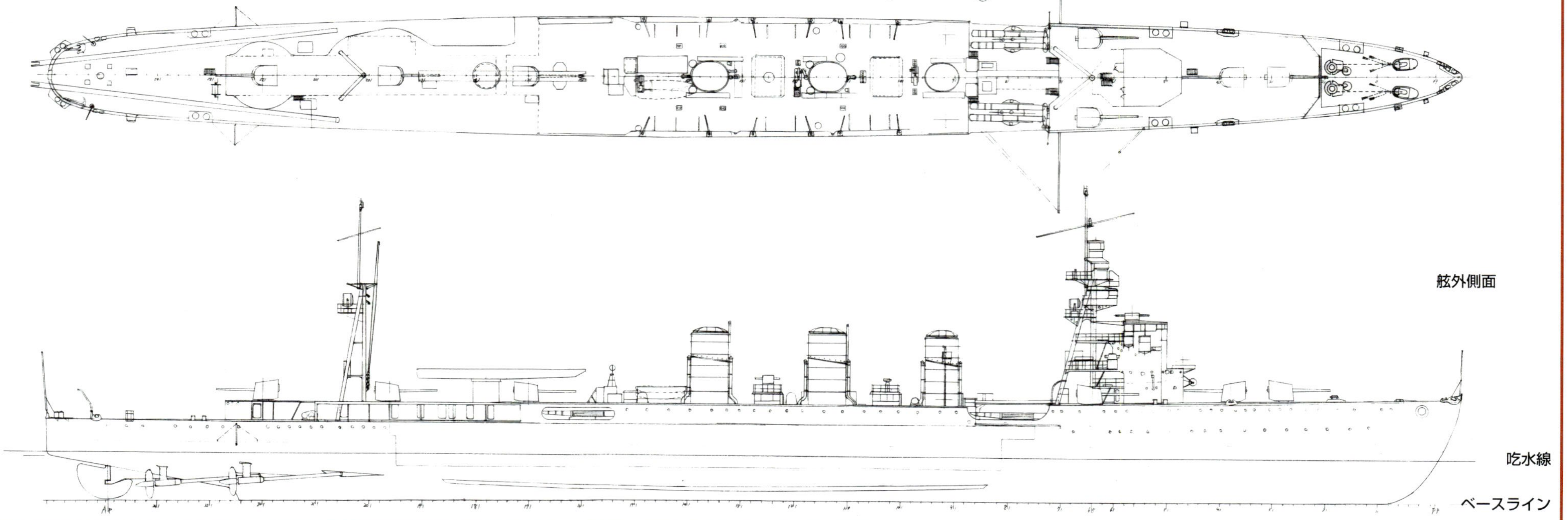

軽巡「五十鈴」艦型図について

5500トン級軽巡「五十鈴」というと、どのキットもどの作例も、防空巡洋艦スタイルである。「五十鈴」のおよそ22年におよぶ生涯のうち、防空巡洋艦の姿をしていたのは半年余り。それ以外の期間は、大戦中も含め「長良」型標準スタイルだった。「五十鈴」にしてみれば、いつもの姿を知ってほしいと思っているのではないだろうか。一般に5500トン級軽巡の標準スタイルはどれも同じだと思われている。しかし、1939～40年に実施された特定修理を受けた頃には、どの艦も独自の風貌をもつようになっていた。「五十鈴」も同様である。残念なのは、5500トン級軽巡の大戦突入期前後の写真がきわめて品薄ということだ。もちろん、公式図も少ない。では、何を根拠に独自の風貌をもっていたと言うかと問われると、回答に窮する。写真を仔細に見るとそう見える、としか言いようがない。

ここに示すのは、「五十鈴」の特定修理後の艦型図である。1940年頃を想定している。この時期の「五十鈴」の写真は1枚のみが知られている。澤島栄次郎少佐が1941年に撮影した軍艦の航空艤装研究用の航空写真である。残念ながら写真には前檣から前が写っていないが、まるで上部平面図を見るように端艇甲板上の諸配置などを見て取れるありがたい資料である。端艇はすべて海面におろされていて、露天甲板の通風筒なども写っている。艦型図は、この写真をもとに平面形状を、特定修理前の1935年頃の数点の写真から側面を描いた。

5500トン級軽巡の諸配置のうち各艦で異なっているのが、第3煙突後ろの缶室給気口や野菜庫が並ぶところである。「五十鈴」のそれは「多摩」のそれに似ていて、水偵の予備フロート置場がある。このへんの様子は艦上あるいは上空から見ないとなかなか把握しづらい。

写真はレンズ収差が現れているので、寸法を測る際は注意が必要だが、5500トン級軽巡のファイン（細長い）な船体の特徴がよく表れている。一部にはリノリウム押えの金具がきれいに写っている。

前檣中段に設置されている90cm探照灯のフラットだが、写真には他の5500トン級軽巡と異なるものが写っている。それは2つの探照灯の間にある円形のブルワーク。ここに何が装備されているのか不明である。他の「五十鈴」の写真にはどうも写っていないように思え、ますます不可思議だ。

端艇甲板から一段下がったウェルデッキに連装魚雷発射管が2基装備されているのが確認できる。これは八年式連装発射管で61cm魚雷を発射させる。静止位置は、写真で見るごとく、鞘のほうをやや内側に向けるのが正式とのこと。模型でこのような置き方をしてみるのも乙かもしれない。

「五十鈴」は最終時の一般艤装図が存在し、呉の大和ミュージアムのレファレンスルームで申し込むとコピーサービスを受けられる。描かれた時期は違うが、当然この図をベースにして推定を加え描いている。ちなみに、軽巡のときと防空巡のときでは、見てくれがずいぶん変化しているように思えるが、艦橋をはじめ、基本的な構造に変化はないといえる。日本の場合は大改装といっても、米戦艦「テネシー」級のように上モノすべてを取っ払って造りかえるほどの徹底工事はしていない。空母「加賀」や重巡「高雄」の大改装でもそうである。

艦橋構造物でちょうど1.5m測距儀が張り出しているあたりだが、上部艦橋平面図からわかるように、右舷側は側壁が延長されているが、左舷側は側壁が切れている。左右で非対称なのである。左右非対称はほかにも見られる。艦尾の射出機作業甲板が端艇甲板を延長するかたちで右舷に設けられているのも非対称である。「五十鈴」をはじめ、ほとんどの5500トン級軽巡が右舷であるのに対し、「名取」「阿武隈」の2隻が左舷に設けられており、異色の存在。また、6番主砲作業用の左舷側への張出しは「五十鈴」だけに見られる独特な形状である。

日本海軍軽巡洋艦

五十鈴

1940年～41年

長良型2番艦の開戦時の姿

帝日本海軍軽巡洋艦 五十鈴
フジミ1／700
インジェクションプラスチックキット
製作・文／米波保之
作図／畑中省吾
Imperial Japanese Navy light cruiser Isuzu.
Fujimi 1⊠700 Injection-plastic kit.
Modeled and described by Yasuyuki YONENAMI.
drawing by Shougo HATANAKA

「五十鈴」のキットはタミヤとフジミから発売されている。両社とも防空巡洋艦に改装後の姿だが、フジミの製品は防空巡のキットが2組入っていることから、1組余らせている方もあると思われる(かく言う私もそのひとり)。そこで、残り物（?）のフジミのキットを利用して軽巡時代の「五十鈴」に戻す改造工作を試みた。主砲、マストなどの部品取り用にタミヤの「名取」を使用している。

■船体

フジミの船体パーツをよく見ると、旧前部発射管甲板に当たる位置にうっすらと筋彫りが入っているのがわかるだろう。その部分を切り欠いて、プラ板で発射管甲板を構築する。

第一煙突付近まで曲面のフレアが付されているが、実艦のこの付近は垂直面となるので写真を参考にパテを盛って整形しておきたい。側面のモールドは少しうるさく感じたのですべて削り取り、下に寄り過ぎている舷窓のモールドはすべて埋め、畑中氏の図面を参考に0.6㎜のドリルで開け直した。甲板（C1）は発射管甲板に当たる部分を切除して前後を使用する。モールドは艦首の錨鎖甲板を残しすべて削り落とし、使用しない嵌合穴はプラ材で埋めて平滑に仕上げておく。後甲板（B11）も同様に平滑に仕上げる。ここにハセガワの「リノリウムフィニッシュ700」を貼ってリノリウム甲板を表現する。前部発射管甲板も同様だ。このシートは1/700のモデルにもよくフィットする優れものだが、非常に薄いため下地に凹凸があるときれいに貼れないので注意を要する。作例ではボラードはキットのモールドを活かしたが、波除け板やハッチなども含めすべて平滑にしてからシートの上にプラ材で後付けした方がきれいに仕上がる。艦尾の機雷敷設軌条は0.3㎜角のプラ材を4本接着したもので表現した。上甲板の接着前に後部発射管室内の八年式61cm連装発射管を取り付けるのを忘れずに。

■艦橋，前檣

艦橋下部（D1）は右舷側の中段の飛び出した所を切除、左舷側は下端に合わせて一直線になるように形状変更する。前部の機銃台取り付け穴は埋めて、半円形の13㎜4連装機銃座をプラ材で取り付ける。信号所甲板（D2）ブルワー

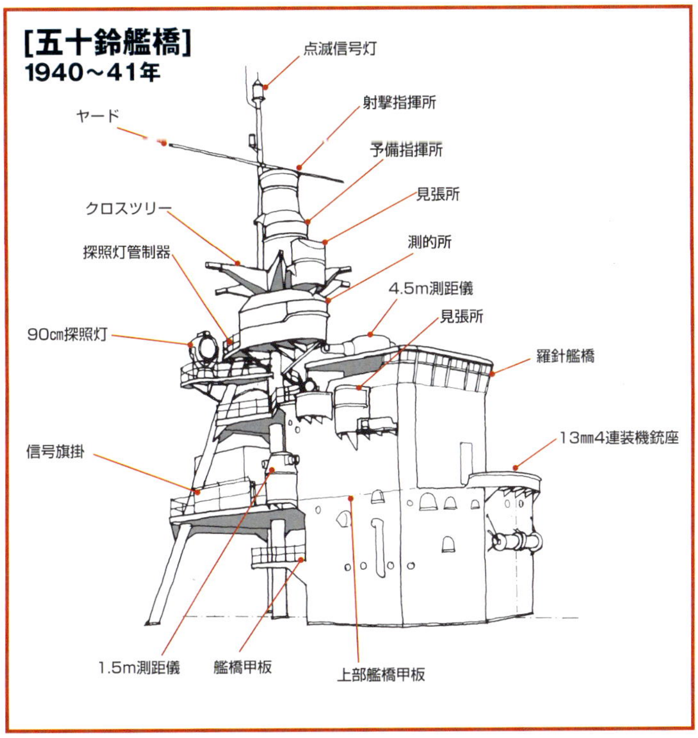

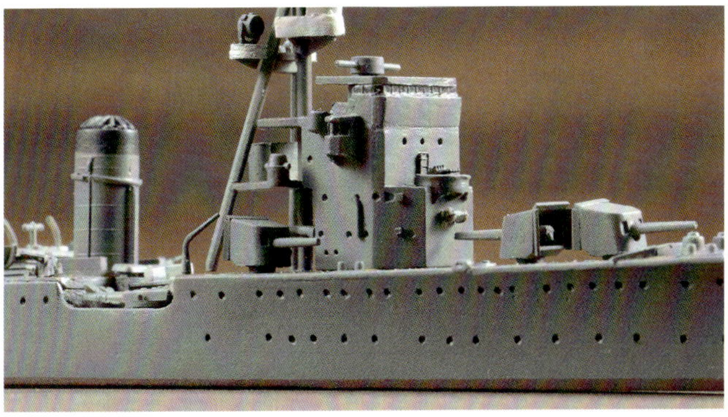

クと甲板上の室のモールドを取り除き、後端に新たに3.2×3.2×2.5㎜のプラブロックで作戦室を作り付けた。羅針艦橋甲板（D3）は前部の風除けを削り取り、一段高くなっている室（？）のモールドを中央の四角い構造物もろとも切除し、フラットなフロアとする。甲板に穴が開いてしまうのでプラ板で埋めておこう。ここに測距儀の基部を2.5㎜径のプラ棒で取り付ける。羅針艦橋の側壁のラインに合わせて、左右の張り出した所をカットし、ブルワークも削り取り、後端の丸い張り出しも切除しておく。防空指揮所（D10）は使用せず、天蓋を0.5㎜プラ板で自作して、タミヤ「名取」の測距儀（B4）を取り付けた。側面の水面見張所は同じくタミヤ「名取」のC2を後部を切断して流用した。なお、羅針艦橋および信号所甲板はリノリウム張りなのでリノリウムフィニッシュを貼った。艦橋天蓋もリノリウムの可能性があるが今回は確証が取れなかったので軍艦色としてある。前檣はほぼタミヤ「名取」のものが流用できる。トップマストのみ0.5㎜径のプラ材で組んでいる。ヤードの右舷寄りにプラ材の細切りで2kW信号灯を取り付けた。

■煙突，上部構造物

煙突はフジミのキットの部品を利用しているが、雨樋が省略されているので0.4㎜径のプラ棒を巻いて表現した。またフジミの部品は蒸気捨管などのモールドがやや実感に欠けるので、0.3～0.4㎜径のプラ棒で作り替えている。煙突トップはキットの部品がきれいに抜けているので、そのまま使用して差し支えないだろう。第二煙突前後ろの缶室吸気路はタミヤ「名取」のものを流用。上に乗る測距儀も同様である。後檣も「名取」の部品を利用しているが探照灯座が異なるのでこの部分はプラ板で自作した。トップマストやデリックも細いプラ棒で作っている。カタパルト基部は4㎜径のプラパイプで、その他の構造物も畑中氏の図面を参考にすべてプラ材で作り取り付けた。

■武装，その他

主砲はタミヤ「名取」から。他の軽巡と同様、前甲板にある1～4番砲には後方に波除け板が取り付けられている。8年式連装発射管はピットロードNE-4、探照灯はNE-2のセットから。機銃はファインモールド・ナノドレッドの25㎜連装と13㎜4連装。カタパルトはファインモールドのエッチングパーツ「呉式2号3型改」を使用した。端艇類は正確な配置が不明だが、他の軽巡からの類推で右舷前から9mカッター、9mカッター、11m内火艇。左舷は前から9m内火艇、9mカッター、9m内火ランチ（9mカッターを改造して自作）とした。右舷の11m内火艇のもののみ外付けの大型ダビットとなっている。毎度のことだが、端艇類の調達には労力と費用がかかる。戦艦・空母用や重巡・軽巡・駆逐艦用などのくくりで端艇を集めたセットがあると有難いのだが……。

対潜掃討部隊旗艦

防空巡洋艦となった「五十鈴」が就いた任務は、改装工事中の1944年8月に対潜掃討部隊として編成された第31戦隊の旗艦であった。当初この任務には「名取」が就く予定だったが「五十鈴」の方がレーダー、ソナー、爆雷兵装などの装備が充実しているとの理由で変更されたもの。しかし、改装工事完了後すぐに捷号作戦で空母部隊の護衛に借り出され、以降は戦局は悪化の一途を辿り、結局最後まで本来の任務である対潜哨戒活動の作戦が実施されることはなかった。

日本海軍軽巡洋艦
五十鈴
1940年～41年

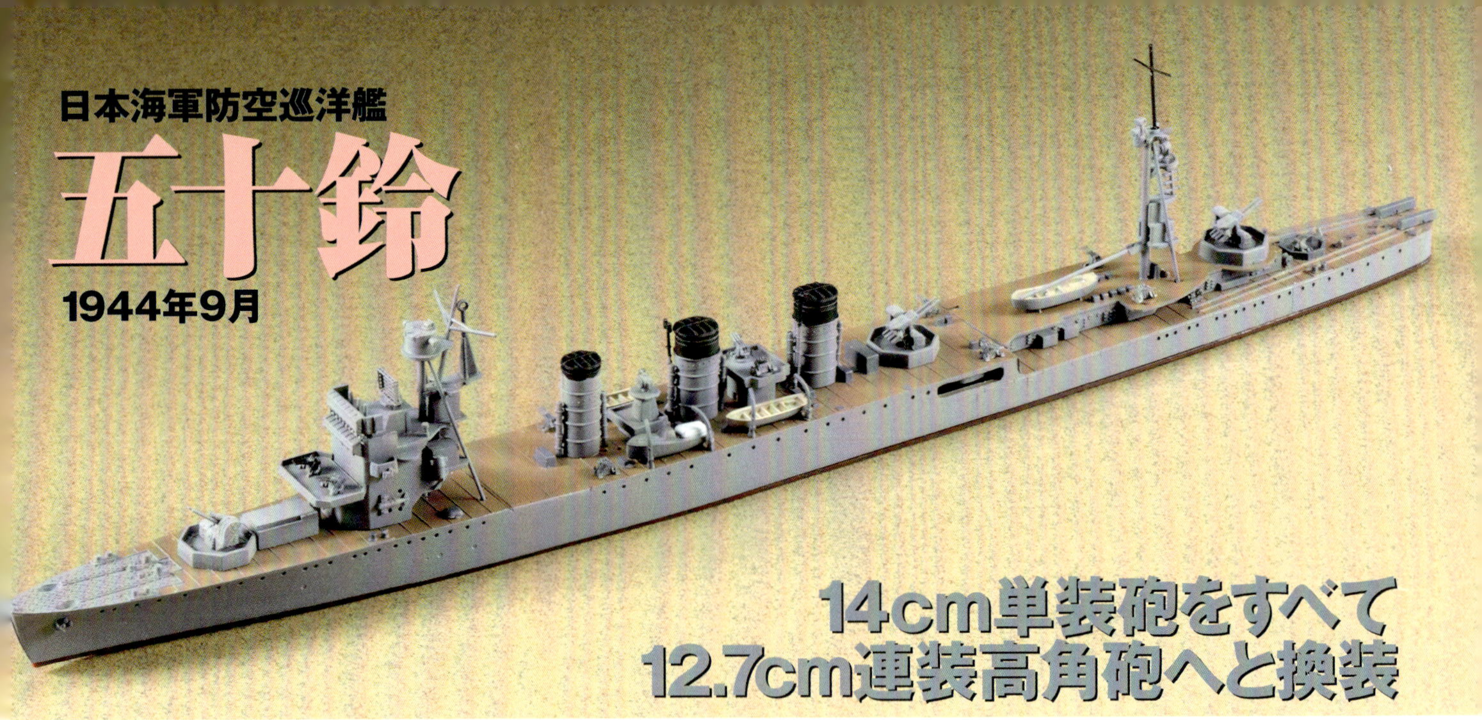

日本海軍防空巡洋艦

五十鈴

1944年9月

14cm単装砲をすべて
12.7cm連装高角砲へと換装

日本海軍防空巡洋艦 五十鈴
タミヤ1／700
インジェクションプラスチックキット
製作・文／山下郁夫
作図／畑中省吾

Imperial Japanese Navy Anti Aircraft cruiser Isuzu.
TAMIYA 1/700 Injection-plastic kit.
Modeled and described by Ikuo YAMASHITA.
drawing by Shougo HATANAKA

タミヤの「長良」型巡洋艦は、「球磨」型のパーツを基本に、「長良」型各艦の専用パーツを加えて構成されたものである。これはフジミが4社協同企画であったウォーターラインシリーズから脱退したことによって、商品ラインから「長良」型が欠落するのを防ぐためであった。

今回の製作記事は、このことを踏まえての記述であると、留意していただきたい。

■船体の工作

タミヤの「長良」型巡洋艦のキットは、ベテランキットの範疇にあるが、今の目で見ても古さを感じさせない。ただ、防空巡洋艦時代の「五十鈴」を制作するにあたっては、「球磨」型の船体を使用しているために、改修の必要がある。戦訓に基づいて、船体の舷窓の多くが閉塞されているのが、防空巡に大改装された公試時の写真によって分かる。

サーフェイサーを厚塗りして、閉塞されていた箇所の舷窓を埋めていく。次に、艦橋後部位置にあった前部魚雷発射管区画が、やはり改装によって、舷側並びに甲板の延長によって閉塞された。ここは、パーツによって閉塞することになるが、当時の金型技術では、ピッタリとはいかない。そこで0.3㎜厚のプラ板を接着面のカーブに合わせて貼り、ヤスリなどで船体に馴染むように加工していく。次に、船体に張り巡らせてある舷外電路についてだが、どうも防空巡時代の「五十鈴」には、公試時の写真からこれが無かったようだ。同じく防空巡となった重巡「摩耶」にもない。もっとも開戦時から舷外電路を装着していないと思われる写真があるが、舷外電路そのものの効果に疑問があって外したのではないかと考えられる。

甲板上の装備品については、ウィンチやホーサー・リール類は、ヤマシタホビーのウィンチセットにあるパーツに置き換えた。

錨も後付けをしてあるが、元々彫刻してあった錨を一旦削り平滑にして、駆逐艦用の錨を装着して、立体感を与えた。

■艦橋

軍艦模型の顔である艦橋の工作に入る訳だが、キットは畑中氏の考証図と大きく違っていることから、プラ板等でほぼ全面的に作り直してある。このため、キットで表現されていた部分と、省略されている艦橋側面に装備されていたパラベーン、測距儀、窓、兵員待機室、電探室等を追加工作している。艦橋前の機銃座についても、平面形状をプラ板から切り出したものに、1.5㎜幅に細く切りだしたプラ板を装着してブルワークとした。

艦橋の窓と電探は、重巡のエッチングパーツを使用している。遮風装置は、キットのものをそのまま転用してある。

各階層の床板も0.3㎜プラ板で切り出し、ブルワークなども同じ厚さのプラ板で囲うようにして接着後、やはりヤスリで薄く削ってブルワ

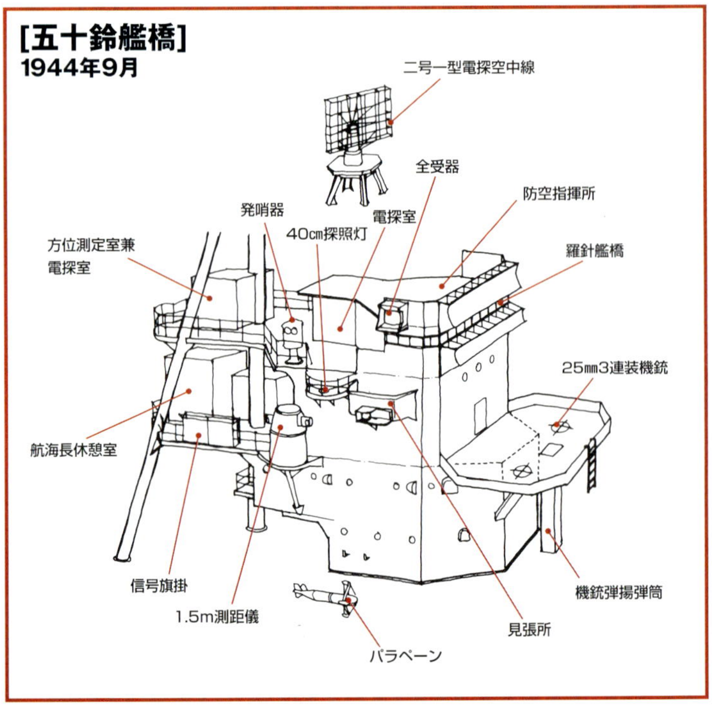

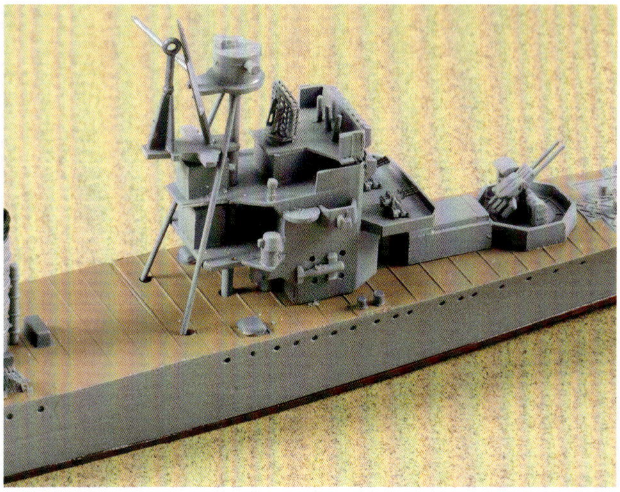

ークの薄さを表現した。

艦橋後部にあるマスト類も、主観的なものだがキットのものより写真から受ける印象は、細く見えるので、0.8㎜、0.5㎜プラ棒で組み上げてある。マスト頂部にある94式射撃指揮装置は、ウォーターラインシリーズWパーツにある、射撃指揮装置を転用して製作している。

■高角砲

装備していた主兵装の12.7㎝高角砲は、公試写真で見ると高角砲機関部に覆いを設けたタイプのものであることが分かる。ヤマシタホビーの12.7㎝高角砲後期型がこれにあたるので、キットのものは使わずに、換装している。

高角砲の八角形に囲われた砲座のブルワークについては、各面に平ヤスリを当てて極力薄く仕上げてある。

艦橋前の兵員待機室の形状は、キットではあっさりした箱型の表現であるが、実艦のものは側壁に段差の付いた防熱板（？）が貼られていて、アクセントになっているので、ちょっとオーバースケールではあるが、0.3㎜プラ板を追加して、らしさを出した。

■機銃

今回の製作においてもっとも分からなかったのが、機銃、特に単装機銃の位置で、組立図には一応説明があるが、分からなかったので省略した。レイテ沖海戦の記録には「全艦ハリネズミのように機銃を装備した。しかし防空戦闘開始の命令と同時に射撃を開始したところ、機銃員の前で爆発が起こったが、それが高角砲弾に機銃弾があたったことで起きたと後日判明した」とあることから、相当数の単装機銃が舷側にあったのでは、と思われるがいかがなものだろうか？　25㎜3連装機銃は、ファインモールド社のものを使用しているが、防護用のブルワークについても、あったのか、なかったのか、角状なのか円形なのかが判明せず、3連装機銃の装備位置に装着した表現を取った。

防空巡時代の「五十鈴」については、戦時中の他の日本海軍の艦艇と同じく、公開されている写真資料が少なく、不明な点があるが煙突や機銃座などで構成される中央部の構造についてはキット以上の情報が得られず、やむなくそのままとした。

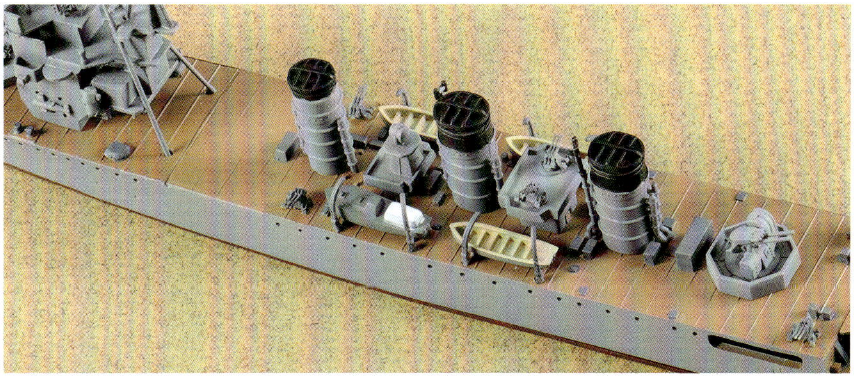

日本海軍防空巡洋艦五十鈴

1944年

作図・文／畑中省吾
drawing & text by Shougo HATANAKA

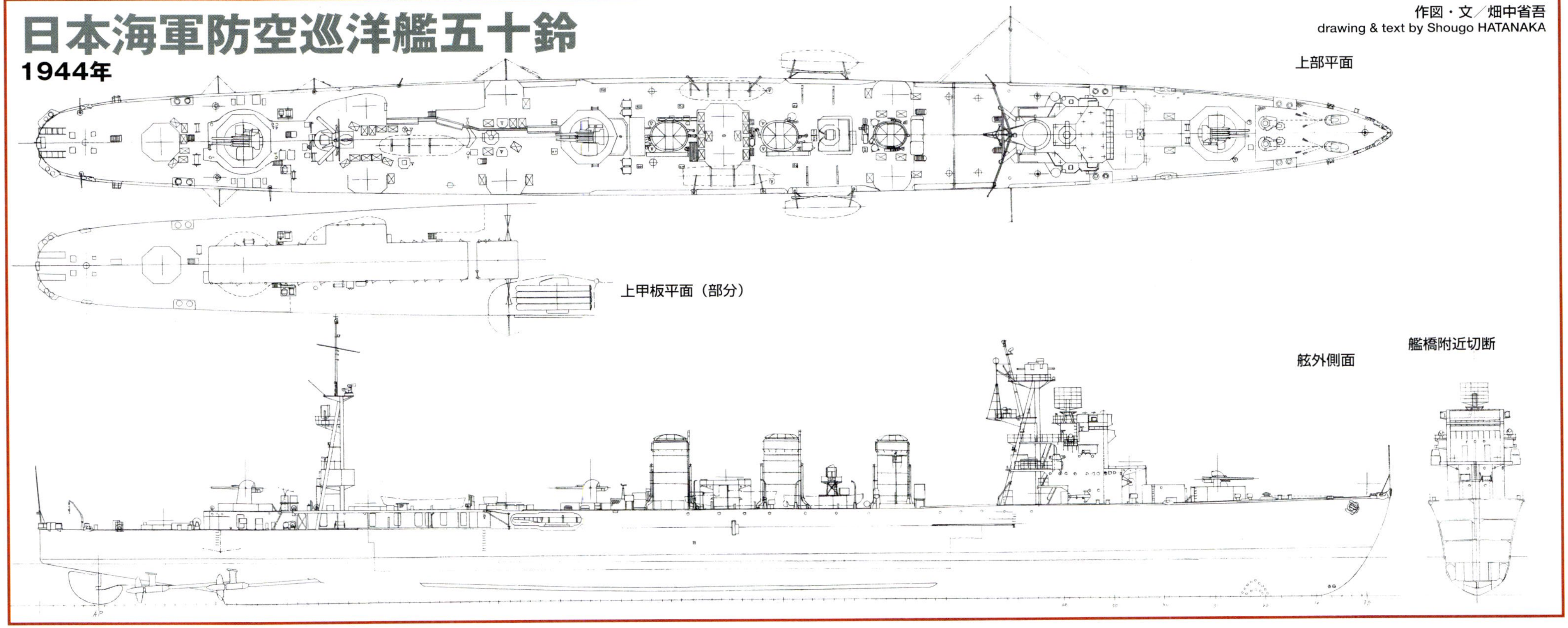

軽巡「五十鈴」は1943年12月5日の航空機攻撃により艦尾を損傷した。米軍機撮影の艦尾に水柱が上がるこのときの写真がある。内地にもどった「五十鈴」は横須賀海軍工廠と三菱横浜造船所で損傷修理を行ない、並行して平射主砲をすべて撤去し、軽巡洋艦から、12.7cm連装高角砲3基と、25mm機銃を随所に配した防空巡洋艦に改装された。しかし、米軽巡「アトランタ」級などと比べ、武装は貧弱で、この程度の対空武装で防空巡洋艦と称するのはどうかと思うほどだ。「アトランタ」級はトップヘビーだったそうだが、それにしても5インチ連装両用砲を8基も積んでいた。それに対し5500トン級軽巡は構造が古く、近代化改装には限界があったのだろう。

改装がなり実施された公試運転のときに撮影された写真を見ると、主檣（後部マスト）のトップ附近から探照灯の下にまで八木アンテナ様のものが写っている。しかし、これはどうやら電探空中線ではなさそうだ。電探室は主檣中ほどの元見張所にあり、クロスツリー部に22号電探空中線がのちに設置された。電探室の下の四角い構造物は兵員待機所。電探室の天蓋は高角望遠鏡を備えた上空見張所となっている。

艦橋前の14cm主砲2基を撤去した跡に1基の連装高角砲を置いたが、その後ろに新たに設けられた甲板室は高角砲の弾薬供給所と思われる。

艦橋構造物の外形は軽巡時代とほとんど変わらないが、羅針艦橋前と防空指揮所には大型の遮風装置が設置された。これにより表情が大きく変わって、別の艦ではないかと思うほどである。艦橋甲板のフラットには大型のスポンソンを設置し、前方へ大きく張り出している。スポンソンには25mm3連装機銃が2基設置された。スポンソンの支持構造を兼ねると思われる四角柱の揚弾薬筒がスポンソン中央に開口する。

防空指揮所ブルワーク左右壁に各1個取り付けられた全受器は大戦末期に装備された二式哨信儀のかたわれで、電探室脇の発哨器とペアになっている。駆逐艦「春月」や空母「隼鷹」などの艦橋アップを見ると同様のものが見つかる。哨信儀は赤外線通信兵器で、味方を識別するためのもの。

防空指揮所の後方には21号電探の空中線が四脚の足場の上に設置され、その真下の羅針艦橋甲板に21号用電探室が設置されている。

前檣にあった主砲射撃指揮所等は、主砲の全面的な撤去で不要となった。そこで探照灯とともに跡かたもなく取り去られ、トップとなったクロスツリー上には高角砲の射撃指揮を行なう九四式高射装置が、もとからそこにあったかのように居座る。ヤードが左右斜めに大きく伸びている。ストラットの後ろにフラットが突き出して方位探知アンテナがそびえている。方位探知室は電探室のある羅針艦橋平面が前檣にまで延びたところに四角い構造物として設置された。

2、3番煙突間に新たに設置された機銃座だが、下には缶室給気口があるので、設置に苦労した様子だが、前後にある煙突のせいで射撃視界がかなり限られたのではないかと心配になる。

艦尾上甲板にあったとされる25mm3連装機銃が中央に1基か、両舷に2基かの議論がある。大和ミュージアム頒布の一般艤装図および福井静夫氏がのこした「あ号作戦時」の対空兵装と電波探信儀の装備状況調査書では、1基になっている。2基説は、元乗組員の証言による。こちらは公式な資料はとくにない。どちらも否定できない。時期により武装が変更された可能性もあるからだが、あえていえば、公式資料にのっとるのが筋か。確たる写真があれば決するのだが、いまだ現れてこない。

文／畑中省吾

日本海軍軽巡洋艦
那珂

「那珂」は1939～40年の出師準備工事施工の際に連装魚雷発射管4基だったものを4連装2基に換装して、前部のウェルデッキを廃止し、船首楼甲板と端艇甲板をつなげた。写真からその様子がわかる。この写真は1942年4月に福井静夫氏がシンガポールのセレター軍港で撮影した、中破状態の「那珂」である。クリスマス島近海で敵潜水艦の魚雷を右舷に受けて第1罐室部の外舷に大破口を生じ、チラチャップ港に退避して応急修理。そののち、シンガポールのセレター軍港へ自力回航してきたときのもの。艦首がかなり沈みこんだ艦首トリムになっているが、性能改善工事によって変わった羅針艦橋のたたずまいがよくわかる写真である。また、舷外電路の敷設法も写真から見てとれる。4番主砲が横向きになっているが、これは被雷時の振動のせいで回ったまま動かなくなってしまったためとのこと。シンガポールで仮修理ののち、「那珂」は母港横須賀を経由して舞鶴海軍工廠で本格修理が行なわれた。（写真提供／大和ミュージアム）

日本海軍軽巡洋艦 五十鈴

5500トン級軽巡第2弾「長良」型の2番艦「五十鈴」が1923年8月に竣工したときの写真。第1グループの「球磨」型よりも羅針艦橋の位置を高め、羅針艦橋下に飛行機格納庫を設け、1、2番主砲の上に飛行機滑走台を設けた姿は、「長良」型新造時の共通したスタイルである。前檣のクロスツリーの上に乗っているのは射撃指揮所（上）と予備指揮所（下）で、このあと探照灯フラットの上に測的所が設けられた。後檣（主檣）は単檣で、下方に探照灯座と艦尾信号灯があるだけのきわめてシンプルな構造だった。

「五十鈴」はこののち、近代化改装、特定修理等の改造を受けて大戦に臨むが、参照できる写真は少なく、実際の艦容はよくわからない。また、目立った特徴をもたなかった。「五十鈴」が個性を見せるのは、軽巡洋艦から防空巡洋艦に艦種が変わってからである。

直談判で殴り込みに参加 殊勲のチビっ子コンビ

日本海軍軽巡洋艦天龍 1942年8月
日本海軍軽巡洋艦夕張 1942年8月

日本軽巡の始祖「天龍」と、独創的なデザインで世界をあっと言わせた「夕張」はその小ささゆえ太平洋戦争では苦戦を強いられた。三川艦隊に加わり勇名を馳せた第一次ソロモン海戦の大戦果は、厳しい消耗戦のさなかの束の間の栄光だった……

日本海軍軽巡洋艦 天龍

▶1919年12月竣工直後の「天龍」。当時は前檣が単檣で艦橋はキャンバス張りである。英国の流れをくむ傾斜した3本煙突は、いかにも俊敏そうなデザインだ。(写真提供／大和ミュージアム)

「天龍」型は、近代軽巡の始祖となったイギリス海軍の「アリシューザ」級をタイプシップとしたわが国初の軽巡洋艦である。主機にギヤードタービンと重油専焼缶を初めて採用し、5万1000馬力の大出力を得て速力30ノットを超えた最初の艦としても知られる。また、それまで防護巡洋艦と呼ばれた防護甲板と舷側部の石炭庫を合わせた防御方式を改め、装甲巡洋艦と同様、舷側部に防御甲鈑を張った構造としたことと、初めて53㎝魚雷発射管を装備したこと、主砲をすべて中心線上に配置したことも画期的であった。

日本海軍軽巡洋艦 夕張

▶1924年11月頃の「夕張」。煙突の増高でよりスタイリッシュになった。この時の主砲のブラストスクリーン上端は直線状だが後に湾曲した形に改められた。

平賀デザインの傑作と称される「夕張」だが、詳細設計は藤本喜久雄大佐によるもので、実際に藤本らしいデザインの特徴が随所に見られる。彼女の艦容は、復原性能不足で竣工直後に改装を強いられた後の駆逐艦「初春」の新造時の姿によく似ていないだろうか。もちろん「夕張」が復原性能不足だったという事実はないのだが、「初春』の場合、「夕張」と同じく、「特型駆逐艦並みのスペックをより小型の駆逐艦に」というコンセプトで、類似のデザインを1400トンの駆逐艦に応用することに無理があったのだろう。

旧式艦ながら第一次ソロモン海戦では大活躍

1942年8月7日、米軍はガタルカナルおよびツラギ両島を奇襲して上陸した。これを受けて在ラバウルの第8艦隊（司令長官三川軍一中将）は旗艦「鳥海」と、付近にいた第6戦隊の重巡4隻でガダルカナルに深夜攻撃をかける作戦を企てた。同日ラバウルにいた「天龍」「夕張」を基幹とする第18戦隊は当初作戦に参加させない予定だったが、同隊主席参謀の篠原多磨夫中佐が第8艦隊司令部に直談判。熱意に押され「天龍」「夕張」と駆逐艦「夕凪」を同行させることになった。集結した兵力は合同訓練すら行なったことがない、文字通りの寄せ集め艦隊による「殴り込み」である。飛び入り参加の第18戦隊は最後尾について行ったが、無線電話の設定が間に合わず作戦中は直接指示を受けられない。さらに「夕張」は機関が故障して最大26ノットまでしか発揮できず、航行不能になった際には乗組員が陸戦隊として戦うという、なんとも無茶苦茶な作戦だったが、結果は周知の通りで、両艦の戦歴のハイライトとなる活躍であった。その後も両艦はソロモンにおける陸戦隊の輸送や掃討作戦などに奔走したが、武装の増強などで重量が増し、速力の低下を招いていた。「天龍」は老骨に鞭打って第三次ソロモン海戦にも参加しているが手痛い敗北で我が軍は劣勢となっていった。1942年12月18日、駆逐艦4隻と共に輸送船2隻を護衛中、マダン港外で米潜水艦「アルバコア」の放った魚雷により23年の生涯を閉じた。残った「夕張」はソロモンを離れ護衛総隊に属して勇戦したが、1944年4月27日、内南洋諸島への緊急輸送を終えソンソル島南を航行中に米潜水艦「ブルーギル」の雷撃を受け無念の最期を遂げた。

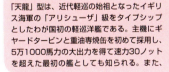

日本海軍軽巡洋艦天龍
1935年

作図・文／畑中省吾
drawing & text by Shougo HATANAKA

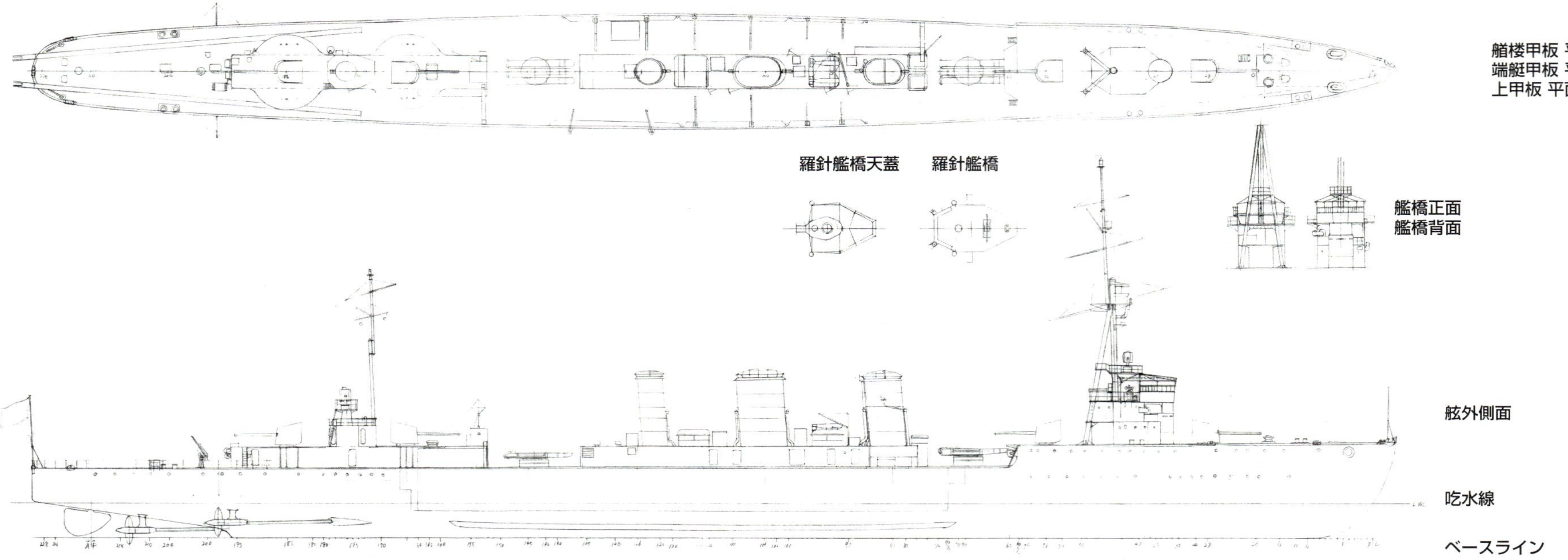

5500トン級軽巡を全部調べて艦型図をまとめるにあたり、もっとも難関となったのが「天龍」「龍田」であった。この２隻は3500トン級であって、5500トン級ではない。しかし、5500トン級軽巡のルーツであり、根本でもある。とばすわけにはいかなかった。とはいうものの、写真はそこそこあっても図面資料がとにかくない。図面は軍艦の武装や構造物が置かれた位置を知るために欠かせない資料である。キットを作って実艦の写真と見比べたとき、あれれ、なんだかスタイルが違って見える、というときは、それは図面をもとにせずに設計されたキットだ。キットに限らず、模型を作って満足するためには、作る船の基本資料となる公式図面がどうしても欲しい。

軽巡「天龍」の資料は英国のE．ラクロワ氏著の「Japanese Cruisers of the Pacific War」の艦型図を見つけたのが最初だった。ここに、オリジナルは日本の公式図ではなかろうかと思わせる描かれ方で舷外側面、上部平面、そして極めつけの艦内側面（軍艦の内部の構造がわかる図面）が出ていた。主要寸法は書いてある。しかし、なぜかフレームナンバーが書いてない。フレームスペースも不明だ。この関門は東大の「平賀譲アーカイブス」により通過することができた。ここに平賀が描いた船体寸法図があがっていたからだ。この船体寸法図と、ラクロワ氏が掲載した艦内側面の略図により、ほとんどの艤装、武装の位置を決めることが可能となった。

艦橋は、しかしラクロワ氏の平面図のものは実艦写真と比べると幅が広すぎるように見えた。平賀アーカイブスには艦橋の資料はない。艦橋の図は、現大和ミュージアム館長の戸高さんが昔整えたという「アジア歴史資料センター」で偶然に発見した。フレームナンバーこそ入ってないが、新造時を示す三面図である。こうして集めた資料をもとに描いたのが、掲載の艦型図である。鮮明な実艦写真がある1935年頃を想定している。

ところが驚いた。ハセガワが「天龍」「龍田」のキットをリニューアルすると発表したからだ。期待半分でレビューを待つと、どれも手放しの褒めようである。しかし、問題はプロポーションである。これが崩れていたら、どんなに精密で細かなモールドも意味を失うだろう。発売日が待ち遠しく、発売と同時に入手してすぐに自分で描いた艦型図と船体パーツを合わせてみた。すると、どうだろう。ぴったりだ。設計者であるハセガワの風早さんによると、インターネットで「燕雀洞」を主宰している春園燕雀氏の考証を参考にされたとのことである。筆者の調べた船体形状と熱心な艦艇研究者の燕雀氏の結論とが同じだったことで、筆者は少なからず自信を得ることができた。

「天龍」のわからないところは、もちろん船体や艤装品の位置だけではない。艤装品自体が不明なことだらけである。そのへんはわからないことが多く、筆者の勘違いなのか、メーカーとの解釈の違いなのかは判定できない。ただ、それらは船体と違って後でわかってから手直しのきくところだ。これだけプロポーションの正しいキットがあれば、作る人が自分で研究してさらに正確な「天龍」作品を作ればいい。キットは個人が作品を作るための素材なのだ。

米波さんが、毎日新聞社発行の「一億人の昭和史／不許可写真史」に、「天龍」じゃないかと思う写真が出ている、という。コピーをもらうと、キャプションには駆逐艦とあるが、これはまさしく「天龍」の艦橋のアップだ。しかも1942年6月のもので、これまであった「天龍」の写真にはなかった時期の画像である。米波さん、大発見だぜ。艦橋のディテールがとてもよくわかる。羅針艦橋天蓋に設置されていると思われる測距儀らしきものや前橋が画面から切れているのが惜しい。それでも想像をたくましくして艦橋の立体画を描いた。

僚艦「龍田」はリノリウムを縦貼りとしてキット化された。最初は面くらった。その後、5500トン級軽巡の中にリノリウムを縦に貼ってある艦があることが学研の歴史群像シリーズの「球磨・長良・川内型」にあるのを発見した。「由良」である。そして「球磨」も「丸スペシャル」の写真から、縦貼りを確認した。この２隻の共通点はともに佐世保海軍工廠製ということである。とすると、他の佐廠製軽巡もその疑いがある。「北上」「長良」「夕張」そして「龍田」だ。しかし、これらの露天甲板の敷物を実艦写真で確かめることはできなかった。となると、推定で決めてもよいことになる。春園燕雀氏と風早さんは縦だと判断したということである。

筆者は、KKベストセラーズ「日本海軍軍艦全艦艇史」の#0601にある「龍田」左舷正横の写真をもとに、艦橋と缶室給気口等、一部に自分の解釈により手を入れてまとめた。もとの設計がよいと、こうした自分なりの解釈を入れても全体の形が崩れることはないようだ。

日本海軍軽巡洋艦

天龍

1942年8月

日本国海軍軽巡洋艦 天龍
ハセガワ1/700
インジェクション
プラスチックキット
製作・文／山下郁夫
作図／畑中省吾
Imperial Japanese Navy
light cruiser Tenryu.
Hasegawa 1/700
Injection-plastic kit.
Modeled and described by
Ikuo YAMASHITA.
drawing by Shougo HATANAKA

老骨に鞭打って戦った 日本海軍近代軽巡の始祖

■リニューアルされた「天龍」

近代的日本軽巡洋艦の嚆矢となった「天龍」型のネームシップである「天龍」。太平洋戦史において、アメリカ海軍をして「アメリカ海軍史上最悪の大敗」と認める第一次ソロモン海戦に参加し、米重巡「シカゴ」の船体中央部を砲撃で大破させる戦果をあげた。この戦果はこの海戦の勝敗に大きな影響を与えた。沈没を免れようとする「シカゴ」は僚艦への警戒警報発令を怠ってしまい、無警戒の米重巡部隊を日本艦隊の前に、さらけ出すことになる。

「天龍」はこの直後に遭遇した米重巡部隊の3隻にも砲雷撃を加え、共同で3隻撃沈の戦果に寄与し、老兵ながら見事な戦歴を残した。この戦歴と、イギリス海軍のデザインに日本海軍の戦術が融合した設計によるスマートな艦影に、魅力を感じるファンも多いと聞く。筆者もその一人で、2015年に「天龍」型がリニューアルされると聞き大いに期待したものである。

■船体の組み立て

船体は左右貼り合わせ方式であるが、インナーパーツが、がっしりしたものであるので、この方式にありがちな固定のし辛さはなく、バスタブ方式と同等の強度を得られる。

艦首の錨が別パーツとなっていないが、正直なところ錨などは、軽巡洋艦以下のクラスでは、彫刻済みのほうが、パーツの紛失などという失敗がなくなると思われるが、いかがであろうか。

■甲板

錨鎖甲板とリノリウム甲板が別部品となっている。これは塗装のし易さを考慮したものと思われるが、これは狙い通りと言える。甲板上のパーツ類にもこの配慮があり、組み立て方に注意すればマスキングテープなどを使用した塗り分けの作業を省略することができ、きれいな仕上がりとなる。ただ甲板パーツの組み立て作業について、全く問題がないわけではない。開戦時とソロモン海戦時との違いをボートダビットの位置変更によって再現するよう指示されてい

[天龍艦橋]1942年

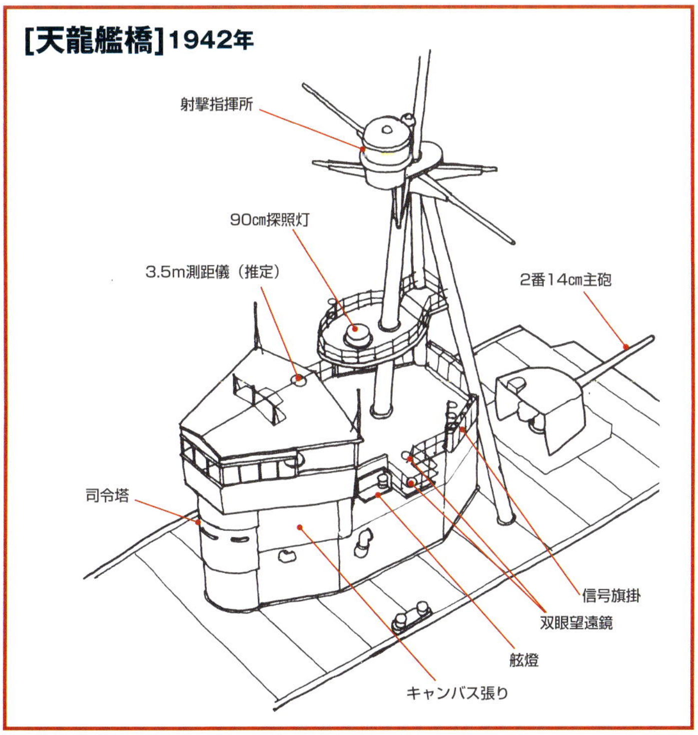

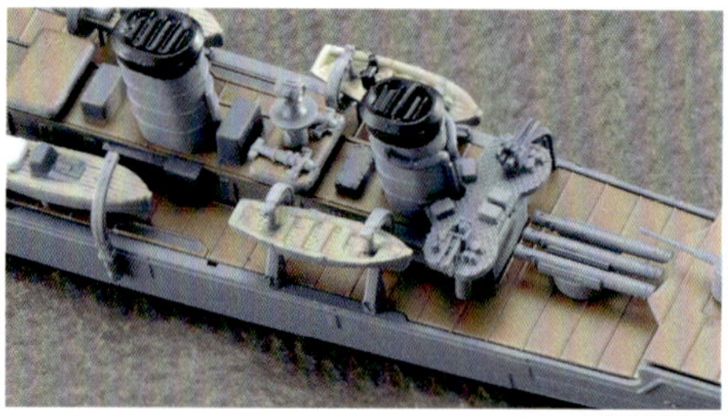

るのだが、ダビット部品の取り付け穴が甲板部品に両方開けられている。組立図に不要となる穴を埋めるように指示があるのだが、穴を埋める方法が指示されておらず、パテで埋めるのかパーツを自作するのか、説明が欲しいところである。

■兵装関係

主砲の14cm砲と砲室並びに25㎜連装機銃は、これまでの軽巡洋艦キットの中でもトップクラスの出来だ。

キットの14cm砲は、砲身径がかなり絞られていて、「天龍」型のスマート感を演出するのに貢献している。また、25㎜連装機銃も、機銃座などのサイズから考えても1/700スケールに相応しいものとなっており、今後ウォーターラインキットを開発するメーカーの機銃パーツの指標となるのではと思う。銃身の太さを指摘する人がいるかもしれないが、個人的には銃身の太さに違和感は覚えなかった。このスケールの艦船模型では、これらのパーツが、ある程度存在感を出す必要がある。サイズ的な不満はなかった。

■構造物

艦橋は、先代のキットに比べ格段に進歩している。後の「球磨」型につながるデザインがよく再現され、作例ではいっさい手を加えていない。

これに対し、煙突付近の構造物については、1934年（昭和9年）ごろの写真を参考に、手を加えてみた。キットでは前部魚雷発射管付近の主要な構造物は再現されているが、後部魚雷発射管付近から前方にかけての構造物が省略されたあっさりとした表現になっているように感じられた。

写真では煙突基部は構造物によって、かなりデコボコした印象がある。たとえば、後部魚雷発射管前の構造物には、パイプ状のものが林立していたり、側面には箱状のものが設けられていたりする。これらをプラ板やプラ棒によってできうる限り再現した。

と、追加工作をしたものの、「天龍」型の戦中における姿は、鮮明な写真もなく、1934年の左舷写真のみでしか上記の状態を伝えるものがないことに、完成後に気がついた。

これまでの記述と矛盾するかもしれないが、1934年の時期だけにこれらの構造物が装着されていたのかもしれない、という疑念が湧いた。ということで、ここでの工作はあくまでも個人の解釈による模型表現のひとつと考えていただきたい。

■マストの工作

マストについては大幅に手を加えた。インジェクションプラスチックキットではパーツが破損することを避けるためどうしても実艦よりもパーツが太くなってしまう。これは「天龍」のキットだけではなく、艦船模型すべてに言えることだ。

今回は「天龍」のスマートな艦影を維持する意味で、マストはプラ材などで修正することにした。

後部マストは、キットのパーツを参考にしながら0.3㎜プラ棒と0.4㎜プラ棒を組み合わせて、一から組み立てた。

前部マストも各サイズのプラ棒とプラ板で作り直す予定でいたが、探照灯甲板の位置関係などによりキットのままとし、クロスツリーのみ極力削って写真のイメージに近づけた。続いて、横に張り出すヤードを切り離し、0.3㎜プラ棒で作り直した。さらに、前部マスト頂部のヤードも0.3㎜プラ棒で作り直した。

日本海軍軽巡洋艦
天龍
1942年8月

日本海軍軽巡洋艦

夕張

1942年8月

3000トンの船体に5500トン級軽巡並みの兵装を積み込んだ実験艦

日本海軍軽巡洋艦 夕張
タミヤ1/700
インジェクションプラスチックキット
製作・文／米波保之
作図／畑中省吾

Imperial Japanese Navy light cruiser Yubari.
TAMIYA 1/700 Injection-plastic kit.
Modeled and described by Yasuyuki YONENAMI.
drawing by Shougo HATANAKA

タミヤの「夕張」は1984年の発売のベテランキットだが、今でも数あるウォーターラインシリーズの中でトップクラスのモールドの切れ味を誇り、同社の技術の高さに改めて驚かされる。キットの設定年代の1944年から第一次ソロモン海戦時に戻すことは、1、4番主砲の復旧や対空機銃、一部装備の削除などの小改造で可能だが、近年では呉の大和ミュージアムで公式図や鮮明な写真が公開されたことなどにより研究が進み、キット発売時には不明だった「夕張」の詳細が次第に明らかとなっている。そこで作例では、できるだけ最新の考証に近づけるべく各部の改造を行なった。

■船体

キットの船体はやや腰高な感があるので、底板（A1）は使用しないほうが良いだろう。船首楼甲板の後端を4㎜ほど切除して凹の字のような形とし、開いた穴はプラ板で塞ぐ。また艦首のフレアがやや浅いようなのでやすりで整える。省略されているアンカーリセスもリューターで彫り込んで表現した。甲板上のレイアウトを変更するため、モールドされているすべての突起物を削り取って平滑にした。船体にモールドされている煙突基部を切除したことで甲板に大きな穴が開くのでプラ板で塞ぎ、主砲、発射管、マストなどの取り付け穴などもすべてプラ棒などを差し込んで塞いでおく。表面をきれいに均したらケガキ針でリノリウム張りのモールドを入れる。作例では艦首のシアーも調整して前端部が平らになる様に削っている。艦首のホースパイプは一旦塞いで、1㎜ほど後方に開け直し、揚錨機などのディテールもプラ材で作り取り付ける。菊花紋章取り付け板はプラ板で一回り大きく作り替え、省略されているフェアリーダーはファインモールド・ナノドレッドの「フェアリーダーセット」（WA26）のものを流用した。フェアリーダーがきれいに抜けていると、艦首が引き締まって見えるのでお勧めのアイテムである。1番14cm単装砲の前の波除けは削り取ってプラ板で新設。位置を3㎜前進させ、船体幅一杯とする。また艦尾付近の平面形は幅がやや広すぎなので後端から53㎜ほどの所から斜めに、舷側の厚みが許す所まで削り込むと良い形になる。一連の工作で失われたボラードなどのモールドはプラ材などで復活させた。船体の形が整ったら、省略されている舷窓を0.6㎜のドリルで開ける。舷外電路は0.3㎜角のプラ材で取り付けたが、取り回しは推定である。

■艦橋

キットの艦橋パーツはやや簡略化されているのと、平面形が若干異なるので、大半をプラ材

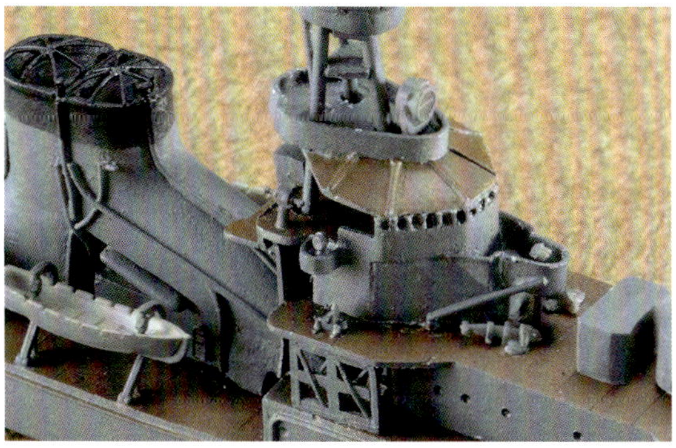

[夕張艦橋]

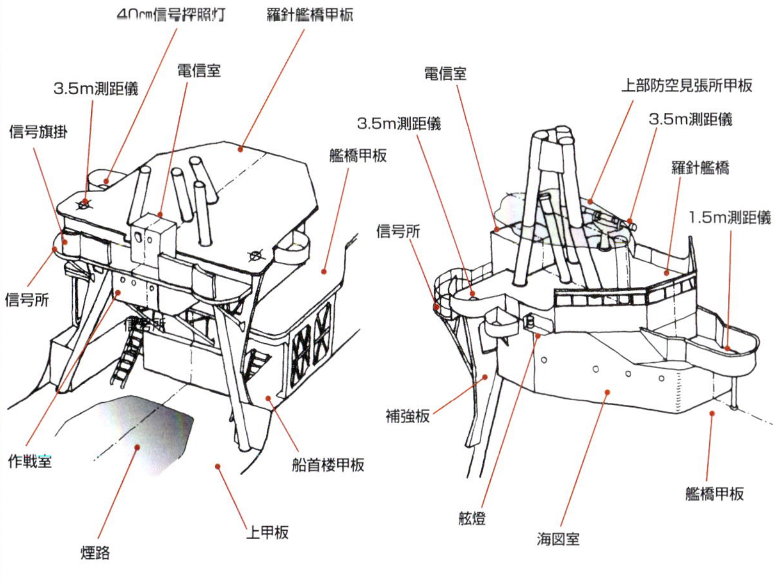

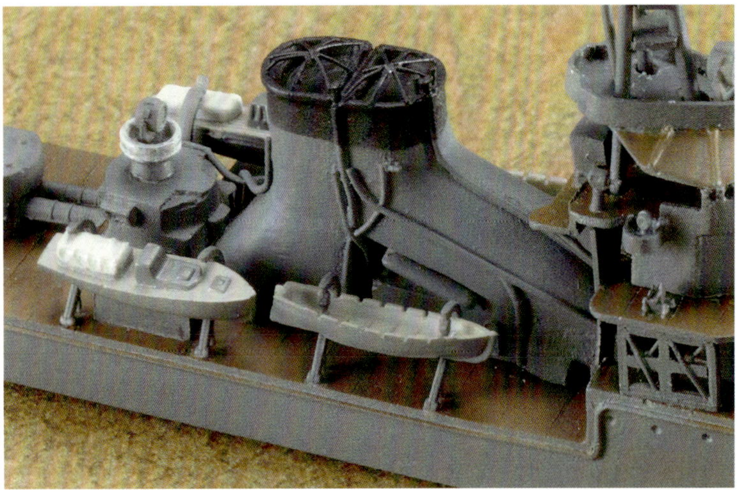

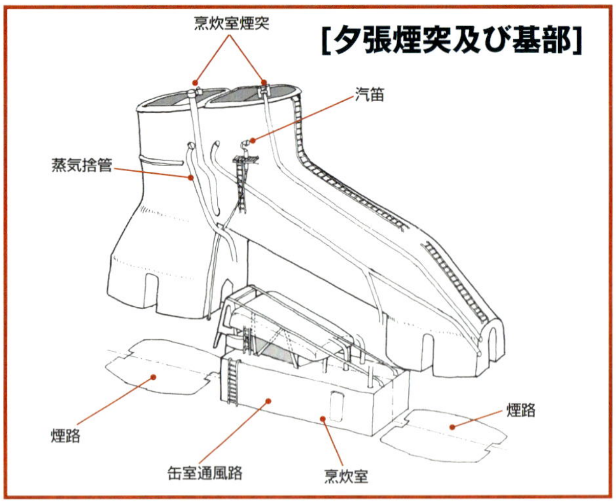

[夕張煙突及び基部]

で作り替えた。天蓋パーツ（A23）のみ窓のモールドを削り取り一部形状変更して使用したが、三脚の通る穴は一旦塞いで開け直している。三脚檣は1㎜径のプラ棒で作るが、艦橋甲板を貫く穴は、正確に位置決めすることが難しいので、大きめの穴を開けて仮組みを繰り返し、バランスを見ながら調整した。射撃指揮所もキットのパーツ（A15、16）は一回り小さいのでプラ材で作り替えている。艦橋の構造をイラストに示すが、ご覧の通り、トップの射撃指揮所を支える三脚柱を中心に信号所、上部防空見張所、作戦室などが絡み合った複雑な構造となっている。羅針艦橋の下部が斜面になっているのも独特のデザインだ。

■上部構造物

艦橋甲板（A22）は後端から約9㎜を切除して素通しとする。横の張り出しや天面の突起物を一旦すべて削り取り平滑にした後、艦橋両脇の張り出し部をプラ板で作って、ケガキ針でリノリウム張りのモールドを入れた。前壁は1番主砲の旋回クリアランスのため丸く窪んだ形にする。２番主砲後ろの弾薬室はプラ材で一回り大きく作り替え、ブラストスクリーンは前部をプラ板で1.5㎜ほど延長して形を整える。煙突は幅が約2㎜ほど足りないので、スペーサーを挟んで拡張。さらに欠けている後ろの下部を継ぎ足す。煙突下部には兵員烹炊室や缶室通風路が一体となった構造物があるので、プラ材で作って取り付けた。煙突背後の探照灯台もプラ材で自作している。蒸気捨管などの取り回しは、「なんでこんなに？」と思うほど複雑。イラスト、写真を参考にしていただきたいところだ。魚雷発射管の間にある測距儀甲板（A6）は前後の張り出した部分をプラ板で追加し、脚部は軽目孔を表現するため一旦切断してプラ材で組み替えた。機銃の取り付け穴は埋め、測距儀の移動レールを伸ばしランナーで表現してジャンクパーツの測距儀を取り付た。この下には予備魚雷の格納箱が設置されているので、ピットロードNE-04の部品5を中央で二つ割りにして穴を塞ぎ、2本分としたものを両舷に取り付けた。また中央にも室があるのでプラ材で追加しておく。後部の主砲甲板は長さ、幅とも足りないため、すべてプラ材で作り直した。1942年時にはここに機銃台はなく、方位測定室もプラ材で一回り大きく作り替えて取り付ける。各構造物の水密扉などのディテールアップにはファ

“砲塔”ではない夕張の主砲

「夕張」は日本軽巡で初めて2,3番砲に14㎝連装砲を搭載した。中心線上に配置したことで、5500トン級と同じ片舷6射線を確保していることで知られている。一見、主砲塔と呼びたくなる形だが、「夕張」のそれは砲塔ではなく砲室と呼ぶ。海軍用語でいうところの軍艦の砲塔の定義は
1.砲の機構全体が回転する
2.円柱形の基部（トランク）が甲板を貫いて艦内に伸びている
の条件を満たすものとされており、「夕張」の主砲はそれに合致しないというわけだ。同じ形式の連装砲は潜水母艦「迅鯨」型、練習巡洋艦「香取」型、水上機母艦「日進」にも搭載された。

日本海軍軽巡洋艦
夕張
1942年8月

インモールドのナノドレッド「水密扉セット」(WA27) が非常に役に立つ。

■武装・その他

14cm連装砲はキットのものを天面にプラ板を貼って傾斜を整え、砲身を細く削ったうえで使用した。14cm単装砲はピットロードNE-03より使用。魚雷発射管は同社NE-04の八年式発射管にプラ材で自作したシールドを被せてある。端艇の配置は右舷が前から9mカッター、9m内火艇。左舷が9mカッター、11m内火艇である。ボートダビットは駆逐艦などと同じラッフィング型なのでNE-02のものを使用。左舷後部のみ大型のタイプなので、ハセガワ「天龍」の部品 (K7) を流用した（ちなみにこの部品は山下氏の作例の通り「天龍」に修正を加えると1組余剰となる）。対空機銃は艦橋両側に13mm連装各1基、前後の魚雷発射管の間の測距儀台上に25mm連装2基となっている。

幻の「天龍」型防空巡洋艦

マル3計画において「大和」「武蔵」の防空および対潜直衛艦として「天龍」型2隻を改装するプランがあった。当時イギリス海軍が旧式のC型軽巡洋艦を防空艦に改装していた例に倣って、主砲と魚雷兵装をすべて廃止し12.7cm高角砲4基を設置、艦尾に爆雷兵装をもたせるというものであった。しかし、改装のための予算が承認されず、改装計画は幻と消えた。同様に5500トン級のいくつかの軽巡を防空艦とするプランも浮上していたが実現を見ず、結局そのまま開戦となった。後に戦闘により損傷した「五十鈴」と「北上」が復旧工事の際、主砲のすべてを高角砲に換装して防空艦の体裁となったが、戦列に復帰したのは大戦末期。防空直衛艦の「秋月」型の就役はミッドウェー海戦後になった。「天龍」型防空巡が実現していたら、「それまでのつなぎとしてある程度戦力になったのでは？」とも思われる。

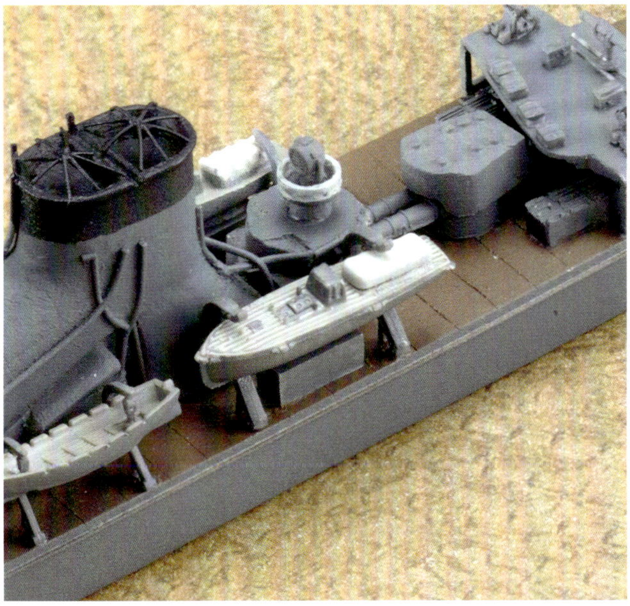

[夕張探照燈台付近]

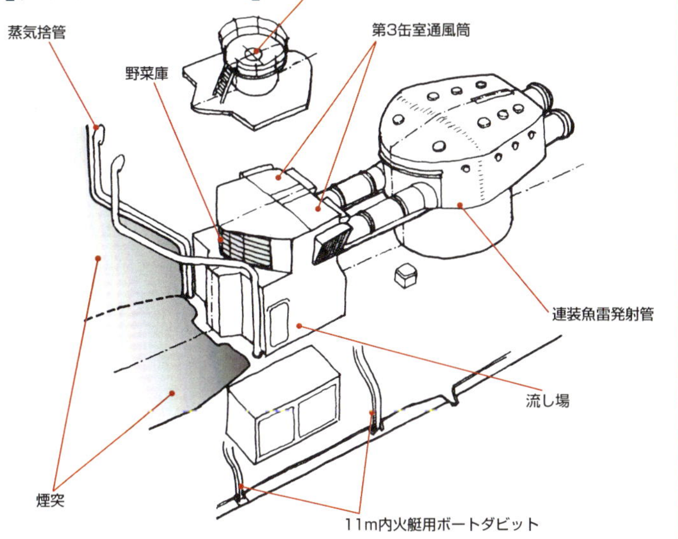

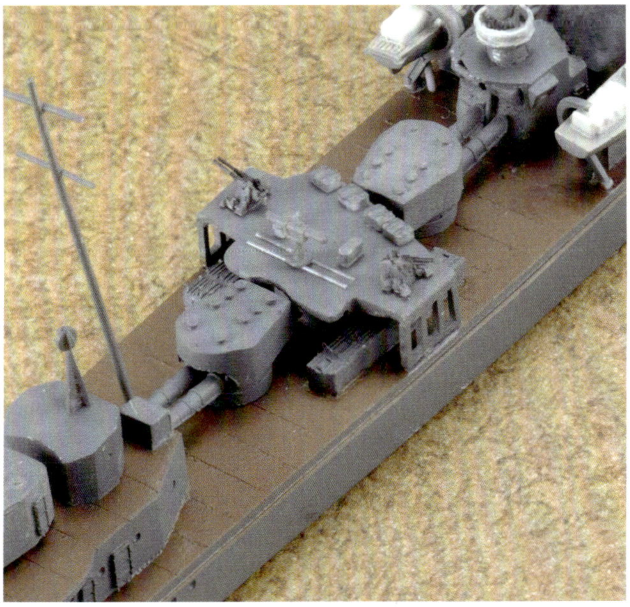

[夕張後部3.5m測距儀台]

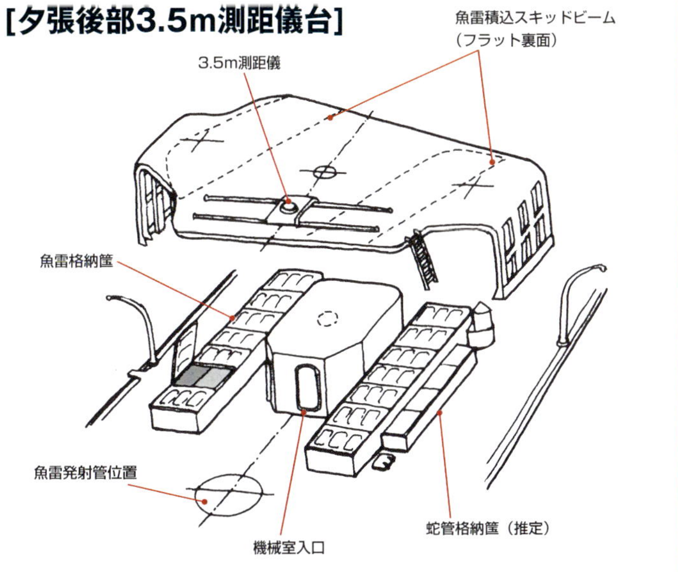

日本海軍軽巡洋艦夕張
1942年8月

作図・文／畑中省吾
drawing & text by Shougo HATANAKA

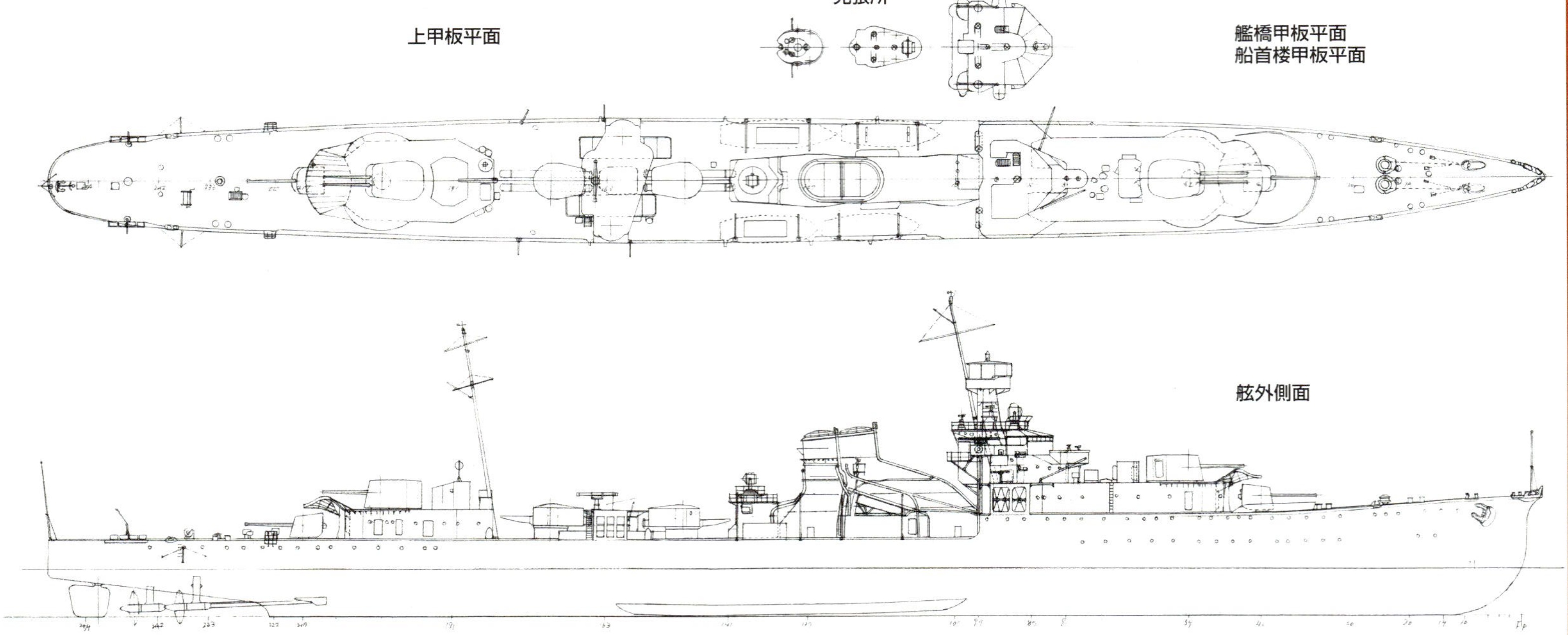

[夕張射撃指揮所支柱構造]

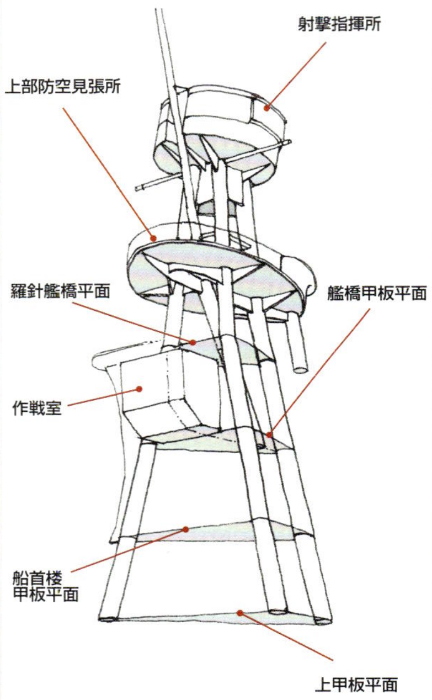

軽巡「夕張」艦型図について

「夕張」は「長良」型軽巡の1隻として計画された（予定艦名は「綾瀬」）。その八四艦隊計画の成立予算を使って、建造費の節約を目的に、5500トン級軽巡とほぼ同等の戦闘能力を6割ほどの排水量に収めるように設計された試作艦である。つまり、5500トン級軽巡の仲間である。ただし、航空兵装はない。実際の建造費は5500トン級軽巡の約7割だったそうである。駆逐艦に似た長船首楼と艦首部の顕著なフレア、詳細設計に当たった藤本少佐のアイデアとされる誘導煙突をもつ軽快なスタイルにまとめられており、古いスタイルの5500トン級軽巡と同時代の艦とは思えぬほど近代的な姿をしている。新造時には、艦尾に1号連繋機雷庫が設けられていたが、1934年頃に撤去され、普通のクルーザースターンになった。「夕張」軽量設計の特徴は、防御用の甲鈑等を船殻構造材としても使う船体構造にあるが、そうした工夫にも拘わらず、基本設計者である平賀大佐の狙いより排水量が1割も増えて、速度性能等に影響が出た。

上部構造物には随所に手の込んだ工作が施してあり、見た目よりかなり複雑である。中でも、船首楼甲板が終わる艦橋構造物の背面あたりや、湾曲した煙突とその下に設けられた缶室通風路の再現には、かなり面倒な工作を強いられるはずだ。具体的にいうと、艦橋構造物の背面は、射撃指揮所を支持する三脚支柱が各甲板を支えるようになっていて、戦艦の檣楼を思わせる構造である。しかも、支柱は中心線にもう2本加わる。艦橋甲板後端から飛び出すように設けてある作戦室の前には部屋がなく、吹抜け構造である。また、いかにも藤本デザインの特徴を見せる湾曲煙突は、完成1年後に2mほど高められ、均整のとれた形状となった。煙突頂部は長円形、上甲板のコーミング部が八角形で、その間をつなぐ本体は平面と曲面が巧みに組み合わさった複雑な形となっている。湾曲煙突の下部は烹炊室で、その中を缶室通風路が抜けて煙突下の三角形のスペースに開口しており、開口部には飛沫除けカバーと煙突を支えるアングルがある。ただし、これらを工作で再現したとしても、ほとんどが隠れてしまい、外からはあまり見えないだろう。

「夕張」の一般艤装図（昭和初期対空兵装改装後、および最終時）は呉の大和ミュージアム（レファレンス・ルーム）でコピーサービスが受けられる。誰でも海軍の公式図を手に入れられるのだ。今回もここで手に入れた公式図をもとにした。写真による実艦の形状を反映させて1942年頃の姿として描いたのが、掲出の艦型図である。ちなみに、一般艤装図では、1932～33年に変更された2、3番砲塔前にあるブラストスクリーンの形状がなぜか手直しされていないため、実艦写真からとらえようと試みたが、その複雑な曲面形状は把握しきれなかった。

なお、側平面図だけではわかりにくい部分は立体イラストで描いてみた。製作の参考になれば幸いである。

軽巡洋艦の魚雷兵装

5500トン級のプロトタイプである「天龍」型では六年式53cm三連装発射管2基を中線上に配し片舷6射線を確保していた。発射管の基部には軌条があり、発射時には発射管を左右へ移動させて海面に近づける方式だったが、転舵で目標が反対舷に変わる時に追随できないなど実用的でなく、次級の「球磨」型では片舷射線の減少を忍んで両舷に連装2基ずつと配置を変更。片舷4射線となった。続く「長良」型でもこの配置は踏襲されたが、主力艦の戦闘距離が伸び、53cm魚雷では射程が不充分となったため八年式61cm魚雷搭載に変更。「川内」型もそれに続いた。前部発射管甲板の設置されるウェルデッキの寸法は「球磨」型と同一なため、少々収まりが悪い。1933年、射程距離が八年式魚雷の2倍、雷速は1.3倍、炸薬量は1.4倍を誇る93式魚雷（酸素魚雷）が制式化されたが軽巡への装備は遅れ、重雷装艦となった「北上」、「大井」を除き、日米開戦時までに「阿武隈」、「那珂」、「神通」の3隻のみが換装を実施。前部発射管を廃してウェルデッキを閉塞し、後部両舷に四連装発射管を設置した。後に「五十鈴」が損傷復旧の際に同様の改装を受けている。

単行本追加作例

日本海軍軽巡洋艦

龍田

1941年6月

5500トン級軽巡のルーツともいうべき古参艦

日本海軍軽巡洋艦 龍田
ハセガワ1/700
インジェクションプラスチックキット
製作・文／畑中省吾
Imperial Japanese Navy light cruiser Tatsuta.
Hasegawa 1/700 Injection-plastic kit.
Modeled and described by Shougo HATANAKA.

■キットについて

ハセガワがウォーターラインシリーズの軽巡「天龍」型をリニューアルする、という情報は驚きだった。「天龍」型は地味な軽巡のなかでも特に地味な印象があり、しかも公式資料が乏しく、リニューアルはかなり苦しかろうと思われたからだ。それなのにハセガワでは集められるだけの資料を蒐集して見違えるほど見事なキットを送り出してくれた。モールドは繊細で、特に主砲のスケール感は抜群だ。

■艦橋周りの製作

62ページの艦型図解説に書いたように、1941年6月にクェジェリン環礁で古川少佐が撮った「龍田」左舷のプロフィール写真をもとに製作した。「龍田」は三脚檣となった近代化改装後のディテール写真がほとんどないが、この写真からは僚艦「天龍」との相違点がいくつか見てとれる。特に艦橋周りに違いがいくつかある。キットでもパーツを別にして違いを表現しているのが、羅針艦橋の窓と天蓋の形である。近代化改装で両艦とも固定式天蓋となったが、「龍田」のほうが天蓋が広い。キットは窓をデカールで再現している。筆者はデカール貼りでいつも失敗するので、自作のトレーシングペーパー製手書き窓わくを貼りつけた。天蓋にある見張所ブルワークは薄いプラ板に差し替え、マスト中段フラットには須式90cm探照灯を置いた。揚錨装置のところには波切板をつけた。

1/700キットでいつも気になるのがマストだ。特に中小艦艇で気になる。これは小スケールモデルの宿命で、インジェクションキットでは1/700のスケールにマッチするマストをモールドするのはきわめて難しい。マストはほとんどが円柱なので板状のエッチングパーツだといくら細くても不自然さが残る。スケール感をだすにはプラストラクト等の細い丸棒か真ちゅう棒で組み上げるのがよい。筆者は空中線を張らない主義なので、プラ丸棒を使った。

■上部構造物の製作

第1煙突前にある機銃座が、左右舷で段差がついているように見える写真がある。これを再現してみた。煙突の間にある缶室給気路などの構造物を実艦のシルエットに似せて作り変えた。

「天龍」型におけるもっとも大きな疑問はＪ12、Ｊ13のスキッドビームのあり方で、1934年紀元節に撮影されたチンタオにおける「天龍」の写真に写っているＪ13の位置がどうしても解決できない。舷側の丸窓位置とスキッドビームの立つ位置とが合致しないのである。ここは未解決のままキットの指示に従った。

端艇のボートダビットは、マスト同様の理由でスケール感をだしたいと思いナノドレッドを使った。その効果は筆者を満足させてくれた。

日本海軍軽巡洋艦実艦写真解説5

文／畑中省吾

日本海軍軽巡洋艦 天龍

1919年12月、横須賀海軍工廠が撮影した「天龍」の完成写真。整ったプロフィールを見せている。後甲板に1号連繋機雷の軌条と倉庫がある。そのため、3、4番主砲の装備位置を1甲板上げてシェルター甲板装備とした。この配置がくしくも前部の1、2番主砲と呼応する外観を生みだしている。主砲、魚雷発射管とも中心線配置をとり、バランスがとれているとともに、当時にあっては近代的な兵装配置であった。シンプルなスタイルであるだけに、以後の改装が新造時の絶妙なバランスをくずしたといえなくもない。

1930年頃、「天龍」は前檣を三脚化した。これは見張所の防振対策であろう。同時に三脚の接点にクロスツリーを設けて見張所はクロスツリーの上に置いた。しかし艦の幅が狭いため、ストラットの位置はずいぶんとくっつきあっていてアンバランスな印象を受ける。（写真提供／大和ミュージアム）

日本海軍軽巡洋艦 夕張

「夕張」は1923年7月の竣工である。5500トン軽巡の兵装をわずか3100トンに収めるという画期的な、あるいは無茶な設計で誕生した。駆逐艦で多用されていた長船首楼型を拡大したプロフィールを有し、スピード感を感じさせる。直立煙突ばかりの時代に煙路を極端に湾曲させるデザインは世界の軍艦設計者を驚かせた。1924年に煙突上部を延ばした。写真はこの状態を表す。

艦首のステムラインがなんとも美しいが、当時はまだ1号連繋機雷が実用兵器として考えられていたので、連携索を乗り切るための吃水線下45度のステムラインはそのままである。このステムと吃水線下の曲線を合わせて二重湾曲線とも、ダブルカーブドステムとも、ダブルカーベチャーともよぶ。

幾多の創造性を盛り込んだ「夕張」だったが、排水量を切り詰めて計算した完結された設計だったため、以後の新型兵器に対応する余力がなく、開戦後の働きは限定されたものとなった。

近代化改装。艦容を充実させるも忍び寄るジレンマ

日本海軍軽巡洋艦由良 1938年
日本海軍軽巡洋艦神通 1939年11月

近代化改装を終え、中国方面で活動していた頃の5500トン級軽巡の艦容は、最もバランスよく美しい。艦容は充実していたものの、排水量の増加は速力などの低下を招き、水雷戦隊旗艦として新鋭駆逐艦を率いての行動は難しくなっていく……

日本海軍 軽巡洋艦 由良

▶1923年8月、竣工間もない頃の「由良」。近代化改装前は排水量正味5500トン。当時は喫水が浅く、乾舷が高いのが見て取れる。

「由良」は5500トン級で最初の戦没艦で、キット運に恵まれていないためマイナーな印象を持たれているが、緒戦期に南方攻略戦に参加。搭載機がマレー沖で英戦艦「プリンス・オブ・ウェールズ」「レパルス」の捜索も行なっている。1942年3月、ジャワ海で米潜水艦の雷撃で沈没した給油艦「襟裳」の乗員162名を駆逐艦「松風」との共同で救助。4月1日には馬来部隊の一員としてベンガル湾で空母「龍驤」、駆逐艦「夕霧」らと共同して砲撃により合計29隻を撃沈破という大戦果の一翼を担った武勲艦である。

日本海軍 軽巡洋艦 神通

1939年11月の「神通」。上の「由良」の写真との比較で喫水が深くなっているのがわかる。後に、魚雷兵装の変更により排水量は7000トン近くにまで増加した。（写真提供／大和ミュージアム）

「神通」はスプーン型の艦首を美保ヶ関事件で損傷して、「那珂」と同じダブルカーヴェーチュア型に改めている。事故がなければ「川内」と同じスプーン型を保持していたことだろう。「那珂」の場合は従来のスプーン型艦首で竣工する予定が、関東大震災により全損したため、凌波性に問題があった艦首の設計を改めて建造し直したためで、いわば、生まれながらのダブルカーヴェーチュア型。なお、「阿武隈」も「神通」と同じく、「北上」との衝突事故で艦首を損傷し、形状を改めたケースである。

開戦直前の5500トン級軽巡の姿を探る

「長良」型4番艦の「由良」は竣工当初は艦橋前に航空機の発進設備を持っていたが、1933年頃からの近代化改装で後部主砲甲板にカタパルトと航空機収容設備を設けるなどシンプルながら充実した艦容に変化していた。日華事変の支援のため第8艦隊旗艦として赴いた中国方面では航空機を活かした敵陣地の攻撃などに活躍している。近年になって、「世界の艦船」誌の増刊号に、1938年頃の撮影とされる鮮明な写真が公開された。「多摩」「木曾」の北方迷彩に似た塗装が施されたインパクトのある画像に驚かれた方も多いことだろう。開戦後早期に戦没していることから太平洋戦争もほぼこの姿のまま戦ったと思われる。

「神通」は1926年、島根県美保ヶ関沖で訓練中に駆逐艦「蕨」との衝突事故で艦首を損傷、「蕨」は沈没してしまう。直後に寮艦の「那珂」が「葦」と衝突して、多くの犠牲者を出す惨事となった。この演習には「由良」も参加している。事件後の復旧工事で艦首形状を改めた「神通」は「那珂」とよく似た艦影となったが、1933～34年の航空設備移設を伴う近代化改装後の「神通」は艦橋構造物がほとんど旧来の形のままだったため、「那珂」との識別は容易である。太平洋戦争開戦直前、「神通」は後部魚雷発射管を酸素魚雷用の93式4連装に改め、前部発射管を撤去。ウェルデッキを閉塞して兵員室とした。この改装で排水量は7000トンほどに増加。速力、航続力の低下を招いた彼女だが、老骨に鞭打って第2水雷戦隊旗艦としてスラバヤ沖海戦などで勇戦した。残念ながら、戦時中の「神通」は鮮明な写真が残されておらず、その姿をつぶさに知ることはできない。

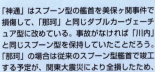

日本海軍軽巡洋艦由良
1938年

作図・文／畑中省吾
drawing & text by Shougo HATANAKA

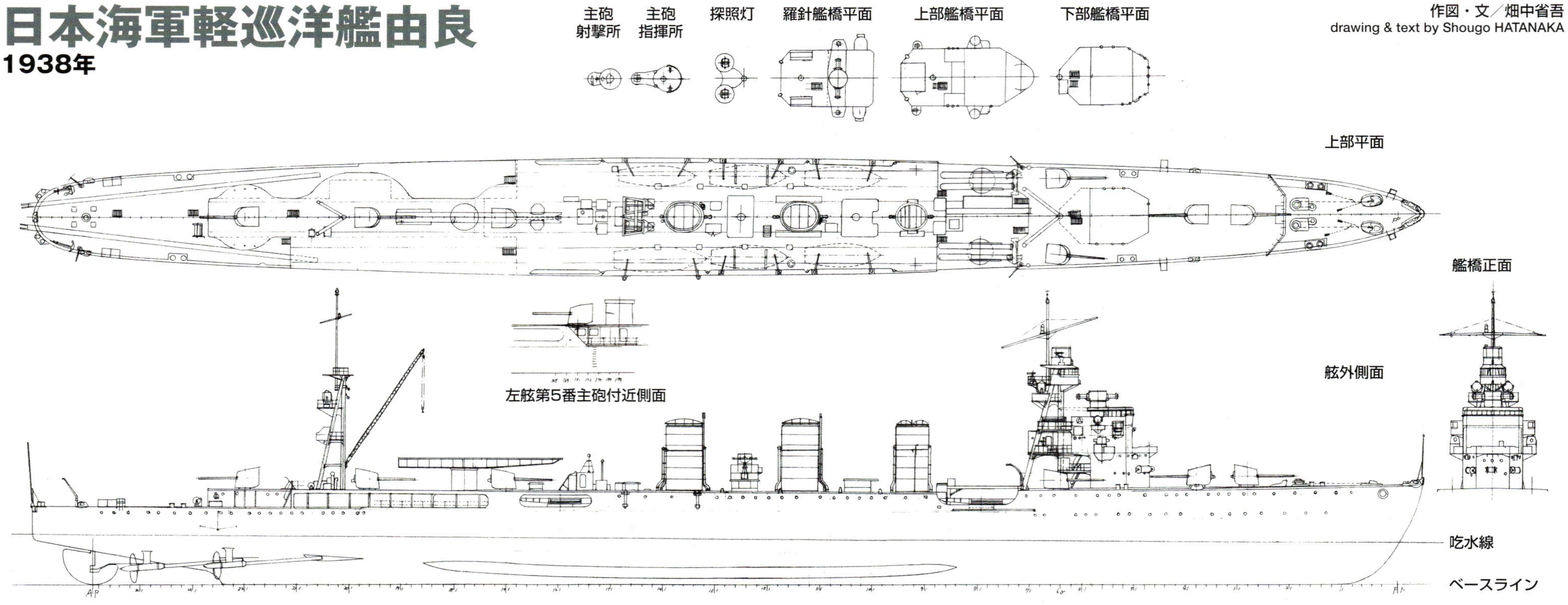

軽巡「由良」艦型図について

「由良」の大戦中の写真はほとんど見当たらない。1942年10月25日という早い時期に被弾、喪失しているのも見当たらない理由のひとつだろう。ちなみに、一部の書籍に被弾炎上している「長良」型の写真を「由良」の沈没時と解説したものが見受けられるが、最新の考証により1943年12月撮影の「長良」とされた。そこで、みなさんの期待に背いて申し訳ないが、ここでは大戦中ではなく、大戦前の姿として取り上げることにした。とはいえ、この時期についても図面はなく、写真が何枚かある程度である。『世界の艦船』増刊の改訂版「日本巡洋艦史」（754号）に掲載された1938年の「由良」の写真は、初お目見えであるばかりか、「多摩」「木曾」の北方作戦時のような迷彩が施されたもので、たいへんな驚きであった。艦型図をまとめるにあたり、この写真はきわめて有益な情報をもたらしてくれた。なお、この写真を「由良」であるとした『世界の艦船』編集部の考証を筆者は知るよしもないが、「由良」のみの特徴である左舷後部魚雷発射管室後ろに斜めの波浪除けフィンが写っているので、判定は間違いないと言える。

「由良」は日中戦争で中支方面に出動した際、英米により偵察写真を何枚か撮影されている。1937年８月に上海で米軍が撮影したときの状態は、艦橋前の飛行機滑走台の撤去や、第１煙突両脇の単装高角砲の機銃への置換などが施工された特定修理及び近代化改装後にあたる。そして翌1938年の迷彩写真では、前檣の主砲射撃所および指揮所が「阿武隈」似に改装されている。大戦へは、おそらくこの状態に、舷外消磁電路の装着などの出師準備工事を施した姿で参戦したと考えられる。つまり、外観は迷彩写真のときの外観からそれほど変化しなかったと想像される。

大戦前の「由良」の外観を特徴づける点は、上部艦橋の側壁がやや長く、信号所甲板のブルワークもそれに合わせて延長されていることだ。また、四角な開口部らしきものが写真に見られる。それから、上記のように、第５番主砲の左舷側部にある斜めの波浪除けフィンは、他の5500トン級のどの艦にも見られない。

学研『歴史群像』32号に掲載された1927年の「由良」の写真では、端艇甲板のリノリウムが縦貼りであった。しかし、『丸』別冊「戦史と旅」巻頭グラビア掲載の「軽巡『由良』大陸に出動せり」には、1937年９月22日撮影のカタパルト附近が写っており、こちらは横貼りになっている。同じグラビアの8月12日の写真では、カタパルト脇の飛行機作業甲板は縦貼りである。リノリウムの貼り方が途中で変わることがあるかないかは調査していないのでなんとも言えないが、どちらかの写真が別の艦である可能性も否定できない。艦型図では縦貼りとして描いた。

5500トン級軽巡で露天甲板のリノリウムが縦貼りの艦は、明らかにわかっているものだけを挙げると、「由良」のほかに「球磨」がある。これらはともに佐廠（佐世保海軍工廠）で竣工している。リノリウムの縦貼りをするのは、佐廠に限られるのだろうか。なお、佐廠建造の艦で明らかに横貼りと判明している艦はない。「長良」は香港で英軍撮影の好適な写真があるのに、印刷物ではよくわからない。なお、他の佐廠建造の軽巡は「龍田」「北上」「夕張」である。

附言すれば、一般艤装図の上部平面図や各層甲板平面図には、木甲板や鉄甲板あるいは辷止めといった状態は描きこまれる場合が多いが、リノリウムはほとんど書かれていない。但書きで「リノリウム」と書かれることはたまにあるが、縦貼り、横貼りといった貼り方までは書かれない。なお、甲板敷物配置図という資料があると、艦内にいたるまで床の詳しい状況がわかるが、それでも、貼り方は書かれない。貼り方の情報はなにしろ写真に写っているリノリウム押え金具の向きだけが頼りである。

日本海軍軽巡洋艦

由良

1938年

日本海軍軽巡洋艦 由良
タミヤ1／700 インジェクション
プラスチックキット（「鬼怒」より改造）
製作・文／山下郁夫
作図／畑中省吾

Imperial Japanese Navy light cruiser Yura.
Conversion from TAMIYA 1/700 Injection-plastic kit,Kinu.
Modeled and described by Ikuo YAMASHITA.
drawing by Shougo HATANAKA

5500トン級の中で唯一キット化されていない軽巡を作る

軽巡洋艦「由良」は、5500トン級巡洋艦の1隻として、太平洋戦争のみならず、中国戦線にも参加した艦である。そして、迷彩を施した時期もあって模型製作という面では、時代ごとの「由良」を製作してみるという楽しみもある。

今回、北方戦線、第5艦隊当時の迷彩を施した「由良」にしてみようとの思惑があったが、実は残存する写真資料がほぼ正面、左舷からのものがあるだけで、右舷側の状態を示すものがないことが分かり、やむなく通常の塗装状態として進めることになった。

使用したのはタミヤのキットである。すでにベテランキットの範疇にあるが、スライド成形による船体パーツは、日本海軍の軽巡洋艦のスマートさを表し、パッケージを開け、この船体を眺めているだけでも楽しいところがある。

■「鬼怒」を「由良」に

「由良」のキットは、ウォーターラインシリーズにラインナップされていないので、「鬼怒」のキットを使うことになる。

製作開始当初は、ほぼ素組みに近いものだろうと、少々甘くみていたが、資料と突き合わせてみてみると、「鬼怒」と「由良」では大きく異なるところがあり、大いに慌てさせられることになった。

■艦橋

タミヤの5500トン級軽巡洋艦は、元々「球磨」型軽巡洋艦をベースに製品化されている。このため「球磨」型以降の、いわゆる「長良」タイプの箱型の艦橋が、前甲板に彫刻されている「球磨」型の艦橋ガイドを覆う形になるため、正面から見たときに幅広に感じてしまう。

そこで、57ページで製作した「五十鈴」の時のように、プラ板などの素材で艦橋を全面的に作り替えることにした。

まず、前甲板に彫刻されている艦橋基部ガイド部分を、切り離す作業から入る。このときには、基部の外側部分が艦橋の基礎的な寸法となるため、この部分を残しつつドリルなどで内側部分を削り落としていった。このドリルでの、大まかな切削作業が終わると、残ったガイド部分を彫刻刀の平刃で削り落としていく。削り落とす部分は、なるべく平坦になるように刃を動かし削っていく。続いて、艦橋の製作に入るが、0.5㎜のプラ板を使って、資料に基づいて各層の平面形を切り出していった。このとき艦橋側面となる板の厚さを考慮しながら切り出さないと、接着後に正面形が幅広になってしまうので、作り直した意味がなくなってしまう。さらに艦橋を構成するマストとここに設置されている指揮所なども自作することになるが、「鬼怒」のパーツ類とは似ているようで、

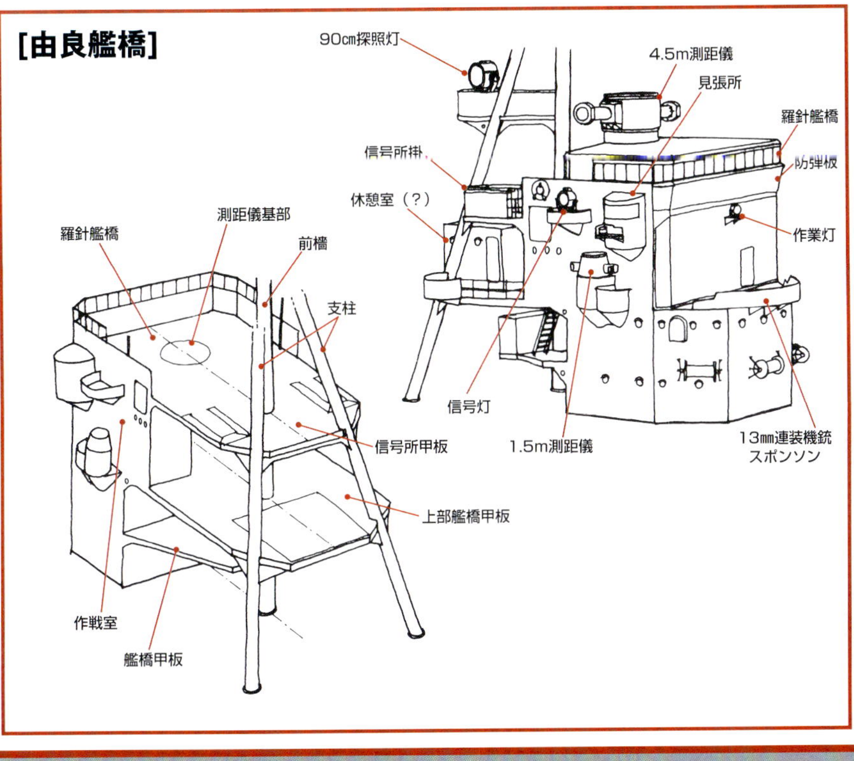

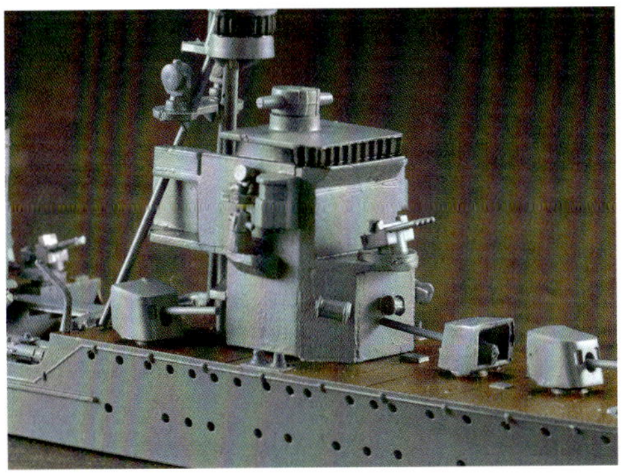

詳しく見ると「由良」とはかなり形状が異る。このために、アオシマの「川内」型軽巡洋艦のキットから一部の部品をトレードして組み上げることになった。艦橋に装着されているホーサーリール類、探照灯なども、他の艦のキットからトレードして組み上げてある。

マスト類も、0.6mm径、0.4mm径のプラ棒などで組み上げた。自画自賛ではないが「五十鈴」の時もそうだったように、正面形がほんの少し狭くなっただけなのに、キットよりも引き締まった印象で5500トン級軽巡洋艦が非常にスマートな軍艦であったことが分かった。

■後部甲板の工作

次に、後部甲板部分が「鬼怒」と「由良」とでは平面形状が違っているので、まずキットのものを改修して組み上げることにした。

「鬼怒」では14cm砲が設置されている部分が、円形なのに対して「由良」では大きなカーブを描く形状をしている。これを表現するために、張り出している円形の部分をいったん切断し、ここに図面資料をもとに0.5mmプラ板から作った楕円形の「由良」専用の張り出し部分を接着した。さらに、この大きく張り出した部分は、その下の構造物も大きく増設されているので、ここもプラ板で増設した。後部甲板が大きく張り出している。この構造上の変更が「由良」と「鬼怒」の違いになったと言える。

■主砲砲身

主砲砲身については、キットのままでもよいのだが、個人的にもう少し細さが欲しかったので、0.4mm径のプラ棒をキットの砲身長に合わせてカットし、取り付けた。

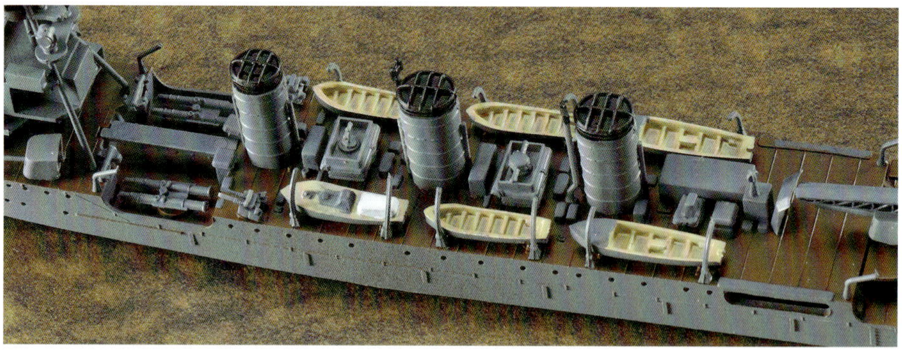

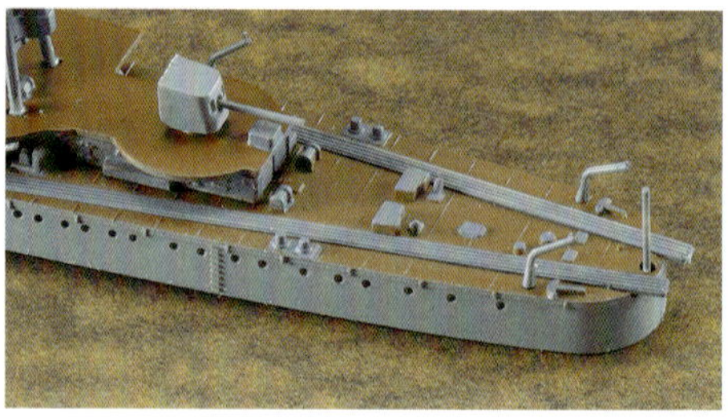

■煙突部分の工作

煙突の蒸気捨管については、キットのものを使用したが、前後のパイプ類については、主砲砲身と同じく、個人的な好みで細くしたかったので、キットから切り離し、0.6mm径のプラ棒を加工して取り付けてある。

■リノリウムの表現

「由良」のリノリウムについて、横貼り、縦貼りという二説がある。後部甲板の製作にあたり、この横貼り、縦貼りのどちらにも確信が持てず、形状変更のみとしてあるのは、このような理由である。

また、このリノリウムの貼り方が船体全部に及んでいたのか、それとも部分的であったのか、現在の写真資料の状況では、判然としない。戦艦、重巡洋艦に比べて、写真資料が乏しい軽巡洋艦については、今後も私たちに模型製作における疑問点を提供し続けると思われる。

■塗装

甲板部分は、リノリウム色、船体などは呉海軍工廠色を使って塗装している。リノリウムの色については、いろいろな説があるが模型は、らしさが重要と思いこの色を使っている。

軍艦の近代化改装

軍艦の建造は竣工まで数年にわたる大事業だ。帝国海軍の全盛時代には、兵器や装置類の技術は日進月歩で向上していたから、艦艇の装備は逐次アップデートされていく。主力艦などは数次にわたり缶の換装や装備の刷新など大規模な改装で大きく姿を変えていった。これを近代化改装と呼び、対象の艦は長期間艦籍を離れ、徹底的な改装工事が施される。通常、船体、前、後檣などの基礎的な部分には手は加えられず、“建て増し”的に新造物が加えられていくが、大型のバルジを装着したり、艦橋の変化などで、全く別人のごとく変貌する艦も少なくない。5500トン級軽巡洋艦は艦橋構造物やマストなどの外観が多少変化した他は、ほとんど新造時からの姿を保持した。ちなみに、重雷装艦のケースは艦種変更、防空巡「五十鈴」は戦傷復旧に伴う武装変更で、近代化改装とは呼ばない。

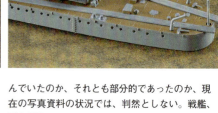

日本海軍軽巡洋艦
神通
1939年11月

四連装魚雷発射管に換装される前の姿を再現

日本海軍軽巡洋艦 神通
青島文化教材社1／700
インジェクションプラスチックキット
製作・文／米波保之
作図／畑中省吾

Imperial Japanese Navy light cruiser Jintsu.
Aoshima 1/700 Injection-plastic kit.
Modeled and described by Yasuyuki YONENAMI.
drawing by Shougo HATANAKA

2007年発売のウォーターラインシリーズ・アオシマの「神通」のキットはフジミ脱退以降のリニューアル製品としては後発にあたる時期の発売で、共通部品を使用しながらも、よく研究され、姉妹艦との差異を的確に再現している好キットだ。小気味よいモールドにも好感が持てる。キットの設定は魚雷発射管換装後の1942年時の姿となっているが、ここでの作例は戦前の状態に改造する。アオシマの「神通」はウェルデッキの塞ぎ板を別パーツとした部品構成と、換装前の8年式連装発射管4基もしっかり部品に含まれているため、細かいことにこだわらなければストレート・フロム・ボックスで製作できるお手軽改造である。

■船体

戦前のウェルデッキを持った状態とするには、(D06) を使用せず、代わりに甲板通路（D07）を取り付け、左右に連装発射管（D05）を配置するだけで良いのだが、せっかくなので、キットの数少ない欠点である発射管甲板が舷側とほぼ面一になっておりブルワークの表現がない点を修整した。第一煙突基部を残して甲板面と船首楼甲板の後壁を切除し、1㎜ほど下げた位置にリノリウム張りの筋彫りを施したプラ板で甲板を作る。船体パーツの縁は内側から薄く削り、ブルワークに見えるように加工してある。魚雷発射管の基部は4㎜径のプラパイプを輪切りにしたもので表現している。船首楼甲板の下は予備魚雷の格納所となっており、素通しとなっているので、開口して、見える所だけプラ板で床を作っておく。

艦首、アンカーの取り付け位置は、ベルマウスの表現となっているが、実艦はアンカーリセスとなっているので、リューターで彫り込んで再現した。また、フェアリーダーはファインモールド・ナノドレッドのものを利用して、写真を参考に菊花紋章取り付け板と連結された形とした。

甲板上の構造物は、抜きテーパーが目立つ箇所があるので、側面を削って調整する。また、中央部2か所の大型の通風筒は単なる箱状の表現でそれらしく見えないので、側面の上部をBMCタガネで彫り込み、開口部を再現してみた。天面の測距儀を取り付ける所には、伸ばしランナーで移動用のレールを表現しておくと良い。

後部主砲甲板（B21）は右側面に一体モールドされている支柱を細く削って使用。右舷側との接合部に少し段差が生じるので、面一になるように処理しておきたい。甲板上の接合線も同様である。左舷側は後檣の下には囲壁があるようなのでプラ板で追加、また発射管室の後ろに小さな室があるので、プラ材で作り取り付けた。

なお、後部発射管室（B20）は予め底板（A01）を切っておいて、塗装後に後付けができる様にしておくと工作がしやすい。

■艦橋・前檣

艦橋は一部に近代化改装前の状態と混同されている箇所が見られるので修正しておく。詳細な形状はイラストに示すので、参考にしていただきたい。

左舷の側壁パーツ（D01）の中段にモールドされている線を削って平滑にしておく。両舷の見張

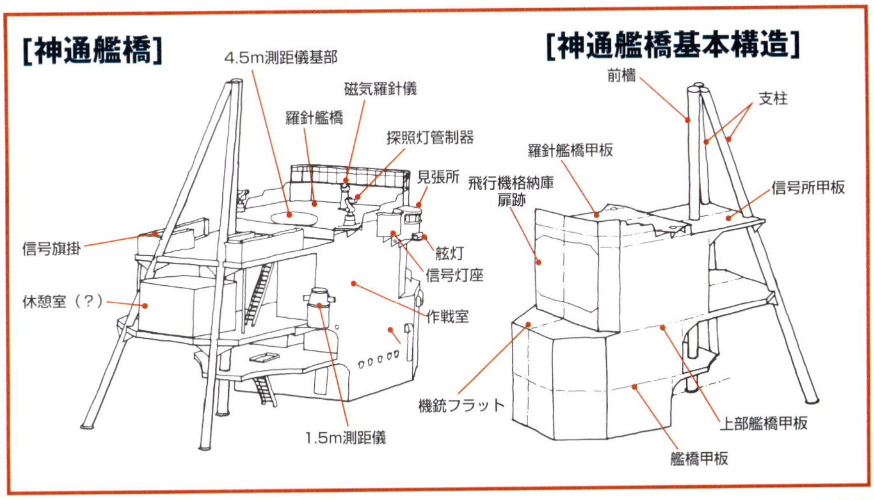

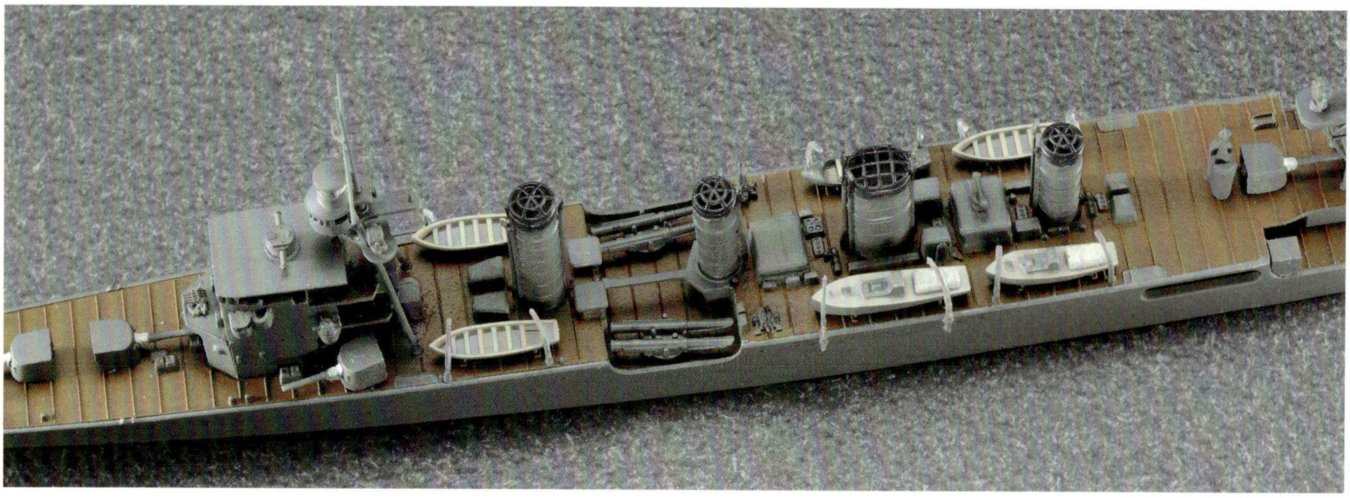

所（D38,39）は後部の通路を切除して、代わりにプラ材で半円形の張り出しを取り付ける。羅針艦橋甲板（D09）は後部の段差がつけられた部分を前進させ、三脚に接する部分を斜めに削る。測距儀の基部は削り取って、3㎜径のプラパイプで付け替えた。また羅針艦橋側面の囲壁の形が簡略化されているので、イラストを参考に手を入れると満足感が得られる。下部艦橋甲板（D43）は後部の支柱に接する所を斜めに削り、省略されている休憩室をプラ材で取り付ける。

前檣はキットのパーツをそのまま使用。トップマストのみ0.5㎜径のプラ棒で作り替えた。ヤードの少し上に右舷側に振り向けてプラ材の細切りで2kW信号灯を表現しておくと良い。

■煙突・後檣

煙突は頂部の格子のパーツを、取り付けガイドを切除して裏側からリューターで薄く削り、モールドを抜いて使用した。パイプ類は写真を参考にすべてプラ材で作り替え第1煙突の前面左右には省略されている汽笛管を追加した。

後檣はクロスツリー（B12）との接合線に不連続感が出るので、B12の下部を削って解消した。デリックブームは一旦切り離して、係止位置に接着し直した。省略されている探照灯台の支柱は0.4㎜径のプラ棒で追加した。トップマストも0.4㎜のプラ棒に置き換えている。

■武装・その他

主砲はキットのものを砲身を少し細く削って使用。艦橋前の13㎜4連装機銃はナノドレッド、探照灯はピットロードNE-02のものを使用した。第2煙突両脇の25㎜連装機銃は、実艦写真でブルワークが設けられていない様に見えるので、ナノドレッドのパーツを甲板上に直に取り付けた。カタパルトはファインモールドのエッチングパーツ「呉式2号3型改」を使用。ボートダビッドは小型のものはキットに付属のものを細く削って使用。左舷中央の大型ダビットののみナノドレッドから持ってきた。端艇は基本的にキットに付属のWパーツのもの。右舷中央のモーターランチのみジャンクパーツの9mカッターをそれらしい形に加工している。

日本海軍軽巡洋艦神通
1939年

作図・文／畑中省吾
drawing & text by Shougo HATANAKA

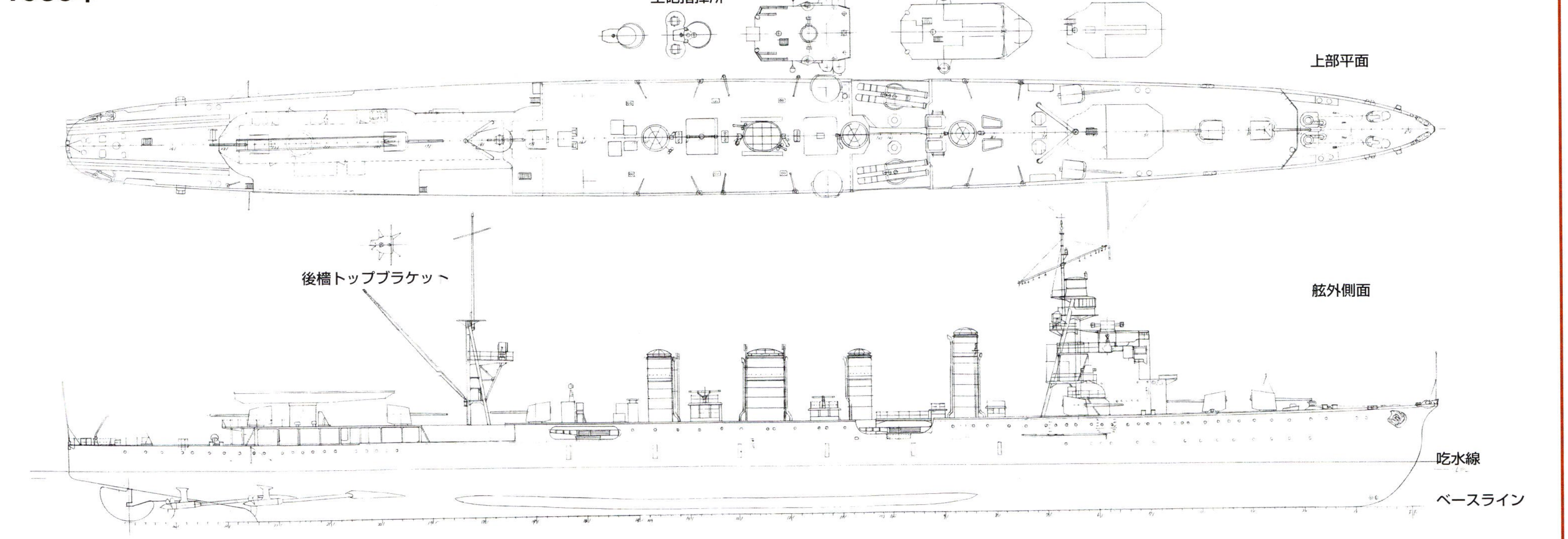

軽巡「神通」艦型図について

　ここで「由良」と組む相棒に「神通」を選んだ理由は、両艦とも日中戦争の南支方面作戦で上海に出動したからであるが、じつは、両艦が迷彩をしていた時期があると想定したことも理由に挙げられる。「由良」は『世界の艦船』増刊「日本巡洋艦史」に見事に迷彩を施した写真が掲載されたので、万人の納得するものと思うが、「神通」の迷彩の写真などないではないか、と突っ込む方もいることだろう。筆者も心もとないところがあるのだが、停泊中の「神通」の艦尾を撮影した1932〜33年の写真（KKベストセラーズ「日本海軍全艦艇史」＃0705）を見ると、艦尾中心部と左右舷の船体色の明度が異なっているように見える。しかも明暗の境目は塗分けのパターンとも思える。白黒濃淡迷彩は戦前の一時期、おそらく英国の影響と思われるが、「由良」をはじめ、駆逐艦「睦月」などでも試験的に行なわれたようである。写真の残っているものがわずかなので推定の正解率は低いものなれど、「神通」艦尾の塗分け模様はその一部ではないかと思った次第である。ただ、模型で試作するにも、艦尾以外のパターンがまったくわからない。これではトライする人はなかろう。しかし、「由良」の迷彩写真はまったく予想外の発見だったので、もしかすると「神通」の迷彩写真がひょっこり出てくるかもしれない。それを期待しているところだ。

「神通」の開戦前夜期の外観を知るのに有用なものはきわめて少なく、いいとこ2,3枚の写真だけである。上記の写真集の＃0708に、特定修理後の「神通」の公試写真が掲載されている。日中戦争から太平洋戦争の緒戦期はこの姿で戦ったと思われる。特定修理の結果、前檣の主砲指揮所や主砲射撃所は、開戦時の「阿武隈」と同様な近代化された形状に改装されている。指揮所の位置を従来のクロスツリー上部からクロスツリー下部へ移動させ、トップマストの全高を低めた。羅針艦橋だが、「川内」「那珂」のような中央部を突き出した形状でなく、「鬼怒」「由良」と似た左右幅いっぱいの、正面から見たら四角い形状である。しかも天蓋も平らになっている。

　ウェルデッキは健在で、連装発射管2基を装備した状態である。「川内」型は「球磨」型から進歩した点として、魚雷に61cm魚雷を搭載した。発射管は八年式連装魚雷発射管である。なお、艦型図の上部平面図4番煙突やや艦尾側の舷寄りに十字のマークを描いてあるが、これは機銃の装備位置ではなく、1甲板下の上甲板に装備した八年式魚雷発射管の回転中心位置を示している。

「川内」型は射出機の装備位置を6番・7番主砲の間としたため、主檣（後部マスト）の位置が「長良」型よりも前寄りになり、クレーンの向きも艦尾向きになった。5・6番主砲間がかなり狭苦しい。これは、ご存じのように、艦橋にあった射出機を撤去して艦尾側に移設する近代化改装を施工する前からの配置で、当初は単檣だったので4番砲もさほど邪魔ではなかったろうが、射出機を移設したことで主檣にクレーンを取りつけたことから補強のストラットが必要となり、こういう結果となった。とはいえ、プロフィールを見ても兵器や構造物のバランスに破綻は感じられず、なんとも美しい。

　艦尾の連繋機雷敷設軌条は、「球磨」型、「長良」型では艦尾から主檣附近まで延びて来ていたものが、「川内」型から半分の長さになった。その代わり、コースをそれぞれ倍にしてある。片舷2コースである。したがって、上記の写真＃0705のように艦尾から見ると、軌条の幅がずいぶん太く感じられる。

文／畑中省吾

日本海軍軽巡洋艦
神通

写真は、およそ1年をかけて施工された船体、兵器、機関などの特定修理工事がなり1939年11月に行なった公試を記録したもの。外観では艦橋の近代化、前檣射撃指揮所の刷新とトップマストの短縮、後檣の探照灯の110cmへの換装、魚雷の九三式化などが実施された。これらの工事の結果、排水量が増大して速力は35ノットに届かなくなった。写真でも乾舷の低さがはっきりと見てとれる。写真の時点ではまだ発射管は連装4基であるが、こののちに4連装発射管を装備したとされる。ただ、「神通」は一般艤装図が見つかっておらず、また戦時中の写真は不鮮明で、魚雷発射管を判別するには至らないので、真相は確かめられていないのが残念である。

（写真提供／大和ミュージアム）

日本海軍軽巡洋艦
由良

「由良」は1930年頃に艦橋前の飛行機滑走台に射出機（カタパルト）を試験的に装備した。スプリングを使った萱場式射出機である。しかし、この方式は失敗に終わった。射出機の実験期は飛行機格納庫のカバーを外している写真が複数枚見られる。

1933～34年の近代化改装で射出機は飛行機滑走台とともに撤去され、代わりに5、6番主砲の間に回転支基を設けた呉式2号3型の火薬式射出機が装備された。さらに1936～37年に船体強度の改善や艦橋の近代化、トップマストの短縮、艦橋中段への機銃装備などが実施された。

写真は1937年に上海の黄埔港に入港して来る「由良」を米軍が偵察撮影したもの。このあと、前檣の射撃指揮所を近代化した姿で開戦に臨んだものと推測される。

20年でこんなに変わった！
大変貌も戦局に寄与し得ず……

日本海軍軽巡洋艦長良 1944年
日本海軍軽巡洋艦阿武隈 1944年

大戦後半になって、兵員輸送や船団護衛などが主任務となった軽巡洋艦は、敵航空機に対する脅威から逐次対空兵装が強化され、特にマリアナ沖海戦後はそれが顕著になった。残された数少ない資料を駆使して、大戦末期の軽巡の姿を再現する

日本海軍軽巡洋艦 長良

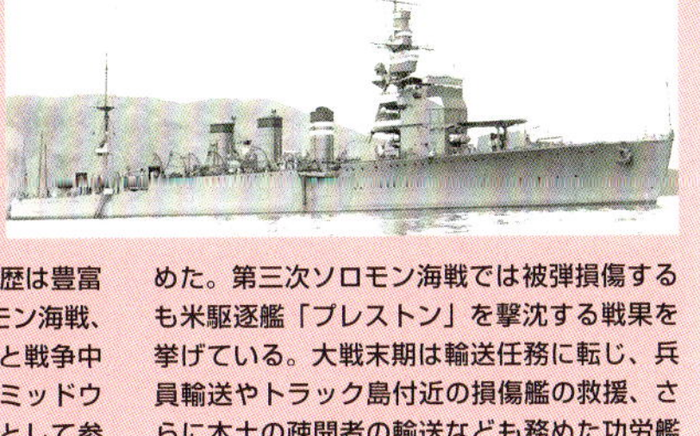

1929～30年頃の撮影といわれる近代化改装前の「長良」。当時は艦橋前に飛行機格納庫と滑走台を持ち、羅針艦橋は解放式、天蓋はキャンバス製であった。

「長良」は地味なイメージがあるが戦歴は豊富で、ミッドウェー海戦、第二次ソロモン海戦、南太平洋海戦、第三次ソロモン海戦と戦争中期の主要な海戦に名を連ねている。ミッドウェー海戦では第1機動部隊の警戒隊として参加。「赤城」が放棄された後の司令部旗艦を務めた。第三次ソロモン海戦では被弾損傷するも米駆逐艦「プレストン」を撃沈する戦果を挙げている。大戦末期は輸送任務に転じ、兵員輸送やトラック島付近の損傷艦の救援、さらに本土の疎開者の輸送なども務めた功労艦である。

日本海軍軽巡洋艦 阿武隈

1941年12月7日、真珠湾に進撃せんとする「阿武隈」。本艦は早期から魚雷発射管を92式四連装に換装して、酸素魚雷の運用が可能であった。

「阿武隈」は比較的艦齢が若く、93式酸素魚雷をいちはやく採り入れていたことから、5500トン級の中でも、華々しい戦歴をもつ一隻だろう。真珠湾攻撃では第1水雷戦隊旗艦として南雲機動部隊の先導を務め、インド洋沖海戦にも参加。北方部隊に転じた後はアッツ島沖で米艦隊と撃ち合いを演じ、奇跡の作戦と呼ばれたキスカ島撤退作戦では旗艦を務め、戦後映画にもなったことでファンも多いことだろう。開戦時の勇ましい写真もあり、数ある軽巡洋艦の中でもスター級のキャラクターといえる。

大戦末期、対空兵装を強化した 5500トン級軽巡の姿を追う

開戦時の5500トン級の対空兵装は、8cm高角砲に代わって端艇甲板に設置された25mm連装機銃と、艦橋の近接防御用の13mm4連装（または連装）機銃のみで、大編隊で飛来する敵航空機には到底太刀打ちできるものではなかった。大戦の中期ごろまでに、航空攻撃により「由良」が沈められ、「五十鈴」が大損傷を負った。「木曾」「鬼怒」も軽微な損傷を被っている。後部主砲の12.7cm連装高角砲への換装は、1943年から逐次実施された。カタパルトを撤去して、25mm3連装機銃を設置する艦もあったが、証拠となる写真が残されているのは敵機の攻撃により大破して放棄された「木曾」のみで、これらの工事が残存していたすべての艦に実施されたか否かは定かでない。複数の高角砲を搭載したのは損傷復旧を兼ねて大規模な改装を受けた「五十鈴」と「北上」のみだが、高角砲が射撃指揮装置で管制されていたのは「五十鈴」ただ一隻で、他の艦の対空兵装の増強はかなり場当たり的なものとなっている感がある。大戦末期になると単装機銃が多数設置されるようになる。一部の艦の装備位置は福井静夫氏による「調査表」に示されているが、作例で採り上げた「長良」などは前部の主砲の射界を妨げる位置に置かれており、本当にここなのかな？ と疑問を感じざるを得ないものもある。これらの武装強化や各所の改装のため、排水量が増加し吃水が深くなったため、大戦末期の5500トン級の速力は32～33ノットに低下していたといわれている。強化された対空兵装も敵の制空圏にあっては蟷螂の斧だった。先に挙げた「木曾」のほか、「鬼怒」「阿武隈」「那珂」が敵航空機の攻撃の前に屈している。

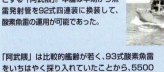

日本海軍軽巡洋艦長良
1944年8月（推定図）

作図・文／畑中省吾
drawing & text by Shougo HATANAKA

上部平面図

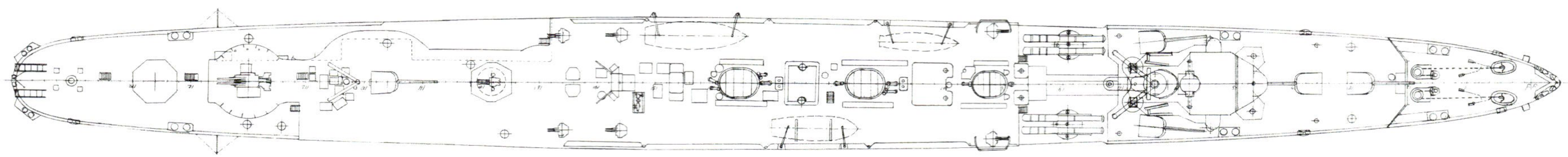

舷外側面図

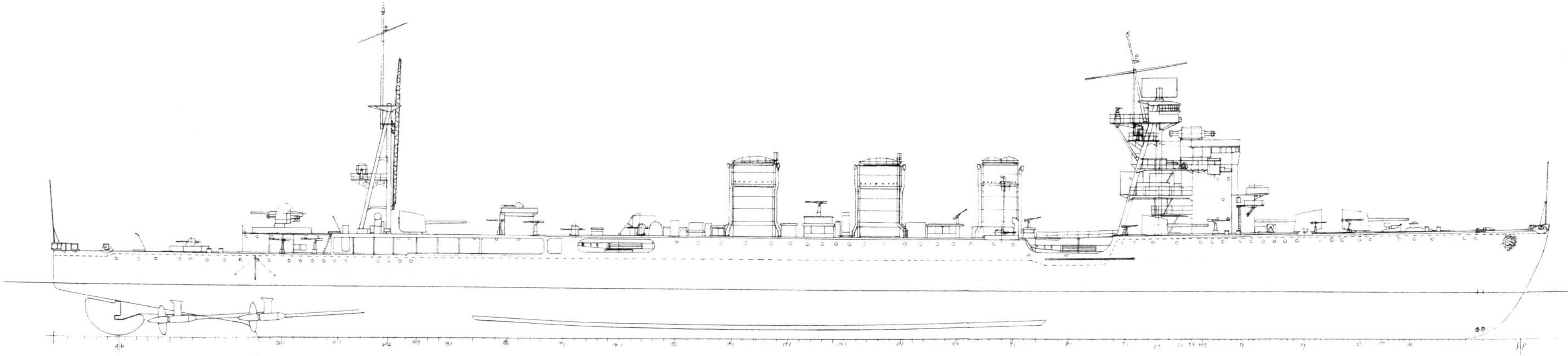

吃水線

軽巡「長良」艦型図について

本書は5500トン級軽巡のさまざまに変化した姿を明らかにしまとめるのが目的だが、いよいよ終盤にさしかかってきた。同じような姿に見えていた軽巡たちの一艦一艦が、じつは個性をもった表情を身に着けているのだなあとみなさんにも見えるようになっただろうか。

さてここでは、5500トン級の最終状態を扱ってみた。ただ、確かな資料はまるでない。確かな資料とは、すなわち写真（撮影時データ含む）である。しかし、大戦末期のものとなると有用なものは皆無に近い。となれば推量することになる。とはいえ、私たち執筆担当者は当て推量ではなく、少しでも確からしさを盛り込めないだろうかと思っていた。そんな折、潮書房光人社からありがたい資料本が2016年に刊行された。『軍極秘　各艦　機銃、電探、哨信儀等現状調査表（「あ号作戦」後の兵装増備位置青図集）』（以下、兵装調査表と記述）がそれである。マリアナ沖海戦から帰還した各艦艇が戦傷修理と兵装転換のために入渠するのを福井静夫氏が調査し、武装一覧表と略図で示したものである。5500トン級軽巡では「阿武隈」「木曾」「五十鈴」「多摩」「長良」「北上（軽巡ではないが）」の6隻が掲載されている。その中から「長良」「阿武隈」を取り上げた。「阿武隈」は1943年6月の一般艤装図が「大和ミュージアム」のレファレンスルームで見られ、コピーサービスを受けることができる。これに「兵装調査表」の武装を追加すると、最終時に近くなる。「長良」の一般艤装図は見つかっていない。「兵装調査表」の福井氏の略図はよく雰囲気をとらえて描いてあるが、あくまでも武装を図示するためなので、1/700スケールの参考になるほどディテールが描きこまれているわけではない。そのため、艦型図を描くにあたり同じ「長良」型で公式図の公開されている「五十鈴」「鬼怒」「阿武隈」をベースに、「長良」のディテール写真を見ながら推定を加えて調整した。つまり、100％正しいわけではないから、図を見て「ここが違うぞ」と言われても困る。私たちが考えた結果を示した図だからである※。ちなみに、作例も原則は艦型図に合わせて製作している。

さて、この図のもっとも自信のないところを言っておこう。艦橋前部両舷の操舵室左右にある25mm単装機銃の位置だ。これは「長良」「阿武隈」の両方にある。艦橋構造物中段の前部フラットには13mm連装機銃が中央に装備されている。「兵装調査表」では13mm連装機銃の左右に同一レベルで張出しスポンソンを設けて、そこへ単装機銃を装備したように描かれている。機銃の射角に制限が少ない点からは、高くて広い面への装備が適している。だがどうだろう、戦闘が激しさを増してきて、各機銃が目視で的を追尾しながら射撃を繰り返すうちに、隣の機銃に干渉してしまわないだろうか。ついでに、これら3基には射撃指揮装置は連動していないように思える。射角制限器を付けて、と考えられないことはないが、多数の艦艇の修理・改装で超多忙な折に工廠がそんな工事を行なっただろうか。しかも機銃である。可能性は低いものと考えた。ヒントは、学研『歴史群像』の「真実の艦艇史2」の田村俊夫さんの記事にあった。25mm単装機銃の装備以前に、「長良」はここへ7.7mm単装機銃を装備したことがあり、装備法のひとつとして、“13mm機銃フラットのやや下方の両舷に張出しを設けて装備したと思われる、根拠は特にないが”と書いているのを発見した。この考えにのっとり、装備位置はそのままに、張出しを拡張し、補強も行なって25mm機銃を装備したに違いない、と結論して艦型図を描いた。

大戦末期に近くなると、米軍機による空撮の写真がけっこう見られるようになる。レイテ沖海戦での「阿武隈」とされる画像があるが、ディテールまでは判別不能であり、今回の参考にはならなかった。

＊大戦中の日本艦の姿を再現しようとする場合、どうしても推量に頼ることが多くなる。元来、推量は個人同士の範囲なら許されるだろうが、公刊物においては控えるべきであろう。それを本書では堂々と行なっていて、その点で批判されても仕方ない。みなさんにおかれては、眉に唾をつけて参考にしてほしい。

日本海軍軽巡洋艦

長良

1944年8月

謎に満ちた大戦末期の長良の姿を推定を交えながら再現する

日本海軍軽巡洋艦 長良
タミヤ1/700
インジェクションプラスチックキット
（「阿武隈」より改造）
製作・文／米波保之
作図／畑中省吾

Imperial Japanese Navy light cruiser Nagara.
Conversion from TAMIYA 1/700 Injection-plastic kit,Abukuma
Modeled and described by Yasuyuki YONENAMI.
drawing by Shougo HATANAKA

フジミがシリーズを脱退した後の穴埋めとして1993年に発売となったウォーターラインシリーズ・タミヤの「長良」のキットは、珍しい大戦末期仕様で登場し、ファンを驚かせた。当時は、「阿武隈」と同様、魚雷発射管の換装により、前部魚雷発射管が撤去されウェルデッキが塞がれていたとの定説があり、キットもそのような仕様となっている。しかし近年の研究では、魚雷発射管の換装はなく、ウェルデッキもそのままであったと検証し直されており、併せて21号電探アンテナの装備位置も前檣トップとされている。また、いくつかの実艦の写真から甲板のリノリウムの張り方が“縦張り”だったとの説も浮上している。作例では、これらの新考証を再現してみることにした。タミヤのキットは、船体長さが不足で、これを修整したいところだが、もっと簡単に全長の正しい船体を得る方法がある。すなわち、2007年の発売の姉妹艦「阿武隈」の船体を流用する方法である。もちろんこの方法では、艦首形状のスプーン型への変更や、ウェルデッキを新設するなどの工作が必要となるが、「長良」のキットもウェルデッキが塞がれた仕様となっているので、新考証を反映するには工作難易度は大差ない。また甲板が別パーツとなっているので、リノリウムの縦張りに変更するのにも好都合と考え、今回は「阿武隈」のキットを大戦末期の「長良」に改造することにした。

■船体

まず、左右分割となっている船体の、艦首から66㎜の所を長さ13.5㎜、深さ2.5㎜に渡って切除して窪みを作る。窪みの角はやすりで丸く仕上げておく。また上から見た時に縁が薄く見えるように削っておく。後部魚雷発射管の開口部は、下側にプラ板を貼って、少し狭くしておく。船体左右を貼り合わせたら艦首先端を少し削り、プラ板を貼ってスプーン型のシルエットを作り、周囲にパテを盛って平滑に仕上げる。アンカーのモールドは削り取り、そこに2㎜径のプラ棒を輪切りにしたものを貼って穴をあけ、ベルマウスを表現する。また中甲板以下の舷窓は全てパテ埋めして塞いでおく。舷外電路のモールドはできるだけキットのものを活かしたが、どうしても工作で潰れてしまう部分と、「阿武隈」と取り回しが異なる部分は、伸ばしランナーを貼って誤魔化してある。

船首楼甲板（A6）は船体に合わせてウェルデッキに当たる部分を切除して前後に分割。艦首の錨甲板のモールドを除いて、甲板上の突起物を全て削り取り、甲板に開いた穴をプラ板で塞いで平滑に仕上げた後、伸ばしランナーを貼っ

[長良艦橋]
1944年8月
（推定図）

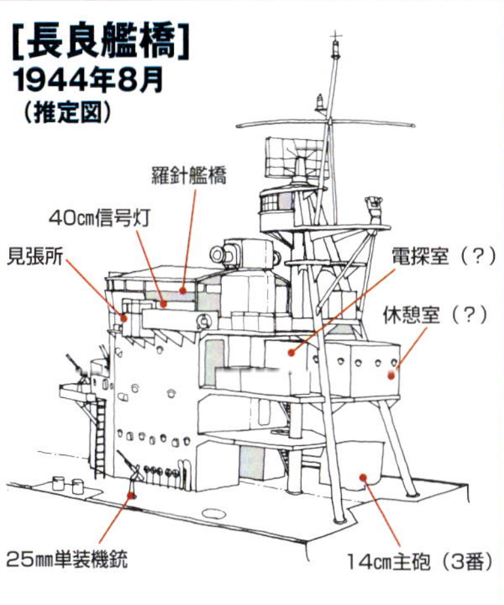

[長良艦橋]
1944年8月
（推定図）

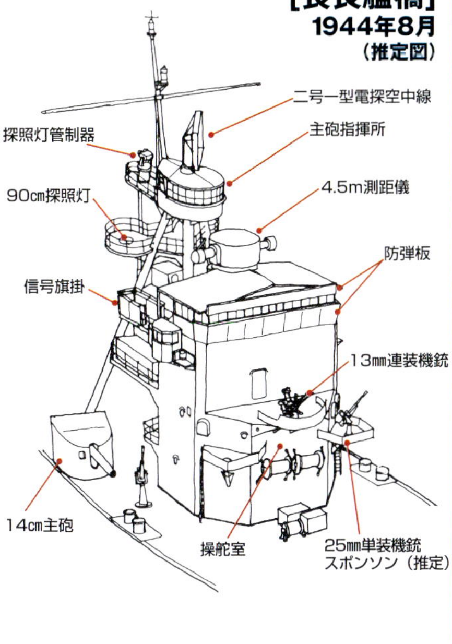

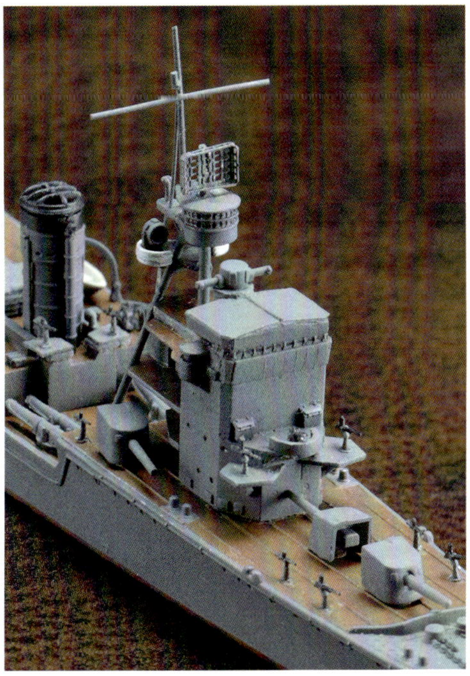

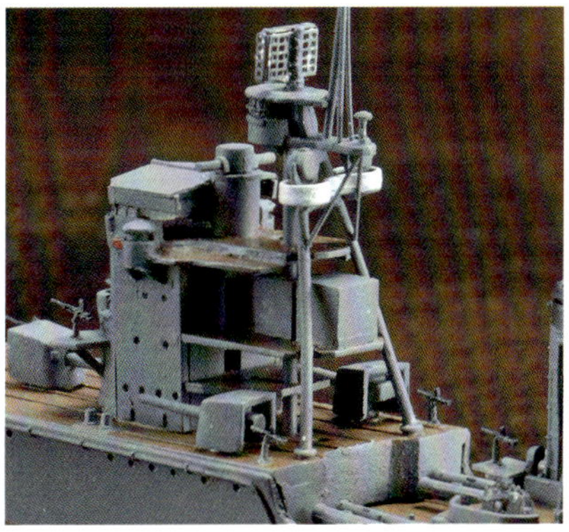

て縦張りのリノリウムを表現した。後部甲板（A7）も同様にモールドを削って縦張りリノリウムを表現した。ウェルデッキはプラ板をはめ込んで構築するが、この時ブルワークを表現するため上端から1㎜ほど下がった位置に接着する。後部主砲甲板（A4）は「阿武隈」と張り出しの方向が逆なので使用せず、モールドを施したプラ板に置き換えた。下部の甲板室（B10、11）は左右を逆にして、足りない部分をプラ板で補って使用した。甲板上のハッチ類や通風筒、小さな室などは艦型図を参考に、すべてプラ材で新設している。

■艦橋構造物

下部の基本形は「阿武隈」とほぼ同じ形なので、キットのパーツをイラストを参考にプラットホームの形や側面の見張り所などを変更して使用した。羅針艦橋は、2隻入りとなっているフジミ「五十鈴」の余剰パーツが近い形なので電探室を切除して、3㎜径のプラパイプで測距儀基部を作るなどの改造をして使用してみた。天蓋はプラ板で切妻屋根状に作った。艦橋前の25㎜単装機銃台は艦型図を参考にプラ板で取り付けている。前檣はキットのパーツを利用して、測的所（B42）のブルワークを切除、後部を延長して、そこに探照灯管制機に見立てたジャンクパーツの双眼鏡を取り付けた。測的所天蓋（B39）は主砲指揮所の突起物を切除し平滑に仕上げ、ファインモールドのエッチングパーツ（AM-27）の21号電探アンテナを取り付けた。トップマストは細いプラ棒で作り、電探アンテナの旋回クリアランスのため後方に傾けて取り付ける。

■煙突・上部構造物

煙突はキットのパーツを艦型図を参考に蒸気捨管などの配置を変更して使用、第1煙突の両側面には細いプラ棒で汽笛管を追加しておく。頂部の雨水除け格子は下側からリューターで薄く削り、モールドを抜いてみた。 缶室給気トランクのカウル（B8、B9）の上には増設した単装機銃が設置されるので、測距儀の取り付け部分を切除するなどの改造をしておく。ブラストスクリーン（B23）は背後に支柱を追加している。後檣はキットのパーツをそのまま使用。トップマストのみ細いプラ棒で作り替えている。

■武装・その他

主砲はキットのものをそのまま使用するが、少し仰角がかかっているのが気になったのでピンセットで水平位置に直してから取り付けた。12.7㎝連装高角砲は、駐退発条筒にカバーが取り付けられた後期タイプのものとした。在庫の関係からピットロードNE-01Rのものを使用。ブルワークは前出のフジミ「五十鈴」のものを流用した。機銃は全てファインモールド・ナノドレッドから。25㎜三連装および連装は大戦末期らしく防弾鈑を装着したものとしてみた。八年式61㎝連装魚雷発射管はジャンクパーツとして手元にあったアオシマ「那珂」のものを流用した。なお、後部の発射管は甲板パーツを接着する前でないと取り付けができなくなるので、あらかじめ工作しておくことをお忘れなく。探照灯と左舷後部の大型ダビットはピットロードNE-02のものを流用している。

唯一無二の軽巡映画

1965年に上映された東宝映画「太平洋奇跡の作戦　キスカ」はキスカ島撤退作戦を題材に軽巡洋艦「阿武隈」が舞台となる珍しい映画で、戦争映画の傑作として現在も語り継がれDVD化もされている。ストーリーは史実を基にしたフィクションで、主演の三船敏郎扮する大村少将は史実では木村少将であるなど、劇中に登場するのは架空の人物だが、試写会に招かれた、実際の作戦に携わった方々からも喝采を浴びたという。円谷英二による特撮はモノクロの映像と相まって非常にリアルで、軽巡洋艦が躍動する姿を堪能できる。また戦争映画にありがちな悲劇的ストーリーとも一線を画しており、一見をお勧めしたい映画だ。

日本海軍軽巡洋艦 長良 1944年

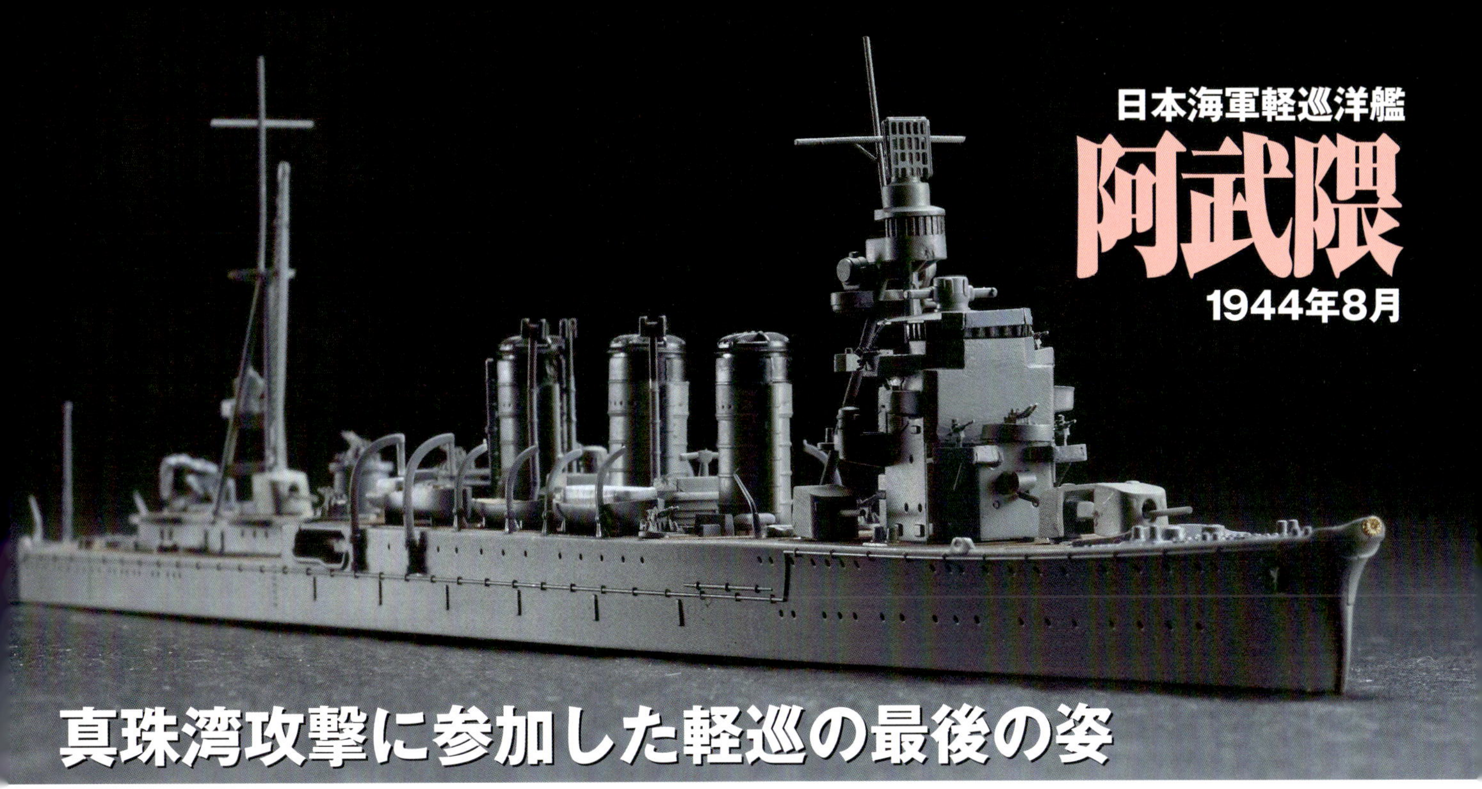

日本海軍軽巡洋艦

阿武隈

1944年8月

真珠湾攻撃に参加した軽巡の最後の姿

日本海軍軽巡洋艦 阿武隈
タミヤ1/700
インジェクションプラスチックキット
製作・文／山下郁夫
作図／畑中省吾

Imperial Japanese Navy light cruiser Abukuma.
TAMIYA 1/700 Injection-plastic kit.
Modeled and described by Ikuo YAMASHITA.
drawing by Shougo HATANAKA

■はじめに

「阿武隈」は、「長良」型の1隻でありながら艦首がダブルカーブ形状であったために、商品的に同型艦があるにも関わらず、艦首形状の違いでウォーターラインシリーズに加えられない経緯があった。このような状況が長く続いたが、2007年に真珠湾攻撃セットとの関連で、タミヤより新規に「阿武隈」専用の金型が製作され、シリーズに加えられることになった。新規に作られた関係で、在来の「長良」型キットとは一線を画す内容になっている。ただし、今回の製作テーマが大戦後期という設定となると、商品化の年代設定と大幅に違うために、目論んでいた素組でちょちょいのちょい、組立解説に困る製作記事となるはずが、まったく的外れとなってしまった。資料相手に苦戦の連続という羽目になった。

■年代設定が違う

タミヤのキットは、真珠湾攻撃時から大戦前半の「阿武隈」の姿を再現している。これに対し、製作テーマは繰り返しのようになるが1944年の対空兵装強化時の姿である。「阿武隈」のこの時代の写真資料は、製作者のレベルでは皆無に等しい。艦橋については畑中氏より詳細な資料が提供されたが、これ以外の甲板上の機銃配置、艦上構造物などについては、大戦後期の「長良」型各艦を参考にして製作している。

■船体

左右分割型の船体であるが、左右の艦首張り合わせ部分の合いなどは見事なもので、パテなどの修正は不要である。

■艦橋

提供された資料に基づき、艦橋に設置された25㎜単装機銃、連装機銃の各銃座を0.3㎜プラ板で製作し、機銃はファインモールドのナノドレッドシリーズより選択して取り付けてある。艦橋には細かなモールドが入っており、実は資料通りに仕上げようとすると、細部が違うために、手を加えなければならない。一時、フルスクラッチも検討したが問題が多く、キットをなるべく活かすことにした。このような追加工作によって艦橋のイメージが獰猛な戦闘艦のものに変わっていく。兵器というものは、戦場に出るや途端に平時の姿とはかけ離れた凄みを増す、まさにその感覚を覚えさせられた。艦橋のマストは、キットが大戦前半のものであるため形状が異なるので、0.4㎜プラ棒で作り直した。

■備砲関連

対空兵装強化の関連で主砲の14㎝砲は、後部の3基のうち1基のみを残し、最後尾の砲の所に12.7㎝連装高角砲を設置していた。高角砲は、ヤマシタホビーの高角砲を装着している。撤去された2基のう

[阿武隈艦橋]
1944年8月
（推定図）

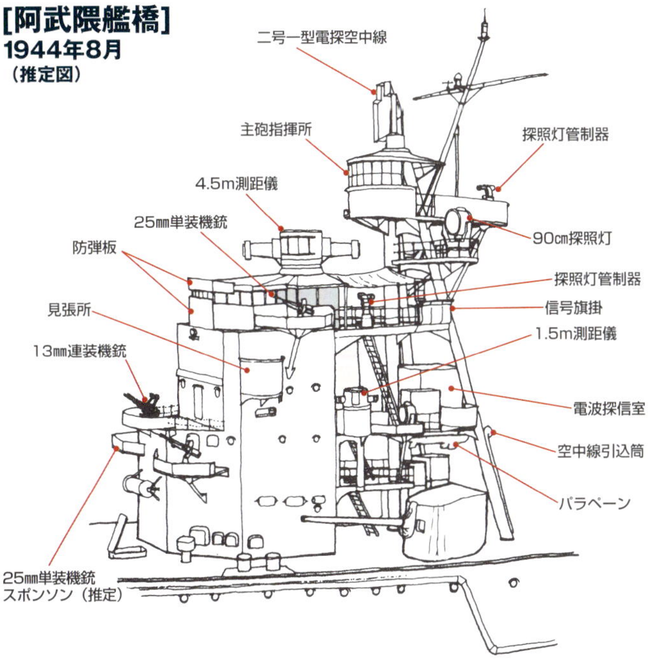

ち、5番砲の跡処理については、所有の資料からは得られなかった。このため覆いを装着していたのではないかという観点で、プラ板で覆いらしきものを作り装着してある。14cm砲については、防循や砲機関部の出来は満足できるものだが、製作者の好みで砲身は0.5mmプラ棒を、砲身長に合わせてカットしたものを取り付けてある。

大戦後期の「阿武隈」が、甲板上に25mm連装、3連装を増備していたのは分かっているが、所有の資料をあたると諸説あるようだ。大戦後期の「長良」やその他の艦の配置を参考にしたものもあり、それらの資料から得られたものを参考に取り付けている。連装機銃について、甲板に直付けという資料もあるが、銃座のような鋼板に取り付けというものもあり、設置場所の状況を考えて製作した。単装機銃については、正直なところわからないことが多くオミットした。これについては、過日亡くなられた上田毅八郎氏から生前に、このような話を聞いていたからである。連装型機銃は重量などの関係で、甲板上に常時設置されている。しかし単装機銃については、このようなことはなく、出港後に隊列のどの位置にいるかで、設置済みの銃架に取り付けた、というのである。例えば隊列右側にいれば右舷指向の銃架に取り付け、反対側には取り付けなかったらしい。この裏には対空機銃不足が、戦地では深刻な状況であったのか、氏の話ではどの艦船も定数を装備していなかった。このため、上記のような敵機と対面する位置に取り付けたというのである。さらに修理に入った艦船があると分かると、機銃を取り外し転用していたという。それともう一つ、単装機銃の場合、銃架自体取り外しが容易だったのか、取り付けられる位置が時折変更されていたために、流布されている資料通りの位置であったのか、それも疑問だらけらしい。この話は製作者がかつてウォーターラインのリニューアルを担当し始めたころに聞かされたもので、それ以来単装機銃の配置については、少々ブレーキがかかるようになってしまった。

■最後に

塗装はGSIクレオスの軍艦色をエアブラシで行ない、甲板はタミヤの缶入りスプレーのリノリウム色を吹き付けてある。以上が製作記事となるが、本キットについては、さすがタミヤと思わせるところが多々あり、ストレートに作ってみたいとの思いを覚えた次第である。

「阿武隈」の増設機銃台座について　「下手な考え休むに似たり」

作図・文／畑中省吾
drawing & text by Shougo HATANAKA

本文中でも紹介したとおり日本海軍の太平洋戦争中の写真、図面に関しては残されたものが少なく模型を製作する場合はある程度、同型艦などの断片的な情報から推定せざるを得ないことも数多くあります。本書で紹介した作例や図版も製作者の判断で製作したものがあり、今後、新しい情報が得られることにより間違いだと判断されるケースもあるでしょう。

80ページの「長良」艦型図解説で、「長良」、「阿武隈」の艦橋前の25mm単装機銃座増設に関して珍説を披露し、米波、山下両氏に艦型図に合わせた作例を製作してもらいました。ところが、この単行本の刊行間際になって大和ミュージアムに「阿武隈」昭和19（1944）年1月末の一般艤装図があることを知り、それを見て、やはり“下手な考え休むに似たり”とはよくいったものだと思ったのでした。この部分、図のようになっていました。13mm連装機銃の位置を後退させ、25mm単装機銃は上部艦橋に装備していたのです。皆さんにお詫びして訂正いたします。

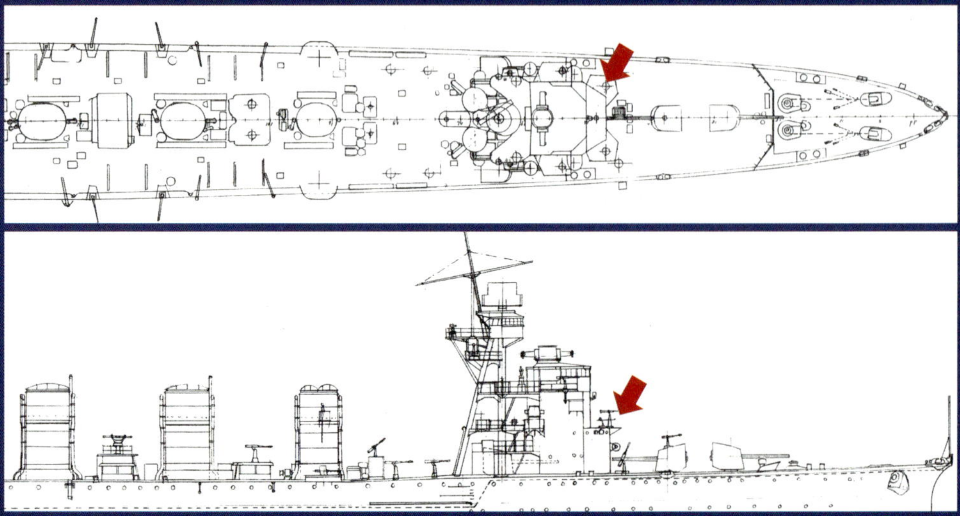

日本海軍軽巡洋艦阿武隈
1944年

作図・文／畑中省吾
drawing & text by Shougo HATANAKA

上部平面図

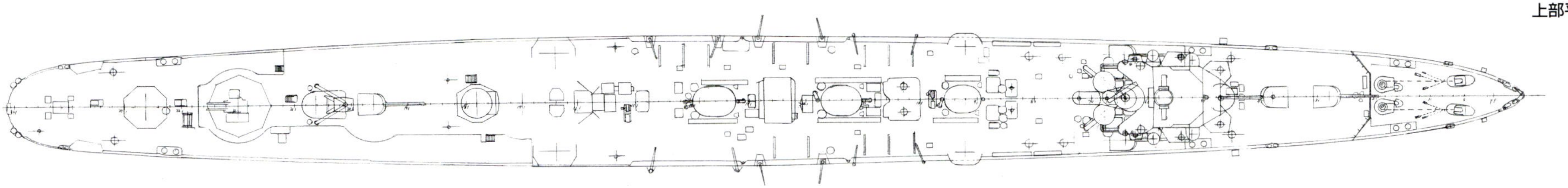

舷外側面図

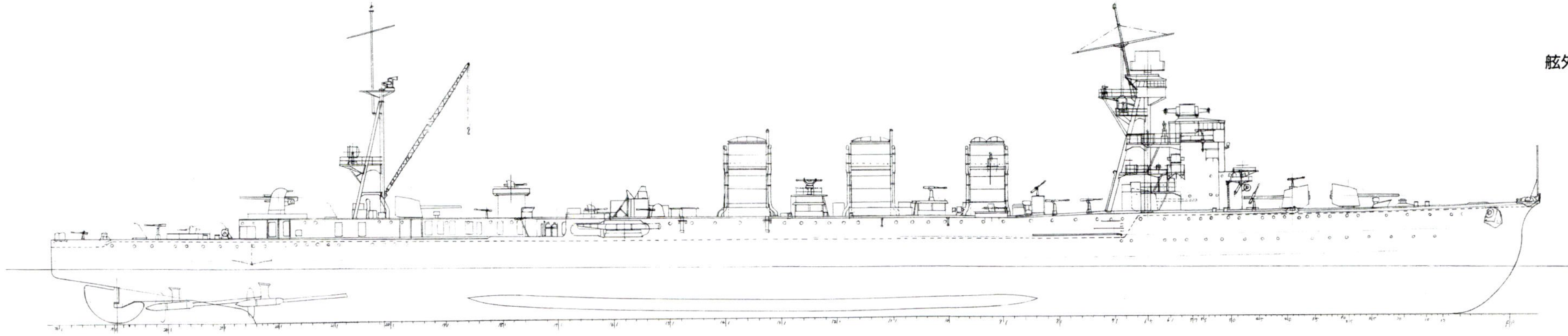

軽巡「阿武隈」艦型図について

「阿武隈」は、取り上げるとすればタミヤのキットの設定時期である真珠湾攻撃隊随伴の第1艦隊第1水雷戦隊旗艦のとき、あるいは、三船敏郎主演で映画化されたキスカ作戦時が最上だと思われたが、諸々の事情で最終時を扱うことになった。もっとも、タミヤのキットはそのまま製作するだけで開戦時の「阿武隈」を余すところなく再現できる、いわばライター泣かせのキットである。つまり、組立説明書通りに作ればよく、書くことがらが見つからないというわけである。そこで、あえて情報不十分であるが、最終時として取り上げることにした次第である。

「阿武隈」は、話題性の低い5500トン級軽巡のなかにあって、以前からよく名の知れた人気の高い軍艦だった。しかし、僚艦と違って艦首のステムラインがダブルカーブを描いているため、キット化する場合は単艦の扱いにしなければならず、開発のタイミングをうかがっているうちに発売時期を逸してしまった一隻である。ただ、開発が大幅に遅れたことで、「阿武隈」の一般艤装図が大和ミュージアムで公開されるという僥倖を得られた。大和ミュージアムでは昭和17年(1942)1月と昭和18年（1943）6月の2通りの公式図を公開、頒布している。タミヤは設計者がこれらの公式図を入手して開発にあたったと思われ、リサーチの行き届いたたいへんすぐれた内容のキットとなっている。

「阿武隈」は1930年の特別演習の最中に「北上」と衝突事故を起こして艦首部を大破した。損傷部をすげかえる際に新造した艦首部には、従来の船首楼甲板にほとんど見られなかったシーアが、錨鎖甲板附近から艦首にかけてつけられた。キットではこのシーアもきちんと再現されている。

「阿武隈」は最終時には14cm主砲の一部を取り去り、跡に対空兵器を装備した姿となった。艦型図は主に昭和18年6月の公式図をもとにした。最後尾の7番主砲跡には12.7cm連装高角砲が装備された。ただ、この砲のシールドに関しては資料により二通りあって一致せず、推定で図のように描いた。また、露天甲板上の多数の機銃の配置は、「長良」の艦型図説明文中で触れた『軍極秘　各艦　機銃、電探、哨信儀等現状調査表（「あ号作戦」後の兵装増備位置青図集）』の記載をもとに描いた。単装機銃の配置は時々で変わるとのことなので、スポンソン配置の分以外はさほど重要な意味をもたないかもしれない。そのつもりで艦型図を見ていただければと思う。また、艦橋周りに配置された機銃にしても、給弾方法が不明だし、図の位置だと目視射撃をするとまずかろう、と思われる箇所もあるが、これも数合わせと思って、自身で判断することをお願いする。艦橋甲板フラットの前には13mm連装機銃1挺があり、25mm単装機銃はそれよりやや低い位置に張り出して装備したものと推定した。この方式は「長良」と同様の判断による。

筆者はしばしば、図面、図面と言って、図面至上主義者と思われてもしかたがないが、図面にも間違いや誤った情報が含まれることはままある。それを正せるのは、写真である。写真といっても、見方によっていろいろに見える場合があるので、その判断には細心の注意が必要といえる。「阿武隈」はキスカ作戦以降になると写真がほとんど見当たらない。そんななかで米軍航空機が撮影したレイテ沖海戦での「阿武隈」とされる画像があるが、ディテールまでは判別不能であり、公式図に描かれた状態を確かめるための資料にはならなかった。本来ならば、図面と写真とを照合することで、より正しい情報を得ることができるわけだが、日本海軍艦艇の大戦中の外観情報となると、その点ではお手上げなのが現状である。

文／畑中省吾

日本海軍軽巡洋艦
大井

「大井」の軽巡時代のうち近代化改装後を知ることのできる写真として貴重な1枚。撮影されたのは1937年6月の兵学校練習艦のときだが、艦の様子は軽巡と変わらない。羅針艦橋天蓋は月刊「丸」のグラビアに掲載された1935年の大阪港での写真より、すでに固定式になっていることがわかっている。固定天蓋は測距儀のところまでで、前檣とつながっている後半部はキャンバス張りと思われる。

「大井」は近代化改装後は飛行機を搭載しなかった。新造時は5、6番主砲の間の上甲板に飛行機を分解格納する格納庫があったが、練習艦時代はここを講堂に改造していた。写真で四角く突き出て見えるところがそれである。新造時に後檣にあったデリックは無用になり撤去されている。

（写真提供／大和ミュージアム）

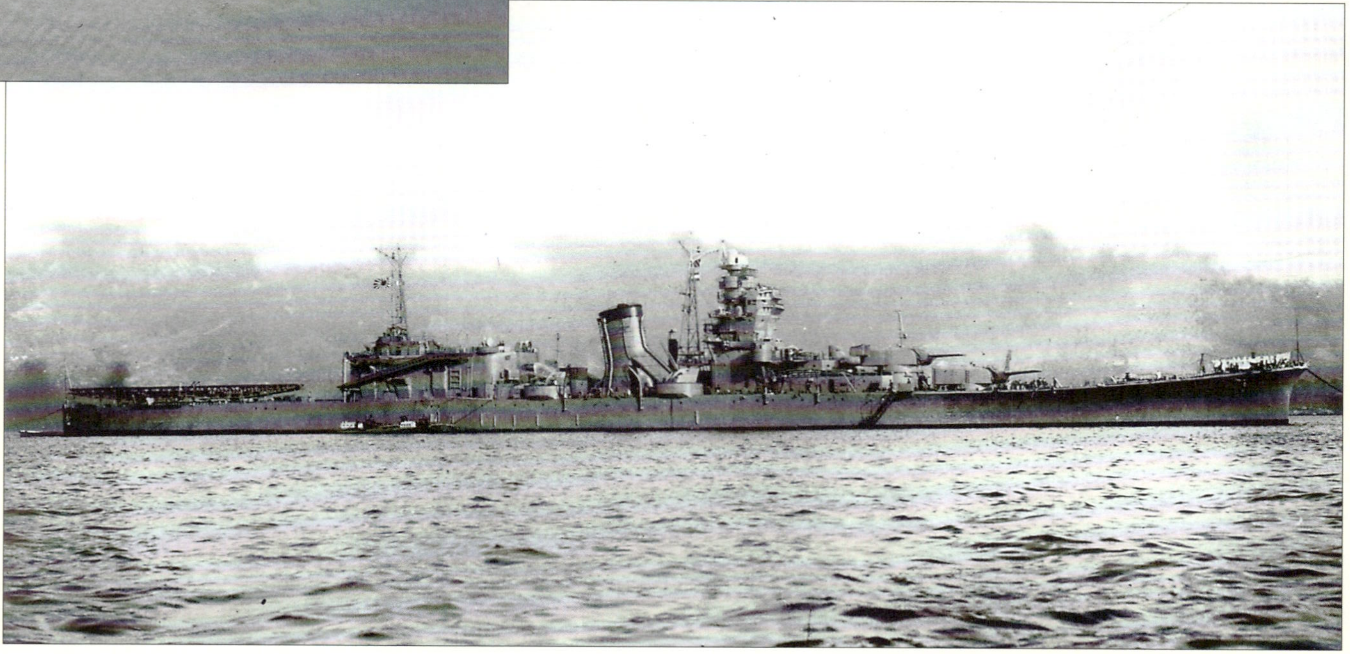

日本海軍軽巡洋艦
大淀

月刊「世界の艦船」第272集「日本軽巡洋艦特集号」の折込にこの写真が出たときはたいへんな衝撃だった。従来「大淀」の全姿は左舷前方から見たほとんどシルエットの写真くらいで、艦の後半部を知る手掛かりはほとんどなかったのだ。全長44mにおよぶ射出機はこのとき初めてベールを脱いだといえる。カタパルト中央附近に舷外に張り出す通路があるが、これが射出機の回転円板ではないかと騒がれたりした。

長10cm高角砲の65口径の長い砲身が写っている。ただ、シールドの複雑な形状はこの写真からだけではわからない。「秋月」型駆逐艦の主砲とも違うことがわかる程度である。

射出機の前にある格納庫も目を引く。このようなデザインの艦は従来はなかった。この艦のメカニズムが艦艇ファンの間でそれなりにわかるようになるのは、一般艤装図が見られるようになってからのことである。

（写真提供／大和ミュージアム）

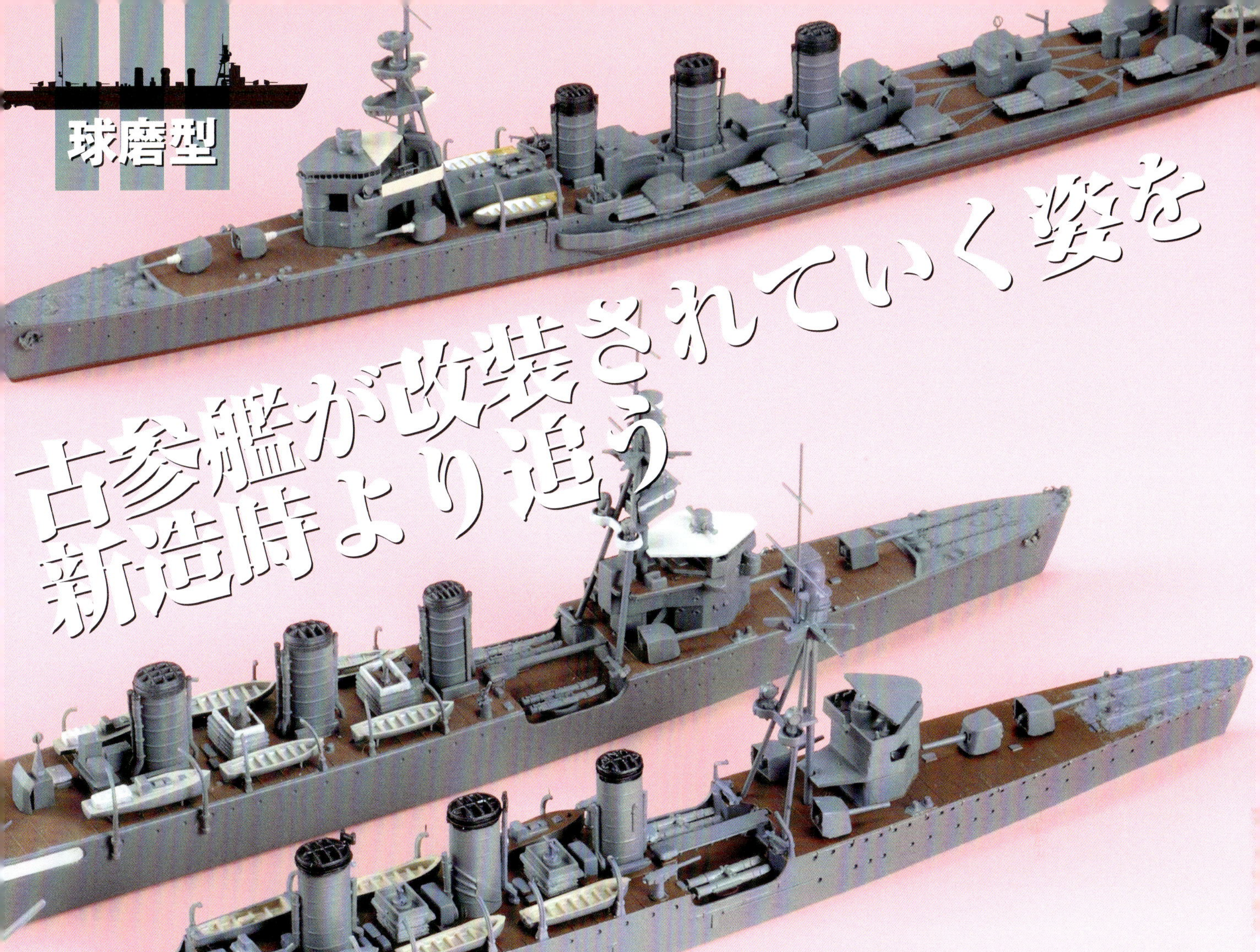

古参艦が改装されていく姿を新造時より追う

日本海軍軽巡洋艦大井 1921年
日本海軍軽巡洋艦大井 1935年
日本海軍重雷装艦大井 1941年

重雷装艦に改装された「大井」の真の姿は写真が遺されておらず謎とされているけれど、それよりも、写真があるはずの改装前の姿はもっと知られていないかも……？「大井」の新造時から大戦突入時までの変遷を模型で再現する！

日本海軍軽巡洋艦 大井

「大井」の艦名の由来となった大井川は、南アルプス南部を水源に静岡県中部の島田市を流れる。駿河国とNHKの大河ドラマ「おんな城主直虎」で一躍脚光を浴びる遠江国（とおとうみのくに）との境に当たる。対岸まで最大3km。架橋や渡し船が禁じられていた時代、川越人足と呼ばれる人たちが、川会所で支払われる賃料に応じて、蓮台と呼ばれる輿に乗せて担いだり、人足の肩に乗せて渡るというスリリングな渡河で、「箱根八里は馬でも越すが、越すに越されぬ大井川」と謳われる東海道屈指の難所であった。明治時代に架けられた蓬莱橋は世界一長い木造歩道橋として有名。現在でも蒸気機関車の走る大井川鉄道を擁する。

軽巡洋艦「大井」は「球磨」型の4番艦で1921年に竣工。江田島の海軍兵学校練習艦としての任務が長く、重雷装艦に改装されてからも海戦で活躍する機会に恵まれなかったため、10基の4連装魚雷発射管をずらりと並べた厳めしい姿とは裏腹に5500トン級の中でも最も地味な任務に終始した艦ともいえる。

1935年頃の撮影とされる近代化改装後の「大井」。「球磨」型軽巡洋艦の空撮写真は珍しく、艦の全容を鮮明に捉えた貴重なショットである。見事な構図と、静かな海面に影を映す均整の取れた艦姿は、まさに芸術的といえる。（写真提供／大和ミュージアム）

漸減作戦の切り札として重雷装艦へと改装された軽巡

日本海軍ではかねてからアメリカを仮想敵国として、太平洋を渡って来る優勢な敵艦隊を迎え撃つ為、まず潜水艦と航空機で敵戦力を漸減し、その後日本近海において主力である戦艦部隊が迎え撃つという構想を立てていた。1935年、無航跡で4万mの射程をもつ93式酸素魚雷が制式化されると、これを利用した遠距離隠密魚雷戦が立案された。主力艦の砲戦距離よりも遠距離から多数の無航跡魚雷を発射し、敵艦隊に被害を与えると同時に混乱に陥れて、漸減作戦を優位に遂行するというプランである。このため1937年から重雷装艦の構想が具体化し、旧式化の目立ってきた「球磨」型軽巡洋艦の「北上」「大井」「木曾」が改装予定艦に選ばれた。これらの改装工事は、機密漏洩を防ぐため平時には遂行されず、1941年を待って「北上」「大井」の改装が始まり、9月末に完成。第9戦隊を編成した。残る「木曾」は改装の機会がないまま大戦に突入。従来の姿のままキスカ島撤退作戦などで活躍の場を得たが、戦の趨勢は空母機動部隊による作戦が主体となり、重雷装艦に活躍の機会は訪れなかった。第9戦隊はミッドウェー作戦の警戒部隊として出動したのみで、以降は兵員輸送任務に従事するようになり、海軍陸戦隊や陸軍部隊を乗せ、南方を行き来していた。自慢の魚雷発射管は一度も敵艦に向けて発射する機会がないまま次第に陸上げされて、代わりに大発が積み込まれた。「大井」の最期は1944年7月19日、南シナ海においてアメリカ潜水艦「フラッシャー」の雷撃によるものだった。沈没時の彼女の姿は、魚雷発射管6基を陸上げして4基16門のみとなっていたといわれる。

日本海軍軽巡洋艦大井
1921年10月

作図・文／畑中省吾
drawing & text by Shougo HATANAKA

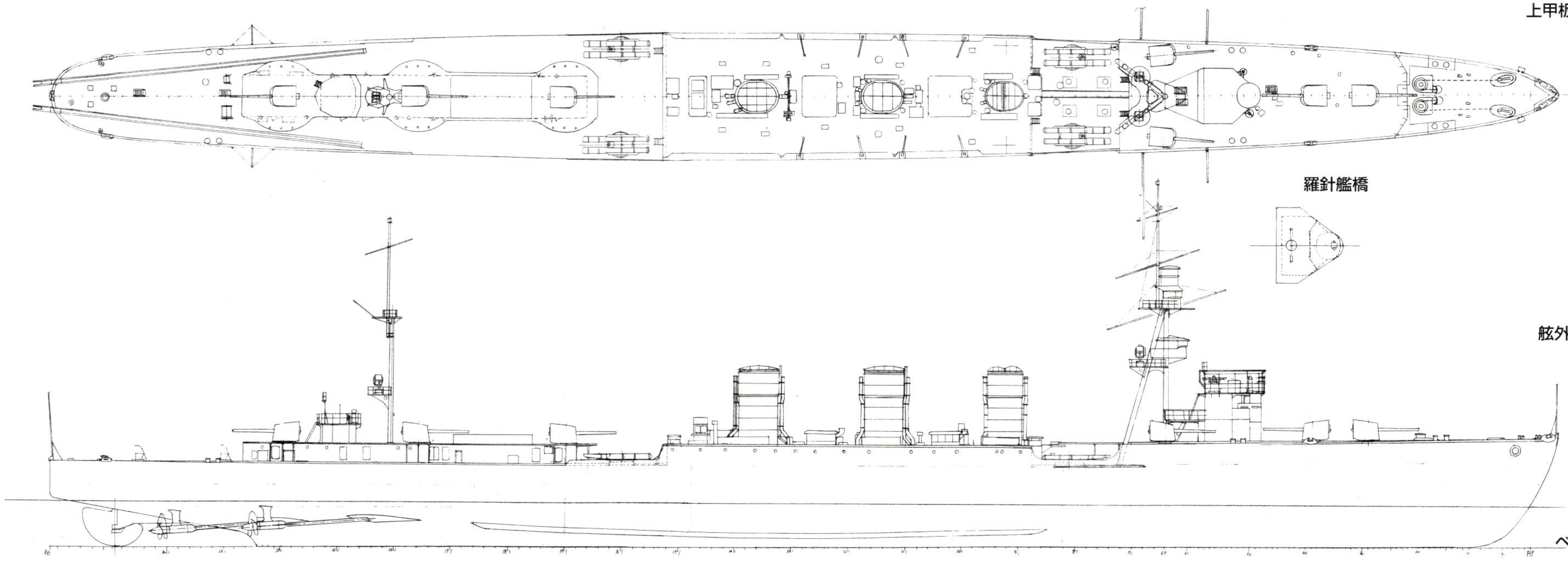

軽巡「大井」艦型図について

軽巡「大井」は5500トン型軽巡「球磨」型の4番艦で、1919年に神戸の川崎造船所で起工し、1921年10月3日に竣工した。この頃はちょうど軍艦の機関に従来のレシプロに替わって新技術の蒸気タービンが導入されつつある時期にあたり、比較検討する目的もあって「大井」には他の「球磨」型のパーソンズ式タービンと異なるブラウン・カーティス式タービンが導入された。これは、川崎造船所がブラウン・カーティス式タービンのライセンスを取得していたからであった。ところが、「大井」に搭載したタービンは竣工以降しばしばタービン翼欠損の事故を起こし、不調が続いた。そんな事情もあってか「大井」は、所属の呉鎮にあって、艦隊任務よりは兵学校あるいは潜水学校の練習艦任務に就く期間が長かった。1933年に近代化改装を実施。しかし、日中戦争で華中方面への出動はあったが、変わらず兵学校・潜水学校の練習艦任務が続く。

1936年に入ると、新たに開発された九三式酸素魚雷を主兵器とする重雷装艦計画がもちあがり、1941年に「大井」「北上」がまずこれに改装されることになった。「大井」は4連装魚雷発射管を片舷5基ずつ積んだ。開戦を間近に控え、重雷装艦は甲標的同様に軍機扱いとされた。そのためか、完成写真も完成図も今に残っておらず、「北上」と並んで謎の艦となってしまった。42ページの「北上」の解説で書いたように、重雷装艦の姿を想像するための補助的資料はいつくか残されている。ただしそれらは「北上」に関してのみで、「大井」の重雷装艦資料は、これまでのところ皆無である。では、ピットロードやアオシマはどうやって「大井」のキットを開発したのだろう。それは、「北上」と同形であるという假定によると思われる。しかし、重雷装艦に改装される直前の軽巡時代の「大井」と「北上」では、写真を見るといくつかの相違点が認められる。アオシマの重雷装艦「大井」の新キットは、軽巡時代の両艦の違いが改装後も一部残ったと推定して、相違部分のパーツを分けることで区別表現している。ちなみにその相違点とは、2、3番煙突の高さ、羅針艦橋形状、前檣などである。

重雷装艦の前檣の形状は、「北上」の公式図では、回天搭載艦とほぼ同形となっている。しかし、残された艦上の記念写真から「北上」は公式図と少々異なり軽巡時代の構造を残した形状だったと推定される。一方、「大井」ではそうした手掛かりがない。そこでアオシマでは、「北上」を写真に合わせた形状で、「大井」を「北上」の公式図にある形状で表現しているようだ。こうすることで、同形であっても違いを出し、個艦の特徴をはっきりさせるのがねらいだろう。

順序が逆になるが、軽巡時代の「大井」について言及しておきたい。新造時の「球磨」型は、「木曾」を除きほぼ同形で、ほとんど個艦の区別はつかない。武装は少なく、主檣は単檣であり、艦橋も前檣もシンプルそのものである。吃水は浅く、その分乾舷が高い。その代わり高速を発揮した。その後、諸兵器のめまぐるしい発達に対応するために近代化改装が施されて、「球磨」「多摩」「北上」とは違った「大井」としての顔つきが現れてくる。「大井」の一般艤装図は1935年のものが残されている。この図では、羅針艦橋の天蓋は露天で、鋼製の骨組みに帆布を張るスタイルだった。その後まもなく固定式天蓋となる。羅針艦橋中央の先端は3枚分の窓幅の前壁が船体中心線に直角で、その端がナビゲーション部と直線で結ばれている。「北上」では前壁部が曲面になっていたので、両艦は容易に区別できる。羅針艦橋の左右に波浪除けカバーのついた見張所が張り出している。この形状も「北上」とは異なる。この見張所だが、重雷装艦に改装された際に撤去されたのか、残されたのかは不明である。

日本海軍軽巡洋艦

大井

5500トン級軽巡のルーツ 球磨型の新造時の姿を振り返る

Imperial Japanese Navy light cruiser Oi.
Conversion from TAMIYA 1/700 Injection-plastic kit,Tama
Modeled and described by Ikuo YAMASHITA.
drawing by Shougo HATANAKA

1921年

日本海軍軽巡洋艦 大井
タミヤ1/700
インジェクションプラスチックキット
（「多摩」より改造）
製作・文／山下郁夫
作図／畑中省吾

竣工時の「大井」を製作するというテーマでの、製作だが、この時代の5500トン級軽巡を商品化したものが無いという事情により、製作は現状のキットをこの時期に合わせた改造をするということから始めなければならない。

改造の最大ポイントは、後部魚雷発射管が、竣工時露天に繋止されていた状態であったので、これを再現しつつ、ほかの部分も含め竣工時の状態にできうる限り近づけるというものである。使用するキットは、煙突の状態などからストックしていたタミヤの「多摩」を使って組み上げることにした。

■船体の改造

キットの船体は、中央部シェルター甲板内に魚雷発射管が収納された状態になっているので、これを露天繋止方式の発射管甲板にしなければならない。この課題について、キットはシェルター甲板上部裏側に発射管を取り付ける構造になっているが、金型の構造上、甲板室の床部分はオミットされている。つまり繋止甲板部分を新たに製作しなければならない。実はこの製作をどうするかで、いちばん時間を取られてしまった。当初プラ板で甲板部品を製作して装着する方法を考えていたが、寸法出しなど複雑な作業となるため手間ばかりかかって、リノリウム押さえなどの表現をやめることになり、甲板の彫刻模様が不自然になるなどデメリットが多いことに気づいた。

そこで発射管口上部の甲板を切り取り、それを繋止甲板として、再び船体に埋め込むという方法をとった。まずカミソリ鋸で甲板平面部に彫刻されているリノリウムのラインに沿っていったん切り込みを入れ、切り離すために発射管口を船体と並行方向にカットした。切り離した甲板をひっくり返すと、船体の外板の厚み部分が両サイドに残っていることに気づいた。この厚み部分をヤスリやナイフで慎重に落としていけば船体にはめることができると考え、実行した。結果的にちょっときつめにはめることができた。この甲板パーツには、裏側（天井の部分あたる）に発射管を取り付ける位置決めがあるので、これをピンバイスで貫通させると、リノリウム彫刻部分、つまり表の部分に発射管の位置決めの穴ができる。このようにして、オープンデッキの魚雷発射管甲板を再現したが、彫刻として欲しかったリノリウム表現ができるなど、効果抜群であると満足を覚えた。

■後部主砲室甲板の製作

後部主砲甲板は、後部魚雷発射管シェルター甲板につながるパーツになっているので、第5主砲の前部が不足することになる。キットの厚みをノギスなどで計測後に、0.5㎜プラ板を円形テンプレートで直径を確認後に、形状チェック後、接着した。

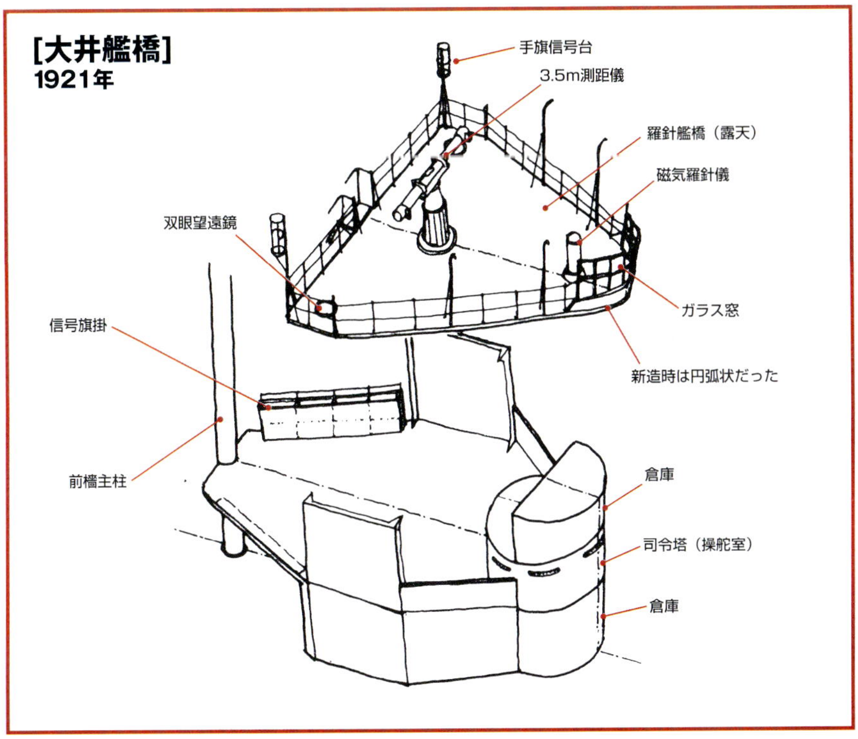

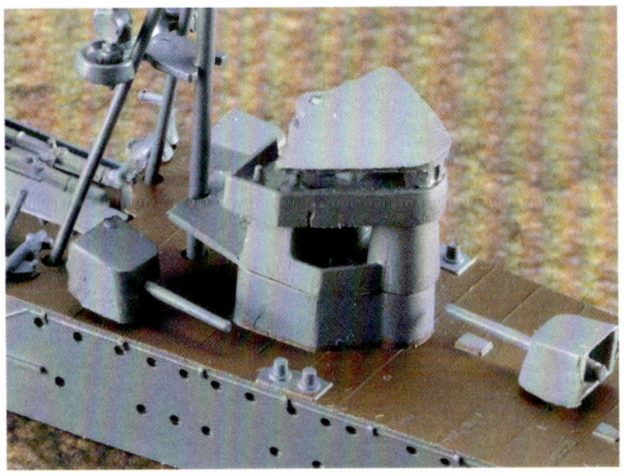

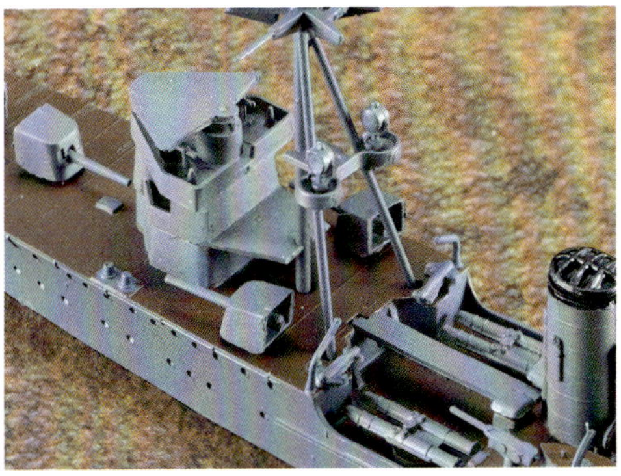

後部主砲甲板には、カタパルト支柱が彫刻されているが、この時期の「大井」にはカタパルトが設置されていない。この代わりに搭載機を収納するカバーが設置されていたので、これを再現する。甲板パーツから、カタパルト支柱部分を切り取り、厚さ1㎜のプラ板を所要の寸法に切り出し、接着してカバーの表現をした。

■艦橋

キットは太平洋戦争開戦後の設定であるため、竣工時と違って少々複雑化している。「多摩」の艦橋は竣工時の「大井」の形状に近かったが、新造時の「大井」の艦橋とするためにはかなり手を加える必要があることがわかった。竣工時の「大井」の艦橋とするのには、苦労した割には効果薄しとの観点から、「多摩」に比べてシンプルさが残る、「球磨」の艦橋をベースにして製作するという事態になった。

この艦橋パーツ欲しさに「球磨」のキットを購入するという、贅沢なことになってしまった。加工は艦橋後ろ側にある上下二段の甲板室の内、上段の甲板室をカットし、艦橋後部を平らにした。下段は、マストを支える位置決め穴までの所でカットし、ブルワーク部分を削り取った。以上のような作業により発生した欠けの所をプラ板やプラ棒などで補修した。

天井部分は、本来帆布で覆うという形式だが工作工程の都合から、キットの物を使用した。さらに、この時代のマストに付属する見張り所などの構造は、写真を見ると非常にシンプルな構成であるので、パーツを組み換える必要から、キットのメインマストが使えず、0.6㎜径と0.8㎜径のプラ棒で作り直している。後部マストは、キットの支柱を使用したがクレーンや探照灯台の装着するためのものだ。ただし補助支持のストラットは時代設定とは合わないので、省略してある。

■甲板艤装品類の調整

甲板上に彫刻されている構造物の内、露天甲板製作のために中途部分でカットされた兵員待機室(?)の高さを削り取り、ヤスリで平滑にしてデッキ甲板のカバーという表現に変更した。

■兵装類

主砲の14㎝砲は、キットの物をそのまま使用しているが、砲身部分はカッターナイフでパーティング部分を中心にカンナ掛けして細くしてある。8㎝高角砲は、ウォーターラインシリーズ、小艦艇パーツの中に入っているXランナーより使用しているが、イメージ的にも、サイズ的にもいささかオーバースケール感があるので、砲身部分を残すという趣旨で、カットしてある。

■塗装

甲板部分はリノリウム色で塗装し、ボート類の内部を木甲板色で塗装した以外は、全体を佐世保海軍工廠色で塗装している。

世界一短い艦名

「大井」の艦名は英語表記にするとOiとなりわずか2文字。これは世界中見渡しても例がなく、鵜来型海防艦の「伊王=Io」と並んで、番号記号などを艦名としているものを除けば世界一短い艦名といわれている。逆に世界一長い艦名は？と言えば、確認は取れていないが、おそらくイタリアの軽巡洋艦「ルイージ・ディ・サヴォイア・ドゥーカ・デッリ・アブルッツィ=Luigi di Savoia Duca degli Abruzzi」ではないだろうか。実に29文字、舌を噛みそうな長い艦名は、イタリア海軍司令長官として第一次大戦に従軍し、探検家としても有名な人物の名に由来するが、彼のフルネームはLuigi Amedeo Giuseppe Maria Ferdinando Francesco di Savoia, duca degli Abruzzi……艦名の倍以上、もはや数えるのも嫌になる長さだ。ちなみに日本艦で一番長い名は「秋津洲=Akitsushima」「厳島=Itsukushima」「時津風=Tokitsukaze」「初櫻=Hatsuzakura」が11文字で並ぶ。

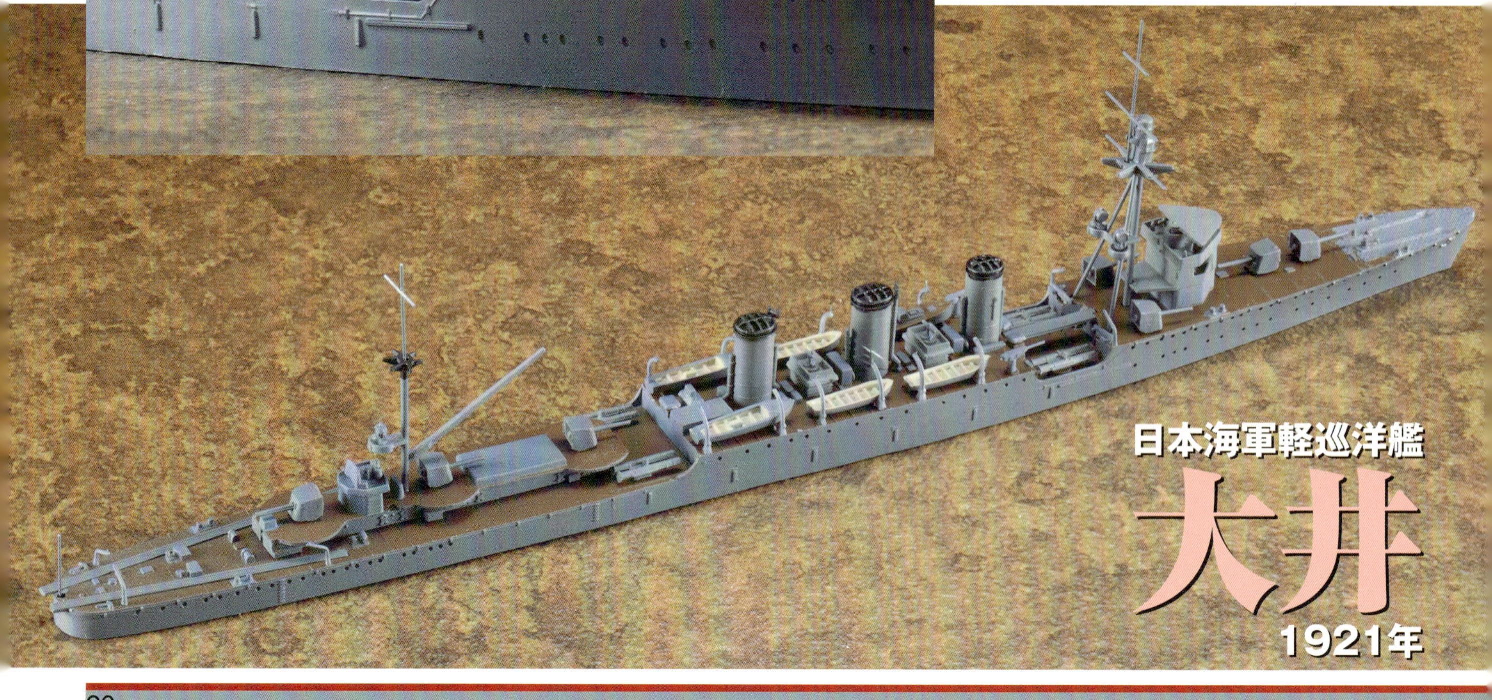

日本海軍軽巡洋艦

大井

1921年

日本海軍軽巡洋艦

大井

1935年

Imperial Japanese Navy light cruiser Oi.
Conversion from TAMIYA 1/700
Injection-plastic kit,Abukuma
Modeled and described by
Yasuyuki YONENAMI.
drawing by
Shougo HATANAKA

重雷装艦への改装直前 練習艦時代の姿を再現

日本海軍軽巡洋艦 大井
タミヤ1/700
インジェクションプラスチックキット
(「阿武隈」より改造)
製作・文／米波保之
作図／畑中省吾

軽巡時代の「大井」を製作するには、タミヤの「多摩」または「球磨」のキットを利用するのが手っ取り早いが、「大井」の艦橋は「球磨」に、煙突は「多摩」のものに近く、どちらを使うかは迷うところだろう。本書で再三指摘してきたように、タミヤの「球磨」型のキットは全長がやや短く、船体をより正確なスケールで再現するために、これまで様々な方法を試みてきた。どの方法にも一長一短があったが、コスト、工作難易度、効果を総合的に見て、いちばん良いと思えたのが「長良」の作例で試みたタミヤ「阿武隈」の船体を利用しての製作だった。ここでの「大井」も艦首形状とウェルデッキが塞がれている点が異なるものの、船体パーツが左右に分割され、甲板も別パーツとなっている点が、改造には適していると思われる。「阿武隈」の船体を利用して、2017年に発売されたアオシマの重雷装艦のキットパーツや手許にジャンクとなっていたタミヤ「多摩」のパーツも一部流用して、ちょっと贅沢に近代化改装直後の「大井」の姿を再現してみよう。

■船体

「長良」と重複するが、左右分割となっている船体の艦首から66㎜の所を長さ13.5㎜、深さ2.5㎜に渡って切除してウェルデッキの窪みを作る。しっかり計測して、左右を同じ位置に揃えることが肝心だ。窪みの角はやすりで丸く仕上げておく。また上から見た時に縁が薄く見えるように内側を削っておく。また、舷外電路のモールドは不要なので削り取っておく。後部魚雷発射管の開口部は実艦写真を参考に3㎜ほど後ろに位置を変更。後部魚雷発射管甲板(A3)は、モールドを全て削り取って「多摩」の53㎝連装発射管を組み込んでおく。船体左右を貼り合わせたら艦首先端を少し削り、プラ板を貼ってスプーン型のシルエットを作り、周囲にパテを盛って平滑に仕上げる。菊花紋章取り付け板の後ろを少し削って、ファインモールド・ナノドレッドのフェアリーダーを取り付ける。アンカーのモールドは削り取り、そこに2㎜径のプラ丸棒を輪切りにしたものを貼って穴をあけ、ベルマウスを表現する。船首楼甲板(A6)はウェルデッキに当たる部分を切り取って3つに分割。艦首の錨鎖甲板の部分は切除して、アオシマの重雷装巡洋艦のものに置き換えた。甲板上の突起物を全て削り取り、甲板に開いた穴をプラ板で塞いで平滑に仕上げた後、消えたリノリウム押さえ金具のモールドをカッターで筋彫りして再生した。ウェルデッキは先に部品A6から切り取っておいたものを現物合わせではめ込む。この時ブルワークを表現するため、現物合わせで上端から1㎜ほど下がった位置に接着する。甲板上のハッチ類や通風筒、小さな室などは実艦写真を参考に、すべてプラ材で新設している。後部甲板(A7)は艦尾と前端の滑り止め鋼板と爆雷兵装などのモールドを削って、カッターでリノリウム押さえ金具を筋彫りしておく。

艦尾の機雷敷設軌条はエバーグリーン社の0.25㎜×1㎜のプラ材にケガキ針で筋彫りを入れたものを取り付けた。

■艦橋・前檣

艦橋は「大井」の特徴をよく捉えているアオシマの重雷装艦のものを使用。下部艦橋側面の

[大井艦橋] ※図は天蓋を省略している
1935年

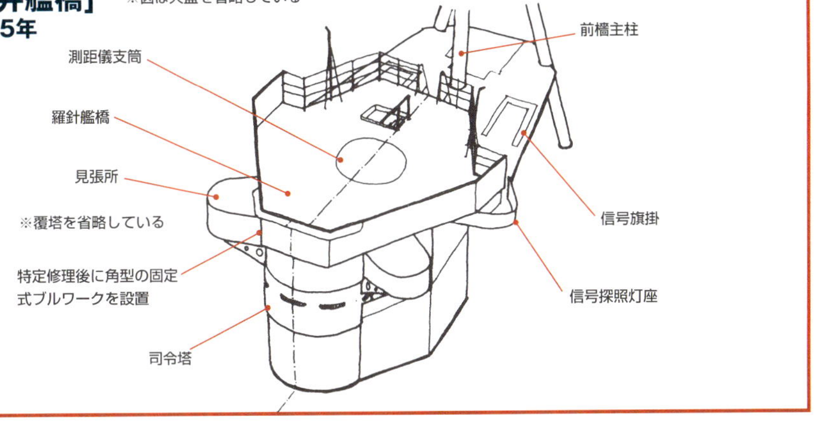

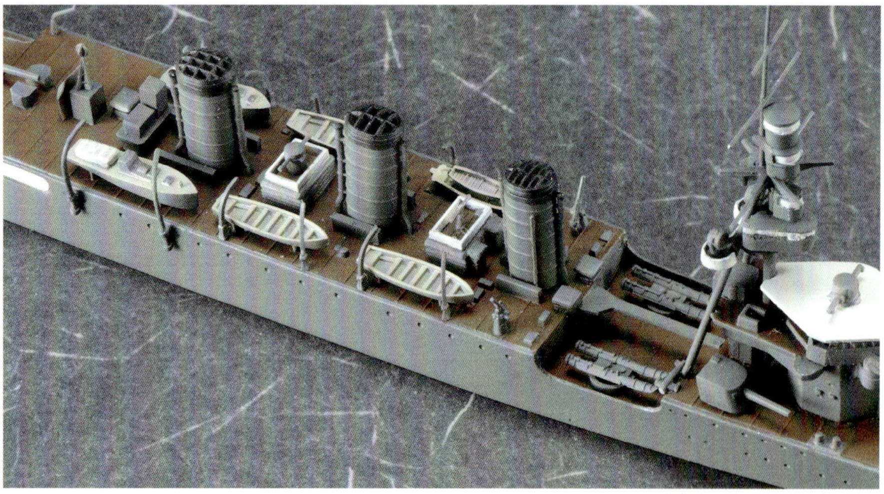

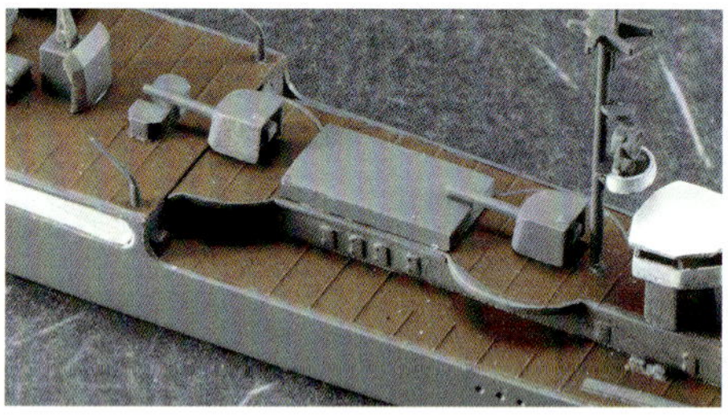

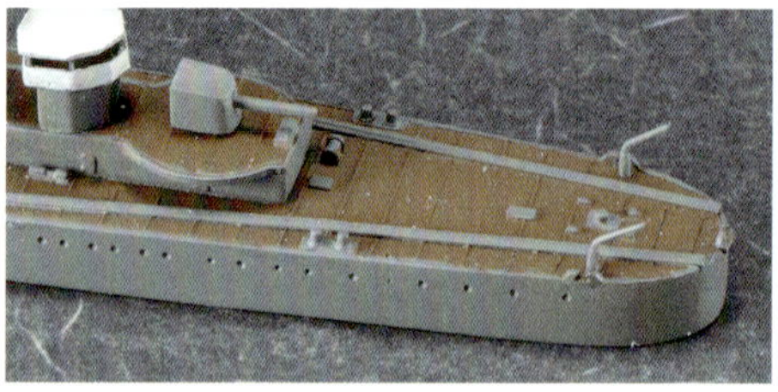

開口部をプラ板で塞ぎ、そこへタミヤ「阿武隈」の部品B29、B30にジャンクパーツの見張方向盤を載せたものを取り付ける。天蓋はキャンバス張りの表現としてトップに「阿武隈」の測距儀（B26）を取り付け、後部をプラ板で延長した。前檣は三脚柱をプラ丸棒で組み、測的所、主砲指揮所、クロスツリー、探照灯台などは「多摩」のものを流用した。トップマストは0.5㎜プラ丸棒の先端をテーパー状に削ったものに、0.4㎜径の丸棒でヤードを取り付けている。90㎝探照灯はピットロードNE-02より流用した。

■上部構造物

後部主砲甲板（A4）は左舷側を削って左右対称形とし、下部の甲板室は部品B11の張り出した部分を切除してB10と同じ真っすぐな形に変更する。煙突はアオシマの重雷装艦のパーツを流用、蒸気捨管は写真を参考に一部変更した。トップの雨水除け格子のパーツは裏側から削ってモールドを抜いて使用している。後部艦橋は「多摩」の 部品34にプラ材で自作した下部を組み合わせて使用。部品34はモールドを削り取って、プラ板でキャンバス製の屋根を表現した。後檣は「多摩」のものを流用するが、「大井」は単檣なので支柱は取り付けず、探照灯台の上にプラ材で後部見張り所を表現する。

■武装・その他

主砲は、シールドの天面にナックルが付いていない「多摩」のものを利用するのが最適だが、定数分調達できなかったので、細部には目をつぶって「阿武隈」のものを流用している。砲身（部品C5）に微妙に仰角がつけられているが好みで、ピンセットで平位置に戻してから取り付けている。第一煙突両側にはジャンクパーツから8㎝単装高角砲を取り付ける。艦載艇は右舷前方から2隻を30フィートカッター（9mカッターを代用）、11m内火艇。左舷は8m通船と6m通船の積み重ね、30フィートカッター、9m内火艇となっている。いずれもジャンクパーツから流用した。ボートダビットは「阿武隈」のものをそのまま使用している。

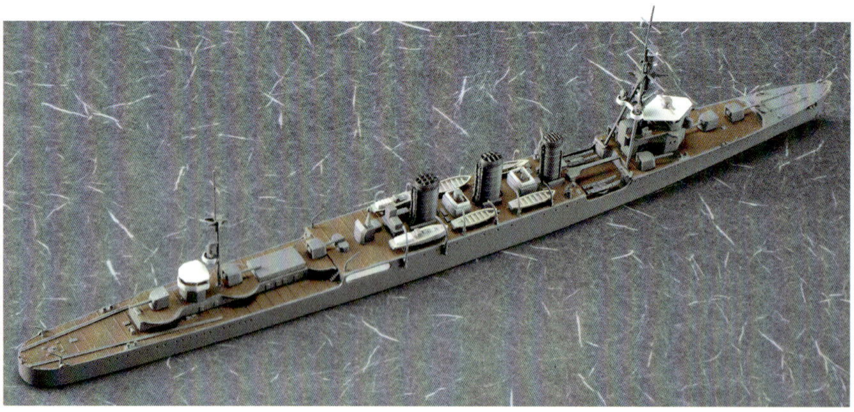

日本海軍重雷装艦

大井

1941年

日本海軍重雷装艦 大井
アオシマ1/700 インジェクション
プラスチックキット
製作・文／佐藤美夫
作図／畑中省吾

Imperial Japanese Navy Torpedo cruiser Oi.
Aoshima 1/700 Injection-plastic kit,
Modeled and described by Yoshio SATOU.
drawing by Shougo HATANAKA

片舷斉射20射線 61cm四連装魚雷発射管10基を搭載

[大井艦橋]
1941年
（推定図）

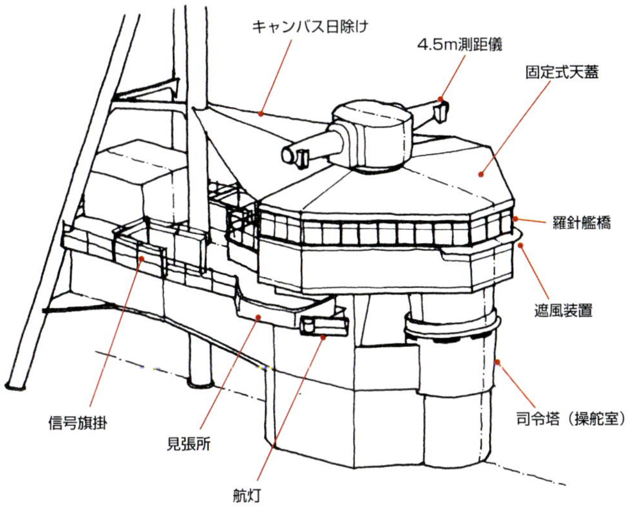

「大井」の変遷となる1941年時を担当する。「大井」は「北上」同様に重雷装艦に改装され両艦とも同様な艤装になっている。相違点としては元々異なっていた艦橋と第二・三煙突となる。また前檣の構造が異なるとされていた。

キットはアオシマが2016年に発売したもので組み立てはストレートに組んでも問題ない。また、初心者にも組み立て易い構成になっている。

■船体製作

船体はそのまま説明書通りに組む。甲板と船体の隙間はほとんどないが、甲板パーツD13の艦首側の両サイド下面を少しづつ削り、摺り合わせる。これにより更に甲板パーツの収まりがよくなる。船体の両舷に取り付ける波除けパーツD1とD2はそのまま取り付けると隙間ができる。パテで埋めるものよいが、作例ではパーツD1、D2のタボを切り取り、接着面の摺り合わせで隙間をなくした。この方が舷外電路の繋がりがきれいになる。端艇甲板B15の取り付けは舷側側面に段ができるので隙間をパテで埋めヤスリがけをして段をなくす。

■艦橋と前檣

艦橋は、基本的には問題ない。作戦室が前檣のストラット付近で途切れているので後部をプラ板で延長した。羅針艦橋の窓はジョーワールドのエッチングパーツの精密窓枠にした。窓枠の数を合わせるため「JPE27G　精密窓枠Ver.A」セットの中から現物合わせでチョイスした 。ただし、両側面の窓数が合わないので艦橋甲板パーツG7と天蓋パーツG6を0.6㎜延長している。むしろこのほうが軽巡時代の写真に近づいたので、これでよしとした。旗甲板の舷側はコピー用紙をセールカラーで塗装したものを手摺りのキャンバスに見立てて取り付けた。羅針艦橋下部両舷の張り出しには双眼鏡パーツD5は取り付けず、60㎝信号探照灯（W2）を取り付ける。できれば1.5m測距儀（シールド無し）も取り付けておきたい。

前檣はキットのままでヤードのみ0.3㎜真ちゅう線とした。艦橋を船体に取り付けた後、三脚部の主柱パーツB8とストラットパーツB11を取り付ける。ストラットが旗甲板の溝にキチット収まるようにする。各指揮所のパーツG16～G18までを組み立てたものを三脚に取り付ける。このとき垂直、水平を見て修正しながら取り付けを行なう。21～22ページの「多摩」でも書いたが5500トン級の見所なので是非行なってほしい。パーツG16、G17の後部は前述のコピー用紙を付けている。エッチングパーツの手摺りもよいが金属パーツが苦手な人にはこちらがお奨め。

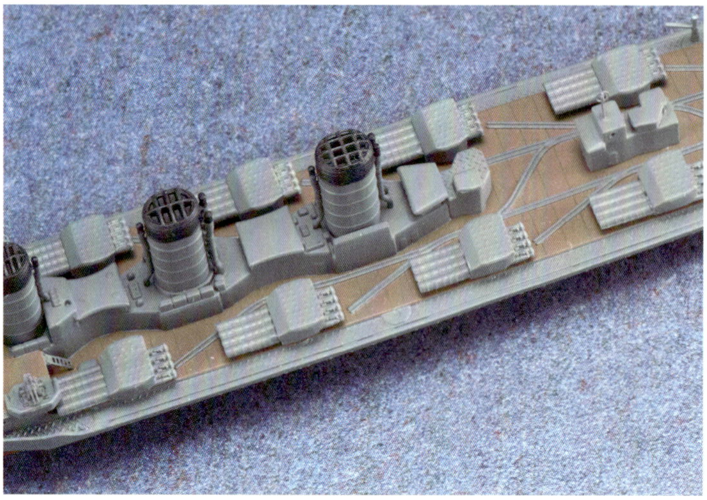

■煙突、上構造物

煙突や上構造物のキットパーツは良好なもので手をいれずにそのまま取り付けた。ただし、中央の測距儀C10は取り付けない。パーツB14の天蓋の取り付け部は切り取って、穴も埋めておく。

後檣はヤード以外はキットパーツとした。ヤードは0.3㎜真ちゅう線にしている。探照灯座のブルワークはセールカラー塗装のコピー用紙とした。グレー一色の船体にセールカラーはアクセントになる。探照灯は好みでパーツW3にしている。

■兵器装備、その他

魚雷発射管はシールド付にしている。実艦においては、もともとシールド無しで計画されたが現場の要望によりシールドが取り付けられた。「北上」「大井」共にシールド装備でないと不自然となる。大戦中期以降の物資不足の際には一方のみ搭載とすることはありえるだろう。

14㎝単装砲はシールドをピットロード新・日本海軍艦船装備セット3に収録されたもの。砲身はキットパーツの砲身部を削り細身にしたものを取り付けた。25㎜連装機銃はファインモールドのナノドレッド・シリーズのものとした。艦載艇は11m内火艇をフジミのパーツの余剰品を使用。他はキットパーツに防舷物などのディテールアップを施した物を使用した。

日本海軍重雷装艦

大井

1941年

絶望の戦場へ……
遅れて来た"究極の軽巡洋艦"たち

日本海軍軽巡洋艦阿賀野 1942年
日本海軍軽巡洋艦矢矧 1944年
日本海軍軽巡洋艦大淀 1943年
日本海軍軽巡洋艦大淀 1944年

汎用性が高く多彩な任務に就いた5500トン級に代わり登場した新世代の軽巡は、漸減作戦遂行のために特化した究極の性能を盛り込まれて設計された。しかしその建造期間中に戦争は思惑と異なった様相を呈し、その性能を発揮する場は失われていた……。

日本海軍軽巡洋艦 阿賀野

1942年10月佐世保港外で防雷具公試中の「阿賀野」。飛行機作業甲板上に98式夜偵が見える。「阿賀野」型4艦のうち彼女だけが大型の1式2号射出機を搭載していた。
（写真提供／大和ミュージアム）

この画像の「阿賀野」は望遠レンズでの撮影による圧縮効果で上部構造物の間が詰まって見えるせいか非常に力強い印象を受ける。本型の主砲は金剛型戦艦の副砲として採用された「ヴィッカーズ式 15.2cm50口径砲」を新設計の連装砲架に収めたもので、一見砲塔のようだが「砲塔」の定義※には合致しないものである。最大仰角は55度、最大射高8000mで対空戦闘も可能との触れ込みであったが、実際には1発撃つごとに砲身を7度に戻してから手動で装填しなければならず、対空戦での実用性は低いものだった。

日本海軍軽巡洋艦 大淀

1943年6月呉で撮影された「大淀」。「最上」型から譲り受けた主砲塔、波除けのシールドを装着した98式10cm高角砲、巨大な射出機と格納庫など本艦の特異な艦容を余すところなく捉えている。
（写真提供／大和ミュージアム）

「大淀」は帝国海軍軽巡洋艦で唯一魚雷兵装を持たない艦であるが、そもそも、麾下の潜水戦隊が用いる戦術である魚雷戦を有利に運ぶための指揮を執る旗艦という明確なコンセプトを持つ艦で、自艦が前線で敵艦隊に肉薄して魚雷戦を仕掛けるというのは彼女の任務とは根本的に異なるものである。最大の特徴とされる航空艤装や搭載機も潜水艦による魚雷攻撃を支援するためのものであり、時代劇で言えば"戦国武将の配下の忍者集団"といったところか。彼女の主兵器はあくまで麾下の潜水戦隊なのである。

5500トン級に代わり大戦中に就役した新世代の軽巡たち

5500トン級軽巡の後継艦はなかなか建造されなかった。汎用性に優れていた5500トン級は水雷戦隊のみならず潜水戦隊の旗艦としても優秀で、海軍休日時代に建造された「最上」型軽巡も実質的に重巡といえるものだった。しかし無条約時代に入ると、駆逐艦の性能の急速な進歩などで5500トン級の旧式化が一気に進行してしまう。そこで昭和14年度の④計画において水雷戦隊旗艦用の「巡乙」4隻、潜水戦隊旗艦用の「巡丙」2隻が建造されることとなった。「巡乙」こと「阿賀野」型は次発装填装置付きの4連装魚雷発射管2基を中心線上に配しており、このクラスの艦では世界に類を見ないものであった。砲力は15cm砲6門で忍ぶことで艦型の小型軽量化が図られた。一方、潜水戦隊を強力に支援するため強行偵察に用いる新型高速水偵を6機搭載し、通信設備を充実させた新時代の軽巡が「巡丙」こと「大淀」型である。主砲は「最上」型から降ろされた15.5cm3連装砲塔2基を前部に配し、後部は新開発された長さ44mの巨大な射出機と格納庫のスペースに充てた極めて特異な艦容となった。究極の軽巡として漸減作戦の要となるはずの両型だったが、建造中に戦の火蓋は切られ、「大淀」型の2番艦「仁淀」は建造中止となってしまう。1942年10月にようやく「阿賀野」が竣工した頃には水雷戦隊による魚雷戦はすでに過去のものとなっていた。「大淀」に至っては、「紫雲」と命名された新型水偵の開発が頓挫し、その存在価値が瓦解してしまった。彼女は優秀な通信設備を買われて連合艦隊旗艦として再生すべく改装を受けたが、僅か4ヶ月でその任を解かれてしまう。それでも輸送作戦で活躍するなど最後まで勇戦した。

※砲塔とは……「①砲の全機構が回転する」「②円柱形の基部（トランク）が甲板を貫いて艦内に伸びている」の両者を満たすものと定義されている。阿賀野型の砲は構造的にこの要件を満たしていない。

日本海軍軽巡洋艦阿賀野

1942年

作図・文／畑中省吾
drawing & text by Shougo HATANAKA

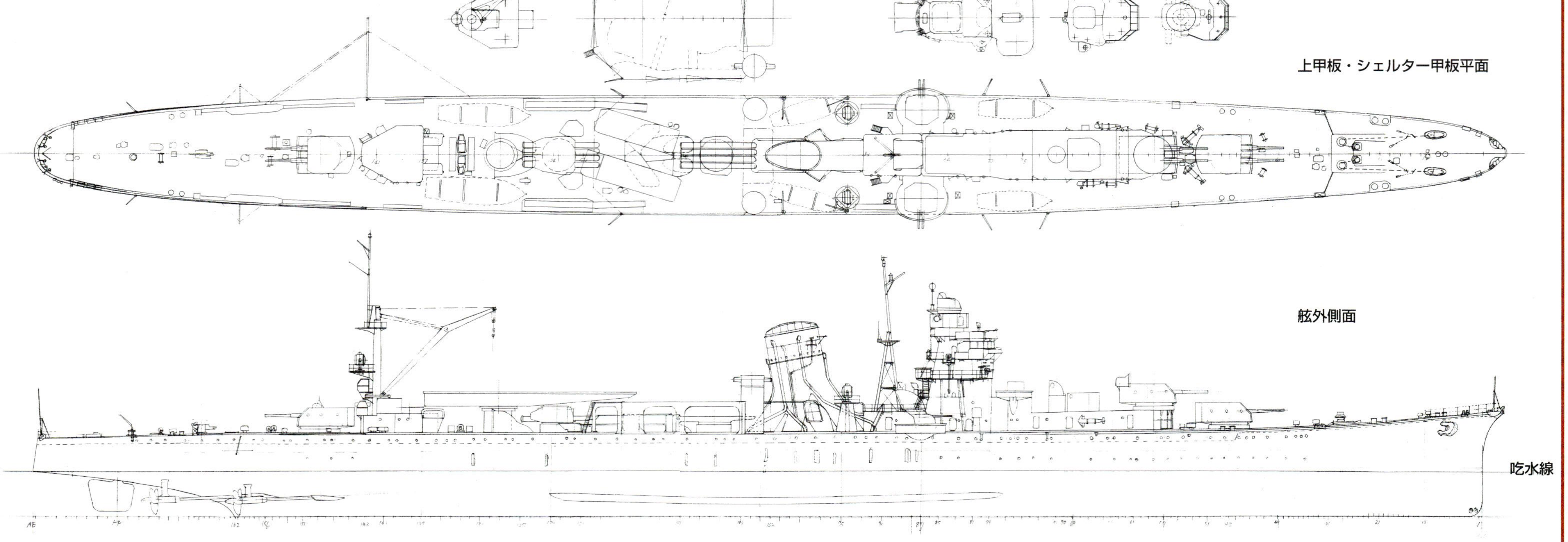

軽巡「阿賀野」艦型図について

1939年、第4次海軍軍備充実計画の中に、老朽化が著しい水雷戦隊旗艦5500トン級軽巡の代艦6隻を建造する計画が盛り込まれた。そのうちの軽巡「長良」代艦が、計画された巡乙4隻のうちの132号艦、すなわち軽巡「阿賀野」である。

「阿賀野」型4隻に軍令部は、基準排水量6000トン、15cm砲6門、連装高角砲4門、25mm3連装機銃2基、魚雷発射管8門（予備魚雷付）、水偵2機、速力35ノット、航続距離18ノット6000浬という性能を求めた。これはきわめて過大な性能要求といえる。設計を担当する艦政本部第4部では、福田啓二造船少将のもと、大薗大輔造船中佐を設計主任官として、極力軍令部の要求を満たすべく設計が行なわれた。その結果、基準排水量が1割程度増したものの、ほぼ要求どおりの性能をもつ「阿賀野」型が誕生した。その一方で、給排気のダクト取回しに見られるように艦内構造が複雑になったきらいがあるようだ。

上に、給排気のダクトが複雑と書いた。これは外観からはほとんどわからない。しかし、艦内側面図や各層平面図を見ると理解できる。例えば、前檣・艦橋基部間や集合煙突の間に缶室給気口が巧みに設けられているし、5、6番缶室と機械室の給気路は、中甲板で巧妙にまとめて上甲板の1番魚雷発射管後ろの2つの次発魚雷装填装置の間に収めてある。2番魚雷発射管の左右には庇付給気口が開口し、カタパルト支筒にも庇付給気口がまといつく。これら給気路は構造物に沿って巧みに配置してあるので注意して見ないと気づかないかもしれないが、邪魔にならない工夫がなされてある。それがわかるのが艦内のダクト配置構造なのである。缶の飽和蒸気を排出する煙突周りの蒸気捨管の巧みな配置は日本軍艦の特徴のひとつだが、「阿賀野」型では特に取回しが複雑でわかりづらい。ハセガワ1/350キットでは、この複雑な蒸気捨管パーツがよくリサーチして造形化されていた。キットを買われた方は感激したのではないだろうか。

魚雷発射管と次発魚雷装填装置の配置もよく考えられている。中心線に発射管を置くために、装填装置を斜めに配置し、しかも1番と2番で籠める向きを逆にしている。これは狭いスペースを有効利用するためのアイデアだ。また、発射管の上に水偵の作業甲板を張り、天蓋部裏に魚雷運搬軌条を配している。水偵作業甲板は、偵察機の射出準備作業だけでなく、危険物の魚雷を露天にしないためでもあり、裏面を魚雷移動用に使う考えられた構造物といえる。そして、前部支柱を高角砲射撃指揮装置の支筒とし、筒内を倉庫にも活用している。なお、「阿賀野」の公式図では1番発射管に波除シールドは描かれていない。

「阿賀野」型4隻のなかで「阿賀野」だけが羅針艦橋前および防空指揮所に大型の遮風装置を設けていて、僚艦とは表情がずいぶん異なる。2番艦以降が遮風装置を小型化した理由を筆者は知らない。同時に計画された巡丙「大淀」も大型遮風装置を設置しているので、想像だが、当時遮風装置の効果テスト期間中で試験的な意味で大型の装置をつけたのだろうか。ちなみに、窓の天地寸は「能代」以降と比べて大きい。そのほか、「阿賀野」と「能代」新造時は上部艦橋後部にある信号所の平面が半円状なのが変わっている。また、「阿賀野」と残り3隻とでは後部艦橋に次のような相違がある。「阿賀野」は後檣背後の1.5m測距儀が1基で、探照灯の下に覆塔付見張所を設けているが、3隻には見張所がなく1.5m測距儀は2基であること。「阿賀野」は後部艦橋の艦尾側が曲面だが、3隻は平面であることなど、細かな違いがいくつか見られる。

「阿賀野」の一般艤装図は、呉にある大和ミュージアムのレファレンスルームで艦内側面図・上甲板平面図が入手可能である。艦型図やイラストを描くにあたり矢萩登氏の協力を得た。芳名を記してお礼としたい。

日本海軍軽巡洋艦

阿賀野

5500トン級に代わって水雷戦隊旗艦任務用に建造された新鋭艦

1942年

日本海軍軽巡洋艦 阿賀野
フジミ1/700
インジェクションプラスチックキット
製作・文／山下郁夫
作図／畑中省吾

Imperial Japanese Navy light cruiser Agano.
Fujimi 1/700 Injection-plastic kit.
Modeled and described by Ikuo YAMASHITA.
drawing by Shougo HATANAKA

■キット内容とその製作

永らく1/700スケールの「阿賀野」型軽巡洋艦のキットといえば、ウォーターラインシリーズのタミヤのキットしか存在しなかったが、旧日本海軍艦艇の開発に力を入れているフジミから、1/700特シリーズに「阿賀野」「能代」というタイトルで「阿賀野」型が加えられ、製品の選択ができるという状況が生まれた。これで両社の製品の作り比べができるようになった。

フジミの同シリーズのキットは、「阿賀野」と「能代」の選択式キットというもので、「阿賀野」と「能代」の両船体をはじめとして数多くの個別部品が同梱されている。箱を開けた時、一瞬2隻セットかと思わせられた。しかし共通部品が1隻分という関係でどちらか1隻しか作れないことになっているという、ユニークなキット内容である。

キットは、最近の設計ということもあって、「阿賀野」型の姿がよく再現されているといえる。パーツには近年のフジミキットの特徴ともいえる繊細な彫刻が施されていて精密感をたっぷりだ。彫刻だけでなくパーツ構成の面でも、再現度を上げるため以外に個艦の違いを表現するため気が配られており、各階層への通路のラッタルまでも部品化されているなど、非常に細かい。ファンネルキャップも桁ごとに表現されていて、煙突覆いという構造を知ることができる。

さらに、塗装作業を考慮したパーツ分けが行なわれていて、特に甲板部品にみられるような錨鎖甲板、リノリウム甲板、後部鉄甲板に区分けされるという方式がとられている。この方法だと、マスキングテープの世話になることなく、きれいに塗り分けができるという点では、大変便利だ。

また艦上構造物の設置位置関係では、例えば航空作業甲板によって隠れてしまう、魚雷次発装填装置の構造など表面に現われない部分まで再現されているなど、艦船模型ファンにとっては少々心をくすぐられる演出もある。

このようなキット内容であるため、製作に関しては、ほとんどの部分で手を入れてはいない。

ただ主砲に関しては砲身はインジェクションプラスチックキットの限界から砲身口径が若干太めになっており、巡洋艦が装備する主砲のイメージにそぐわないと感じた。このためほぼ実艦に近い細さを求める関係で、ヤマシタホビーから発売されている、15.5cm副砲セットの砲身に換装することにした。ただし、15.5cm砲が60口径長であるため、50口径長の15cm砲とするならば若干長いので、砲身長の長さを調整する必要がある。

[阿賀野新造時艦橋]
1942年

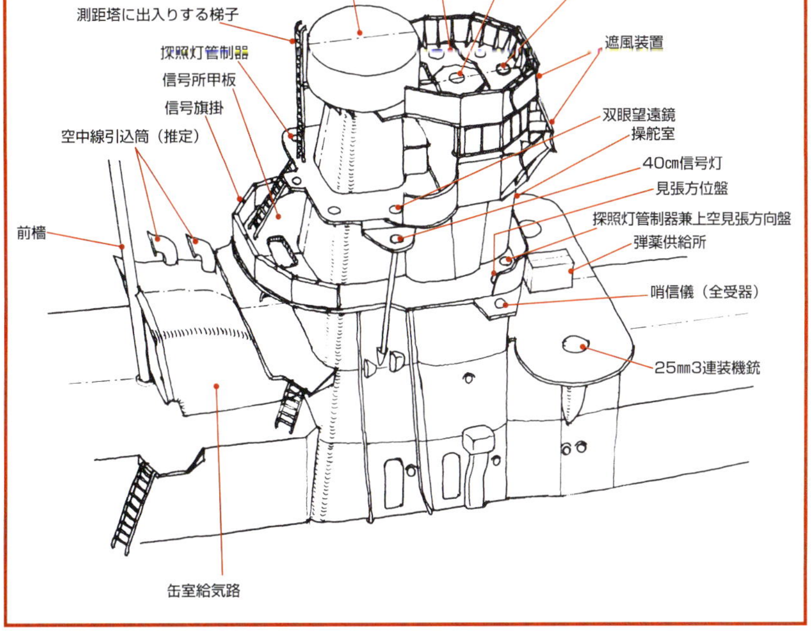

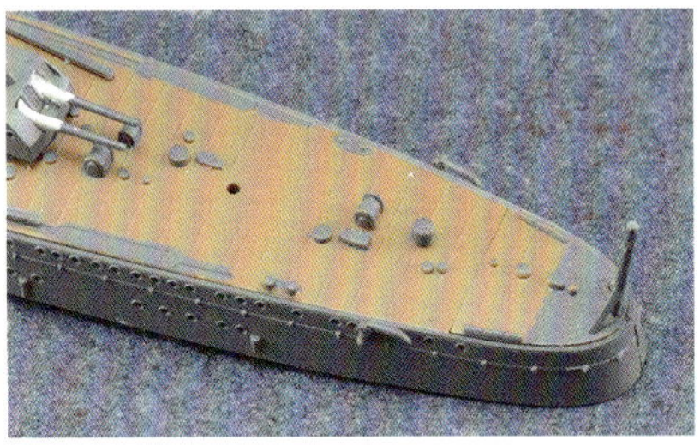

製作中に感じたことに、各部品ともはめ合わせがきつめで、一部の部品によっては接着剤が不要ではないかと思わせるほどかっちりとしている。仮組み調整後に部品取り付け、流し込み接着剤で組み立て完了というこれまでにない独特の組み立て感覚が得られた。

■キットの塗装

ここ最近、艦船模型の塗装にはGSIクレオスの「佐世保海軍工廠色」を使用することにしている。この塗装色は、「呉海軍工廠色」と比較して、暗めの色であるが、日本海軍の艦艇色のイメージに近いものがあり、重厚感をキットに与えられるので、よく使用している。

各海軍工廠色にこだわる方々からは、敬遠されそうだが、実艦を見学したことがある父や母、旧軍関係者の話として「黒に近い鼠色（灰色）」、「非常に重々しい灰色」という意見なども あり、これらを参考に塗装を再現するとなると、考証とは違った塗装色の利用があってもよいのではと思う。

このGSIクレオスの「佐世保海軍工廠色」は、タミヤから発売されているエナメル系の塗料の「ダークグレイ」（XF24）と非常に近い色調であるため、乾燥後のラッカー系塗料の上にエナメル系塗料で補修、追加塗装という方法においても、違和感のない色調にすることができる利点があることも記しておきたい。

リノリウム甲板については、「リノリウム色」を使いたいところだが、あえてGSIクレオスの43番「ウッドブラウン」を使用している。船体の基本塗装が暗いグレーであるため、甲板が暗い茶色だと完成後の色調が沈んだ印象になり、甲板・船体などにメリハリをつける意味でもこの色を使っている。以前にリノリウム甲板の色調について、目撃された方から、茶色でももっと明るい色で、木甲板に近いイメージだったという。この木甲板色が、油、太陽の日差し、汚れなどの色素の沈着などによって、薄茶色から黒に近い茶色に変色していくとのことだった。このような意見に従うと、リノリウム甲板の色調を変えることで、新造時、中期、後期という表現を与えられるともいえる。事実、このリノリウムは部分的に劣化すると貼り替えられていたため、就役期間の長い重巡や軽巡によっては、上空から見た時、色調の明暗から迷彩に近い“まだら状”になっていたという証言もある。

艦船模型における木甲板の表現においても色調を変えることで、リアル感を得られたように、リノリウム甲板でも、この手法で取り入れることによって、新たな表現またはリアル感の演出ということにつながっていくと思えるが、どうだろうか。

軽巡洋艦と射出機

1944年捷号作戦時の撮影とされる「阿賀野」型の写真を見ると、零式水偵2機が搭載されているのが確認できるが、同作戦に参加した5500トン級はすべて射出機を撤去して、その跡に25㎜3連装機銃を増設している。この改装は対空兵装の強化を目的に航空艤装を廃止したというよりも、5500トン級のスペックでは大型化した水上偵察機を運用できなくなったため水上機による偵察を任務から外したという意味合いが強いものと思われる。開戦時5500トン級が搭載していた94式水上偵察機などの複葉機は、航空機の急速な発達により性能的に見劣りするものとなった。開戦後間もなく単葉全金属製の零式水上偵察機に移行していくが、この機体を運用するためには5500トン級が搭載した「2号3型射出機」の次世代型である「2号5型」への交換が必須となる。しかし改装による排水量の増加が問題視されていた同級では航空艤装のアップデートが困難になっていたと見られ、零式水上偵察機を運用した例はなかったようだ。

日本海軍軽巡洋艦
阿賀野
1942年

単行本追加作例
日本海軍軽巡洋艦

矢矧

1945年

日本海軍軽巡洋艦 矢矧
タミヤ1/700
インジェクションプラスチックキット
製作・文／米波保之

Imperial Japanese Navy light cruiser Yahagi.
TAMIYA 1/700 Injection-plastic kit.
Modeled and described by Yasuyuki YONENAMI.

戦艦大和と最期を共にした阿賀野型三番艦

■矢矧　1945年天一号作戦時

レイテ沖海戦時の状態となっているタミヤのキットとの相違点は、煙突両側の高射装置の台が一回り大きい角型のものとなり、ここに94式高射装置と25㎜単装機銃1基を設置している点と、煙突と前檣の間に新設されたトラス構造の探照灯台に110㎝探照灯1基を設置している点である。

■船体

キットの船体は艦首フレアの曲率が大きく、やせ過ぎている感があるので、パテを盛ってボリュームを増した。パテで埋まったアンカーレセスは元のモールドより後ろ寄りに彫り込み、ジャンクパーツの錨を取り付けた。錨鎖甲板のホースパイプの周りは薄いプラ板を貼って縁取りを表現、錨鎖のモールドは削り取って、戦車用のエッチングパーツの鎖に置き換えた。控えめな表現となっている菊花紋章の取り付け板や艦首フェアリーダーをプラ材で工作、舷外電路や汚水捨管のモールドも全て削り取ってプラ材で付け替え、下段の舷窓は全て塞いでおく。

甲板上の魚雷発射管の取り付け部に角型の台座のようなものがモールドされているが、これは実艦にはないものなので削り取って、開いた穴をプラ板で塞ぎ、5.5㎜径のプラパイプを高さ1.5㎜の輪切りとしたものに置き換えた。

■艦橋

船体に一体モールドされている艦橋基部は、エッジが甘くなっているので面出しを行なってから上部を組み立てる。羅針艦橋（部品51）の高さが1㎜ほど高いので、窓のパーツを取り付ける凹みの所まで削ってバランスを整えたうえで上端を一段彫り下げ、0.3㎜角のプラ材で窓枠を再現した。

■上部構造物

キットの煙突は簡略化された表現となっているので、下部の分岐部分や周囲のパイプ類の工作などを行なった。航空機作業甲板は凸線で表現されている前部左右の開口部を切り抜いて0.5㎜プラ角棒で筋交いを表現した。四隅にある機銃の円形の台座は削り取り、ブルワークは外側の面出しを行ないつつ薄く仕上げた。甲板の後端は一段彫り下げて手持ちのエッチングメッシュを貼り付けグレーチングを表現している。

■武装

主砲砲室は砲眼の間をモーターツールで削り0.5㎜ほど窪ませ、左右の側面に0.8㎜径のプラ棒を輪切りにしたものを3か所に取り付ける。高角砲は砲身パーツ（部品10）を使用せず、プラ材で穴を塞いでから砲眼のスリットをBMCタガネで彫り込み、0.4㎜プラ棒を砲身として差し込んだ。機銃類はナノドレッド、魚雷発射管はピットロードNE-04のものを流用している。

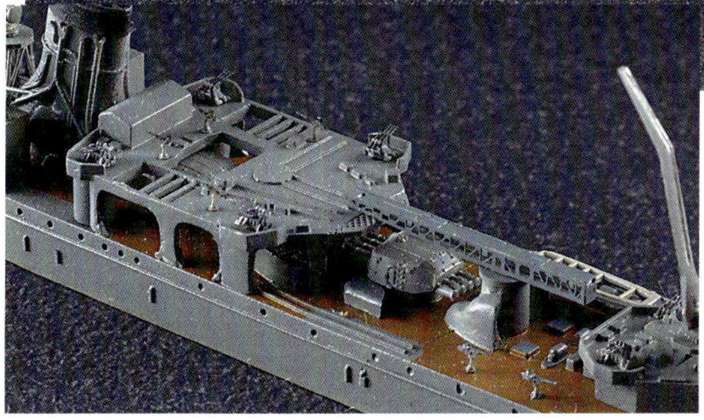

日本海軍軽巡洋艦

大淀

1943年

Imperial Japanese Navy light cruiser Oyodo.
Aoshima 1/700 Injection-plastic kit.
Modeled and described by Yoshio SATOU.
drawing by Shougo HATANAKA

日本海軍軽巡洋艦 大淀
青島文化教材社1/700
インジェクションプラスチックキット
製作・文／佐藤美夫
作図／畑中省吾

新開発の高速水偵を搭載する 潜水艦隊旗艦用軽巡

「大淀」の竣工時の製作を担当する。竣工時(1943年)のキットはアオシマが限定販売したもので店頭在庫のみ、入手困難となっていたが、2017年春に「艦これ」プラモデルシリーズとして発売された「大淀」は1943年時と1944年時の選択ができるコンバーチブルキットとなっている。今回はタイミングよく発売されたこのキットを使い製作した。また、このキット専用のエッチングパーツも発売されている。内容は以前発売された1943年時用と1944年時用のものが一枚収録となった。ただしクレーンアームが左右同じ長さの物になってしまっている。実艦は左右で長さが異なる。プラパーツは左右で異なっているので問題ない。

組み立てはストレート組みでほとんど問題なく製作できる。製作は1943年時なので説明書工程は⑥以降はそのまま⑦に進めればよい。Eランナーのパーツは使用しない。

■船体製作

船体は説明書通りにそのまま組み立てる。前後の甲板パーツも隙間なく取り付けられる。艦尾フェアリーダーのみファインモールドのナノドレッドに置き換えた。吃水板の取り付け後はパテで接着ラインの隙間修正を行なう。カタパルト中心部の両舷舷側に付けるパーツD8、D9は専用エッチングパーツに収録のものに変えた。前部甲板上のパラベーンは削り取ってピットロードの日本海軍艦船装備セットⅥ（E11）に収録のパーツを取り付けた。前後の旗竿は0.2㎜真ちゅう線にしている。

■艦橋と前檣

シェルター甲板室は説明書工程⑦のまま組み立てる。甲板パーツB23上のパラベーンも前述同様に削り取りピットロードの物に換えた。また甲板パーツD4にモールドされた機銃座のブルワークは0.14㎜厚プラシートにした。

下部艦橋B9から羅針艦橋B6までそのまま組み立てる。中部艦橋B8の後部にある機銃指揮所はキットのようなブルワークではなく手摺なのでブルワークは削り取る。エッチングパーツ手摺を取り付けるのもよいだろう。作例は円形の簡易シールドにしたがこれは間違いのようだ。機銃指揮装置は25㎜単装機銃の銃身を切り取ってそれらしくしたものを取り付けた。

羅針艦橋の窓枠はエッチングパーツにした。93～94ページの「大井」同様に窓枠の数を合わせるためジョーワールドの「JPE27G　精密窓枠　Ver. A」セットの中から現物合わせでチョイスした。

防空指揮所D10より上部はそのまま組み立てた。21号電探は専用エッチングパーツに収録

[大淀新造時艦橋]
1943年

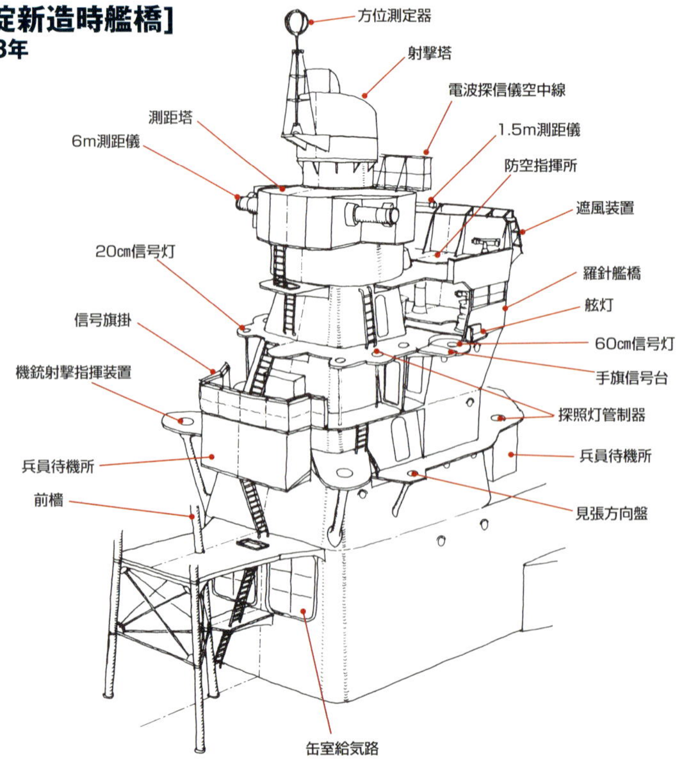

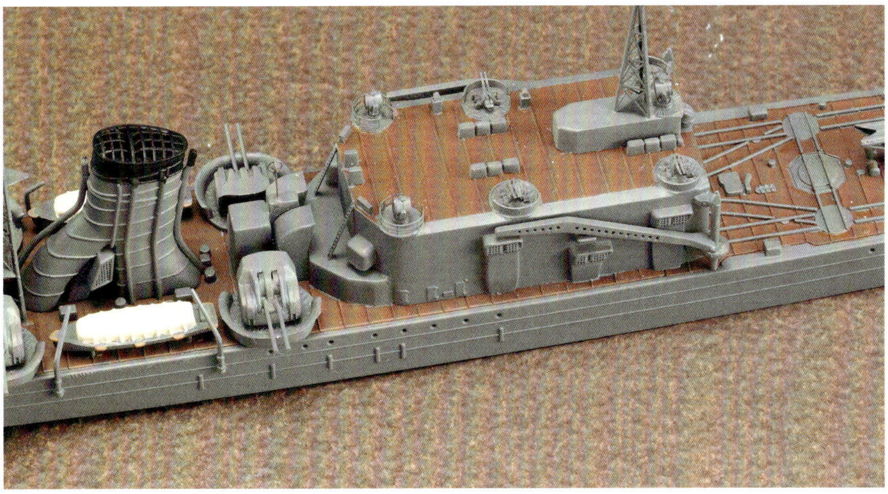

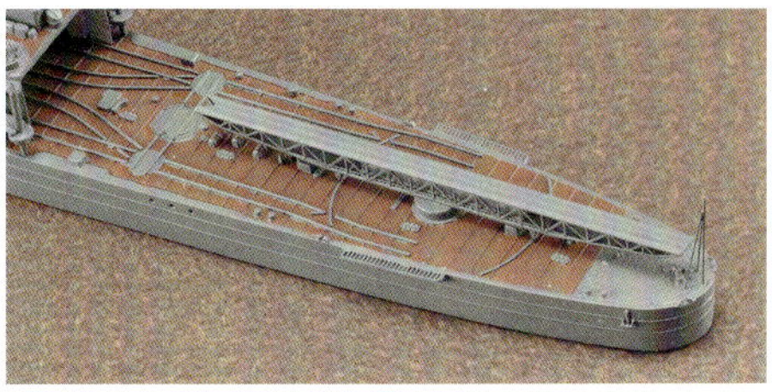

されたものにした。キットにも収録されているが使用しなかった。前面まで格子になっているのは間違い。これでは電波が放射できない。方位探知ループアンテナは0.18㎜銅線で製作したものを取り付けた。格納庫前の方位観測所のループアンテナも同じものとした。

前檣は専用エッチングパーツに収録されたものでヤードは真ちゅう線にしている。下部艦橋後部兵員待機所のフラットはプラ板で製作した。

■煙突、上構造物

煙突はキットのまま製作した。ジャッキステーのモールドもほどよく側面の蒸気捨管等のモールドもシャープになっている。

飛行機格納庫もそのまま組み立てて問題ない。作例では、機銃座のブルワークを0.14㎜厚プラシートにし、探照灯座はエッチングパーツの手摺を周囲に取り付けた。右舷側中央機銃座付近にある長波無線アンテナ引き込み所をプラ材で取り付けた。探照灯は間違えて90㎝（パーツW3）を取り付けてしまった。110㎝探照灯（パーツW14）が正解となる（説明書が正しい）。クレーンアームはキットのプラパーツとし軽め穴をドリルで少し大きめに広げた。

後檣は前檣同様に専用エッチングパーツに収録されたものでヤードは真ちゅう線にしている。

この艦の特徴となる大型カタパルトは専用エッチングパーツに収録されているもので内部はプラ棒でそれらしく構造物を作り付けてみた。前後を間違えぬように取り付ける。側面から見ると分かりづらいが上面の先端が三角状に切り欠いてある方が前になる。

■兵器、その他

このキットでひとつ難をいえば主砲と副砲の砲身が太めなことだろう。主砲砲身は0.5㎜真ちゅうパイプとした。また10㎝高角砲は0.4㎜真ちゅう線にしている。高角砲座のブルワークは上部周囲を削り薄くしている。25㎜連装機銃はファインモールドのナノドレッド・シリーズのものとした。

艦載艇は12mランチ（W24）はキットパーツに防舷物などのディテールアップを施した物を使用した。

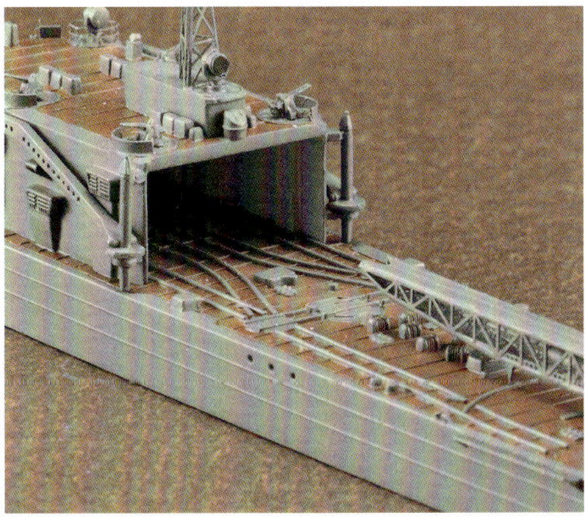

日本海軍軽巡洋艦

大淀

1944年

日本海軍軽巡洋艦 大淀
青島文化教材社1/700
インジェクションプラスチックキット
製作・文／米波保之
作図／畑中省吾
Imperial Japanese Navy light cruiser Oyodo.
Aoshima 1/700 Injection-plastic kit.
Modeled and described by Yasuyuki YONENAMI.
drawing by Shougo HATANAKA

水偵施設を利用して連合艦隊最後の旗艦を務める

[大淀大改装後作戦室]
1944年

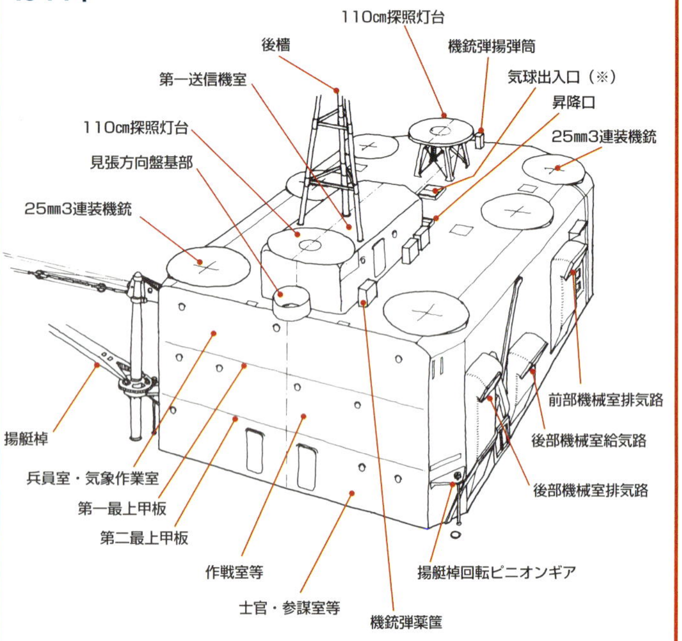

2009年に発売されたアオシマの「大淀」は、呉市の大和ミュージアムに所蔵される公式図面に基づいて設計されており、考証的な正確さにおいては、数あるウォーターラインシリーズの中でも屈指のものと言える。本作例では、近年になって解体時の記録写真が刊行物として纏められたり、戦後米軍が撮影した写真がwebサイトで公開されるなどで見えてきた新たな情報を盛り込んだ若干の修正と各部のディテールアップを行ない、1944年5月、帝国海軍史上軽巡洋艦で唯一連合艦隊旗艦を務めた「大淀」の姿を再現した。

■船体

キットの船体のフォルムはほぼ満足のいくものとなっているが、ソリが生じていたので折らないように加減しながら手で曲げて矯正してから組み立てた。「大淀」の船体には舷外電路は装着されておらず舷窓の数も少ないせいか、なんとなく殺風景な感もあるので、筋状に表現されている外鈑の継ぎ目をモールドに沿ってBMCタガネで彫り込み、段差状の表現としてみた。左舷側の汚水捨管はキットでは右舷と同一となっているが、「世界の艦船NO.790」に公開された新写真でおよその配置が判明したので、これを再現してみた。

■艦橋

キットの艦橋は複雑な面取りで構成された実艦の構造物をよく再現している。形状的には満足のいくものだが、金型の関係で各部品のエッジが甘くなっているため接合線がやや目立つ。またヒケが生じている箇所も見受けられるのでパテによる修整とすり合わせを入念に行ない、不連続感が出ないように工作した。羅針艦橋(B6)の遮風装置のモールドは、ゲートでつぶれている所があるので、プラ材の細切りで再生している。また部品B7、B8の後部にモールドされているブルワークは削り取っておいた。22号電探とトップの方向探知アンテナはピットロードNE-03のものに換装している。

■煙突

トップの格子(B1)はモーターツールで裏側から薄く削り、モールドを抜いて使用した。またキットの煙突分岐点の間にモールドされている缶室給気口は開口部が突出した形となっているが、ここはパテ盛りして、開口部と給気路が曲線でつながるような形に修整している。

■司令部施設構造物（旧格納庫）

構造物の肩の部分は、webサイトに公開された戦後米軍に撮影された写真を観察すると、キットの表現より丸みが強いことが判る（イラスト参照）。また機銃座にブルワークはなく、はっきりしないが構造物天蓋に敷物は施されていな

※3階に気球作業室があるため気象観測用気球を飛ばす目的で使用されたと考えられる

いように見受けられる。これらを踏まえて作例では、構造物の天蓋パーツ（E3）のリノリウム張りのモールドを削り取って平滑とし、全体を組み立ててから肩の部分の丸みを強調するべくヤスリで削った。モールドと一緒に削り取ってしまった機銃揚弾薬筒や弾薬箱はプラ材の細切りで再生している。

■武装・その他

キットの主砲塔は良く出来ており、砲身の防水カバーの皺もそれらしくモールドされているが、少々固い印象を受けるので、皺のモールドに沿ってモーターツールで彫り込み、自重で垂れ下がっているような表現とした。省略されている2番砲塔上の空中線支柱は0.3㎜径プラ丸棒で再現した。高角砲のシールドは後端の平面形が直線的に感じたので、プラ材を貼って円弧状の形に修整した。25㎜3連装機銃はナノドレッドWA25の防盾付きのものに換装している。複雑なトラス構造で自作することが難しい前、後檣は、この4月にアオシマから発売となった「軽巡洋艦大淀1943/1944エッチングパーツセット」にセットされているので早速使用してみた。ただし表現上の見栄えから、檣と支柱の部分は切り取って0.4㎜径のプラ材に置き換え、トラスのみエッチングパーツとしている。艦橋トップの21号電探アンテナも同セットのものに換装した。なお、このセットにはカタパルトやクレーンのアーム、ボートダビット等も含まれるが、好みでカタパルトはファインモールド「AC-33呉式二号五型射出機」を、クレーンのアームはキットのパーツの軽目穴のモールドを0.4㎜径のドリルでさらって強調したものを、ボートダビットは同じくキットパーツを細く削ったものを使用している。艦尾の機銃台（E18）はブルワークを削り取り支柱パーツ（E14、E15）を細く削ったうえで使用した。端艇は9mカッター2、12mランチ2、11m内火艇3（うち1隻は長官艇）で、いずれもピットロードNE-02のものを流用した。このセットからは110㎝探照灯も使用できる。

日本海軍軽巡洋艦
大淀
1944年

日本海軍軽巡洋艦大淀
1943年

作図・文／畑中省吾
drawing & text by Shougo HATANAKA

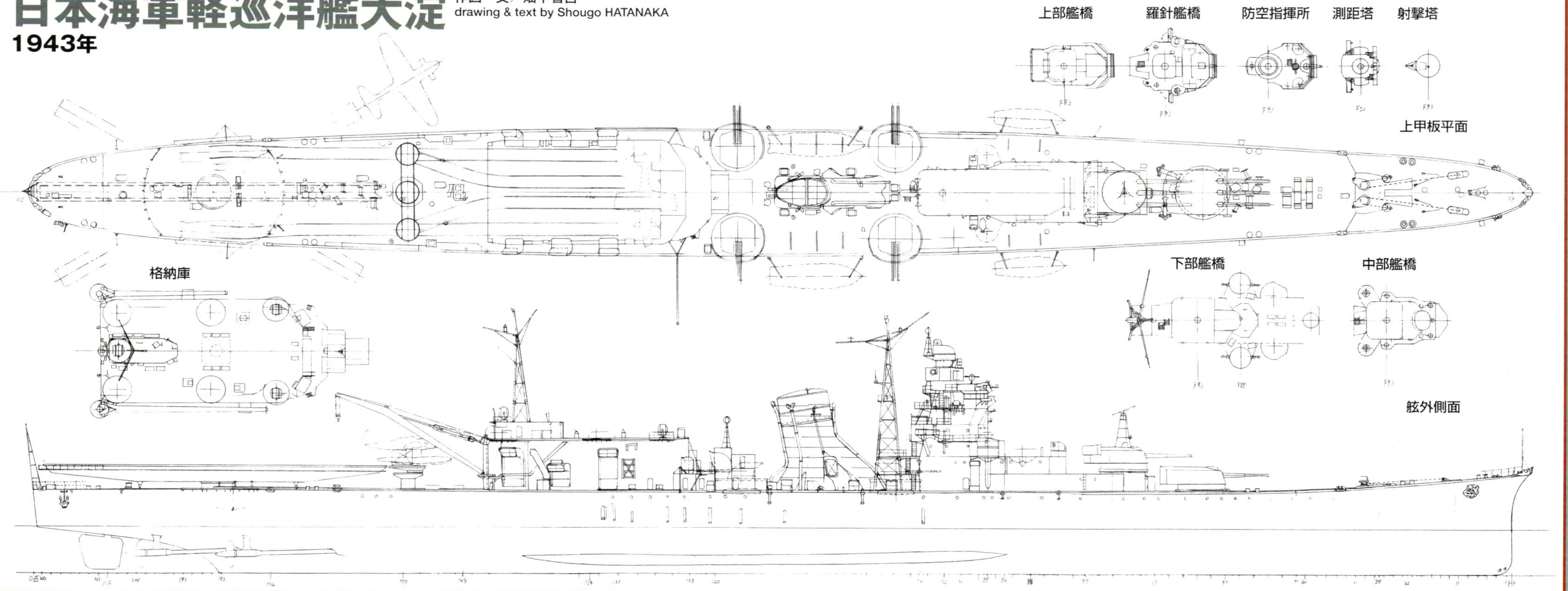

軽巡「大淀」艦型図について

軽巡「大淀」は、5500トン級軽巡の代替艦として昭和14年度（1939～40）に策定されたマル4計画の巡洋艦丙、略して巡丙の一艦である。巡丙は潜水戦隊の旗艦となる計画だった。当初の計画では排水量5000トン程度の中型となるはずの巡丙「大淀」だったが、あれこれと計画が変更されるうちに追加された兵器（例えば、主砲）や搭載物のせいで、1943年に完成してみれば、公試状態排水量は9800トンを超す、重巡並の大きさになっていた。

「大淀」を特徴づけるものは、なんといっても艦中央附近に設置された巨大な格納庫と、艦尾に装備された長大なカタパルトである。このどちらも「大淀」が担う仕事を円滑ならしめるための兵器である。潜水戦隊旗艦の「大淀」に課せられた任務とは、優秀な水上偵察機により敵制空圏内の強行偵察を行ない、その情報を生かして潜水戦隊を送り込むという作戦を成功させることである。しかし、「大淀」が完成した頃の戦況は、練っていた作戦などはもはや想定外となっており、しかも、新型水偵「紫雲」の開発にも失敗した。「大淀」は建造した本来の目的には役に立たない艦となっていた。

大型格納庫と全長44mの二式一号十型射出機を装備した新造時の「大淀」の写真は、軍艦史研究家の田村俊夫氏が米国公文書館にて発見し、雑誌『世界の艦船』1979年8月号（第272集）に発表された。もともとは「大淀」の図面に貼附されていた写真とのこと。呉海軍工廠撮影による完成写真と想像される。

「大淀」の図面は、以前プレアデス工房が、公式の一般艤装図一式を全版の用紙に印刷して「日本軍艦公式図面集」として販売していた。掲載の艦型図は、そこに載っている舷外側面、上部平面、艦橋各層平面、上甲板平面といった図をもとに、スケールを考慮してやや略式にトレースしたものである。ただ、上記の新造時の写真とは格納庫側面給気ダクトなど、やや異なるところもあり、写真に合わせて手を加えてある。

以前は格納庫の後ろの開口部に鉄扉があるとか、巻上げ式シャッターがあるとか、跳ね上げ式の扉だとか、キャンバスのカーテンがある、などと諸説が出ていた。開口部が広いため遮蔽して中の水偵に海水の飛沫がかかることを防いだはずとの考え方による。その後、公式図が発表されると、そこに扉の表現がされていないことから、現在では開口部は開けっぱなしであったと理解されている。ただし、水偵はそれぞれキャンバスでくるんで飛沫から守るつもりだったろう。

「大淀」の巨大カタパルト、二式一号十型射出機は、紫雲のテスト以外には実戦で使われることもなく撤去され、用途を失った格納庫は開口部に囲壁を取りつけ、内部を3階に仕切って、1階を司令部の参謀室や諸室、2階を幕僚室や司令部作戦室とした。3階は、ほぼ空き室である。「大淀」は潜水戦隊の指揮任務を解かれ、連合艦隊旗艦任務を帯びた特殊な艦となった。

連合艦隊旗艦時代に、第4代連合艦隊司令長官豊田副武大将が「大淀」の艦上を視察する様子を記録した写真がある。また、司令部の面々が居並んだ記念写真もある。これらは、「大淀」のディテールを知るうえでたいへんに貴重な記録である。しかし、司令部となった元格納庫の外観はほとんどわからない。それがわかるのは、戦後になって江田島で転覆した「大淀」を解体のため引き起こしてドックに入れるときに撮影された写真によってである。また、前記の大淀図面集には改装後の図面も含まれているが、こちらは新造時から変化した所のみを描き、他は略して描いてある。「軍艦メカ図鑑」の著者、故・森恒英さんは、世艦第272集に改装後のみごとな艦型図を描いておられ、一見に値する。

練習艦と戦利艦。類別上は「軽巡洋艦」とされる異色艦たち

日本海軍練習巡洋艦香取 1941年
日本海軍軽巡洋艦八十島 1944年

日本海軍には高速を利して水雷戦隊旗艦として前線で戦う純然たる軽巡洋艦の他に、小型低速ながら軽巡洋艦と称される艦艇があった。聯合艦隊を陰で支えた異色の軽巡洋艦を再現する

日本海軍 練習巡洋艦 香取

1940年4月20日竣工引き渡し直後の「香取」。士官候補生の遠洋航海のため、外洋での安定性を重視した高い乾舷をもつ幅広でずんぐりとした船体は、日本刀を思わせる細長くシャープな船体をもつ艦隊型の軽巡洋艦とは一線を画している。速力は重視されず18ノットにとどまっている。

日本海軍 軽巡洋艦 八十島

1936年6月中国海軍軽巡洋艦「平海」として竣工した当時の姿。14cm連装砲3基と大型の艦橋や煙突、高いマストを持つ堂々たる艦容だがいかにもトップヘビーで、日本海軍編入時には太平洋で行動するため、上部構造物をほぼ一新するほどの大規模な改装が必要となった。

そもそも“軽巡洋艦”って何だろう？

1930年に調印されたロンドン海軍軍縮条約では、巡洋艦の排水量は1万トンを上限とし、主砲の口径6.1インチ（15.5cm）以下のものが「カテゴリーB」と定義され、これを軽巡洋艦(Light Cruiser)とするのが一般的となっており、日本海軍では二等巡洋艦と称される。同じ1万トンで主砲の口径のみを分類の定義としているため、重巡洋艦より大きな軽巡洋艦も存在する。排水量公称8500トン、主砲を15.5cm砲として竣工した日本海軍の「最上」型は軽巡洋艦と分類されているが、条約失効をにらんで主砲を20.3cm砲に換装すること確約されての建造であり、太平洋戦争には重巡洋艦として参戦しているため、本書では軽巡洋艦としては取り扱わない。

「香取」型は日本で初めて建造当初から専用の練習巡洋艦として竣工した。日本海軍では練習巡洋艦は独立した艦種であり、軽巡洋艦とは本質的に異なる。しかしながら竣工時期が太平洋戦争開戦時に近かったことから、練習艦としてはほとんど使用されないまま戦線に投入され作戦行動に終始した。このためか、書物などでは軽巡洋艦の一種としてカテゴライズされることが多く、軽巡洋艦としての認知度が高いと思われる。

また中国海軍から接収して「五百島」、「八十島」となった、「甯海」、「平海」は中国海軍では軽巡洋艦と称されたが、艦の規模や性能からいって海防艦と称するべきものだった。日本海軍に接収され、当初は海防艦として就役したが、後になぜか軽巡洋艦に類別変更された。日本で建造され、中国海軍艦艇として日本海軍と交戦の末に擱座して、日本に鹵獲された異色の軽巡洋艦として、番外編のここに取り上げる。

日本海軍練習巡洋艦

香取

練習巡洋艦として建造されるも艦隊旗艦として運用される

1941年

日本海軍練習巡洋艦 香取
フルスクラッチビルド1/700
製作・文／米波保之
作図／畑中省吾

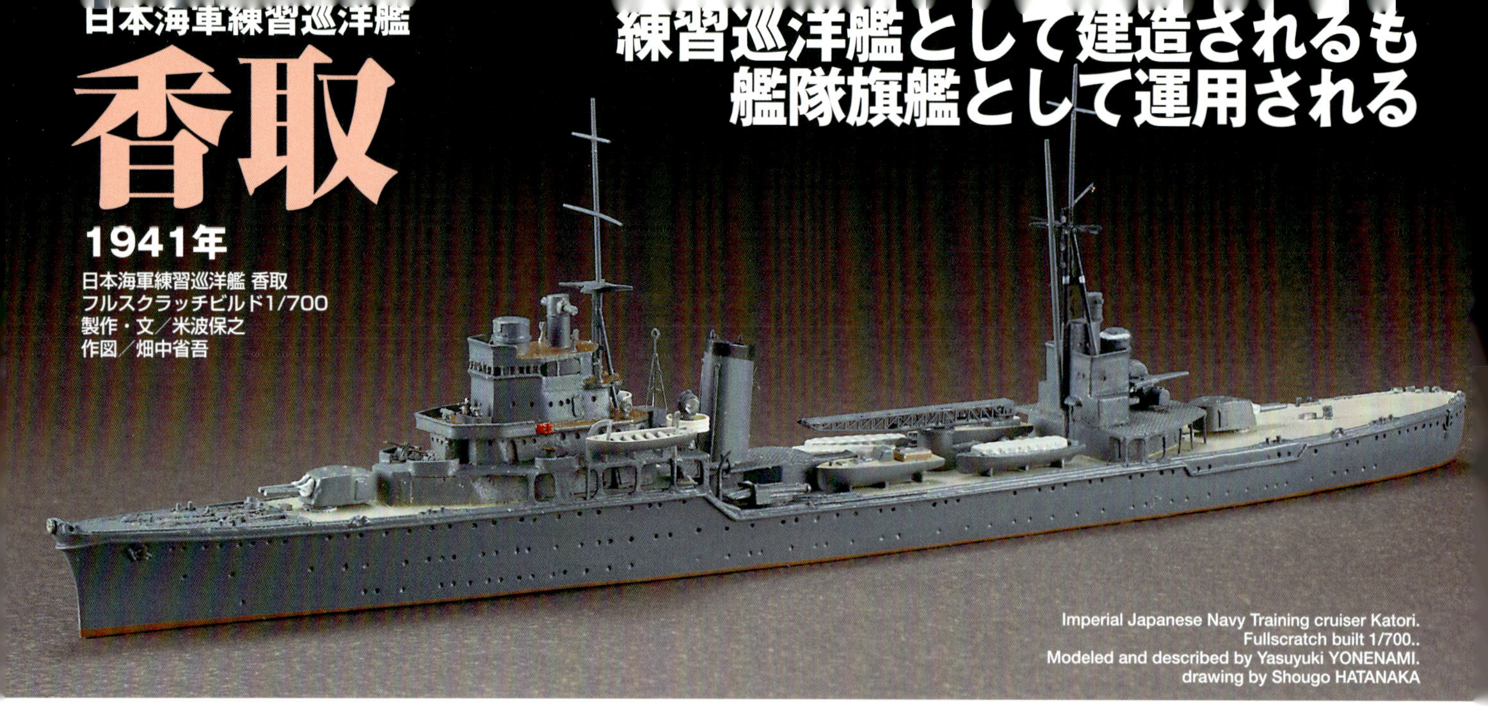

Imperial Japanese Navy Training cruiser Katori.
Fullscratch built 1/700..
Modeled and described by Yasuyuki YONENAMI.
drawing by Shougo HATANAKA

士官候補生の訓練のための遠洋航海には第一線を退いた日露戦争時の旧装甲巡洋艦が使用されていたが、1930年代に入ると老朽化により駒不足となった。そこで「球磨」型軽巡洋艦の「北上」「大井」「木曾」を専用練習艦とすることが検討されたが実現に至らず、わが海軍艦艇として当初から練習艦として設計された初のケースとして昭和13年度計画で成立したのが練習巡洋艦「香取」と「鹿島」である。ネームシップの「香取」は1940年4月に竣工。約1か月遅れて竣工した「鹿島」とともに同年6月に練習艦隊を編成して朝鮮半島、中国方面へ遠洋航海を行ったが、これが練習巡洋艦としての最初で最後の任務となった。昭和14年度計画で成立した3番艦「香椎」は1941年7月に竣工したが練習艦としては使用されず、計画年度が昭和16年となった4番艦の「橿原」は日米開戦の影響で起工直後に建造中止となった。開戦後は練習艦任務を解かれ潜水艦隊旗艦や海上護衛艦隊に転用されている。

■製作

写真の作例は、現行のアオシマのキットの発売以前、私が鯨水庵八十八名義でネイビーヤード誌Vol.4～Vol.8にかけて連載した、アオシマの旧キットをベースにスクラッチビルドで製作したものである。現在は優れたキットがあるため、苦労してスクラッチビルドする必要もないので、ここではアオシマの新キットの製作ポイントの解説とさせていただく。

■船体

艦首から艦中央部までにつながるフレアの様子や艦尾吃水線付近の丸みなど申し分なく再現されている。底板は良くフィットするが、やはり繋ぎ目の処理は入念に行ないたい。艦首の吃水線付近の内側に補強板があることで僅かにヒケが生じているので、ここを綺麗に均しておくこともポイントとなるだろう。なお、アンカーレセスのモールドは若干大きく彫り直し、錨のパーツ（部品C24）も大型のものに付け替えるとより実感が増す。

■艦橋

下部艦橋側面（部品B17,18）にモールドされている出入り口扉の位置は、実艦ではカマボコ状にくぼませてあり、その内部に扉があるので、モーターツールやBMCタガネなどを使って彫り込んでおくと良い。またその後方には機銃の旋回クリアランスのための凹みがあるので併せて再現しておく。下部艦橋天蓋（部品B24）にモールドされているブルワークの厚みが気になるので内側から削って薄くしておくと良い。上部艦橋、羅針艦橋には特に修正点はないが、羅針艦橋天蓋（部品B9）のブルワークも同様に薄く削り込んでおきたい。キットの艦橋窓は透明パーツで供されているが、ゲート処理の際に曇りが生じてしまうので、汎用エッチングパーツなどを使用した方がすっきりとした仕上がりとなるだろう。作例では0.3㎜角のプラ材で窓枠を入れている。

■上部構造物

煙突は良い出来で、特に修正の必要はないだろう。後部艦橋も前面のパーツを差し替えることで姉妹艦との差異を再現しており好感が持てる。部品の繋ぎ目の処理を丁寧に行うことでさらに実感が増すだろう。マストは前後とも三脚の部分のみキットパーツを使用して、トップマストは0.4㎜径のプラ棒または金属線で作り替

日本海軍練習巡洋艦香椎

1941年

作図・文／畑中省吾
drawing & text by Shougo HATANAKA

上甲板平面

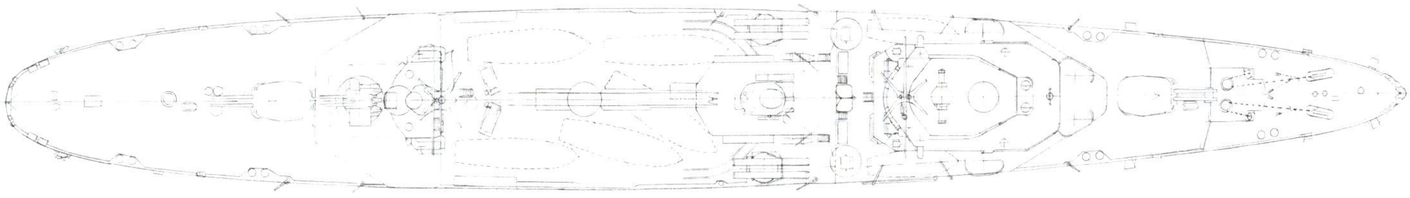

舷外側面

練習巡洋艦「香椎」艦型図について

図の「香椎」は練習巡洋艦「香取」型の3番艦で、開戦の5カ月前の1941年7月に竣工したが、同月末に練習艦隊ではなく南遣艦隊に配属され旗艦となった。図はこの新造時の状態を描いた。軽巡にカテゴライズされたとはいえ20ノットに届かないほど速力が遅く、その点でもの足りなさを感じる。しかも乾舷が高くシルエットが目立つ。対潜対策はどうしたのだろうか。

公式図が大和ミュージアムで入手できる。掲載の艦型図はこれと、より鮮明な「香取」（原書房　「日本海軍艦艇図面集」所収）のものを使い、実艦写真を見ながらトレスした。「香椎」は、主檣のクロスツリーの下に小さなフラットがあるのが僚艦との相違点のひとつだ。「香取」型は全体にずんぐりしていて軍艦らしからぬスタイルだが、上部構造物が下広がりなのでどっしりして見え、なかなかに好もしい。艦内の応接設備はゆったりしていて豪華。まるで客船である。またステム（艦首の水切）もシャープである。これでスピードが出たら文句ないのだが。

えると良い。

■武装・その他

主砲は防水布の表現が少々オーバーなので、プラ棒などで付け替えた方がすっきりするだろう。高角砲と機銃は作例製作時に既に発売となっていたファインモールド・ナノドレッドのものに置き換えている。細かい所だがカタパルト後方の甲板上にモールドされている電動揚貨機形が実艦と少々異なる。また艦尾両舷にモールドされているボラード（？）の位置には、両舷2基ずつの爆雷投下台があるのが正しい。また高角砲甲板左舷に設置されている14cm装填演習砲が省略されているので、プラ材をそれらしく加工して追加しておくのもお勧めのディテールアップだ。

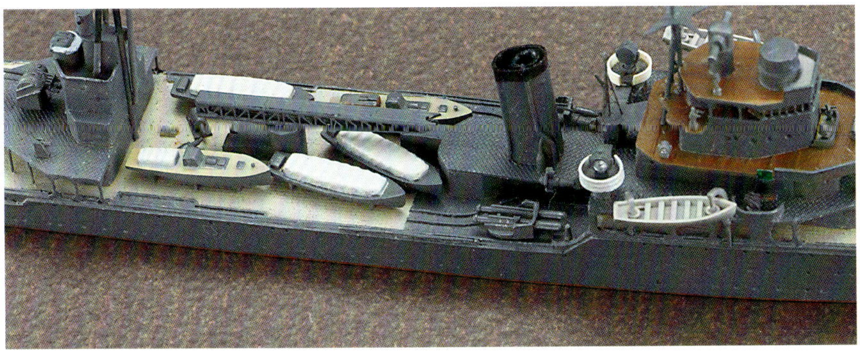

日本海軍軽巡洋艦

八十島

数奇な運命を経て “軽巡洋艦”となった中国艦

Imperial Japanese Navy light cruiser Yasoshima.
Fullscratch built 1/700..
Modeled and described by Yasuyuki YONENAMI.
drawing by Shougo HATANAKA

1944年

日本海軍軽巡洋艦 八十島
フルスクラッチビルド1/700
製作・文／米波保之
作図／畑中省吾

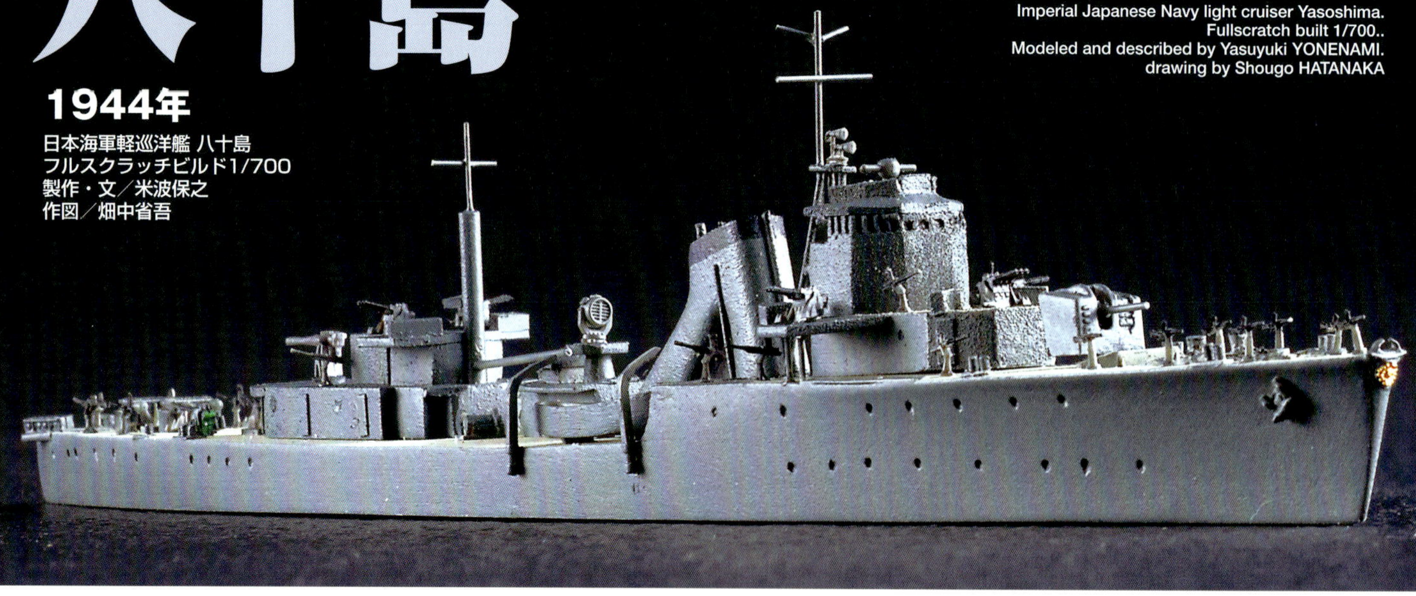

■数奇な運命。異色の“出戻り娘”

元は日本から中国海軍に輸出された軽巡洋艦「平（ピン）海（ハイ）」。1937年、日華事変における戦闘で姉妹艦「甯（ニン）海（ハイ）」とともにわが海軍航空部隊の攻撃で揚子江岸に擱座させたものを捕獲。日本本土へ曳航したが、使用機会がなく放置されていた。太平洋戦争の戦局の推移により1943年末になって輸送船団の護衛艦として改装することが決定。当初は海防艦としてし1944年6月に日本海軍艦籍に編入され、航空基地の移動などの任務に従事した後、1944年9月25日付けで二等巡洋艦に類別変更されている。同日に類別変更予定だった姉妹艦の「五百島（＝甯海）」はその直前9月15日に戦没している。同年10月に輸送戦隊旗艦への改造工事を受けた「八十島」だったが、1944年11月25日アメリカ空母機の攻撃により沈没。軽巡洋艦としては僅か2ヵ月の命だった。

■製作

作例はプラ材を利用してフルスクラッチビルドで製作した。資料としては、本艦と姉妹艦の「五百島」の最終時の公式図面が今日の話題社刊の「海軍艦艇公式図面集」に収録されている。「八十島」の図はかなりラフなものだが基本的な形を掌握するのには充分で、これをベースにどの程度まで味付けするかというところになるだろう。他に岩重多四郎氏が著書『日本海軍小艦艇ビジュアルガイド2（大日本絵画刊）』でハセガワ「天龍」旧キットの船体を利用した改造法を紹介されているので、こちらも参考にしていただきたい。

■船体

まず底板を作り、中央に1㎜プラ板でキールを貼ってその上に木甲板としてエバーグリーンの筋入りプラ板を貼ったものを上甲板までの基本船体として、艦首部に船首楼甲板を重ねる方法で製作した。艦首の空所にはまた実艦の船首楼甲板下部の煙突の周囲は空所となっているので、甲板を貼る前に空間を構築しておく。側面の空所はプラ板で埋め、艦首付近の空所はエポキシパテで埋めて曲面に削り、フレアを表現する。また、艦尾の吃水線付近は少し絞り込まれた形に成形する。舷窓は図面を参考に0.6㎜径のドリルで開口した。

■艦橋

艦橋構造物は前面が面取りされた単純な箱型で、比較的容易に工作できる。艦橋下部とその下のセルター甲板までを一体のブロックとして製作した方が容易に製作できるだろう。セルター甲板の両側に0.5㎜プラ板で機銃台を取り付ける。羅針艦橋は0.3㎜プラ板を2枚張り合わせたものを箱組みする。作例では窓の部分を段差としておいて、0.3㎜プラ角棒で窓枠を組んでから、別に作った天蓋を載せる方法を採っている。艦橋天蓋には測距所が設けられ、2m測距儀が設置されているので、タミヤの一等輸送艦のものを流用して取り付けた。マストは0.4㎜径のプラ丸棒で組んでいる。

■煙突・上部構造物

煙突は、1㎜プラ板を形に切り出したものを3枚貼り合わせてブロックを作り削り出した。中部甲板室は3.2㎜角、後部甲板室は3.2×4.8㎜のプラ材を2枚貼り合わせたものから削り出

日本海軍軽巡洋艦八十島

1944年

作図・文／畑中省吾
drawing & text by Shougo HATANAKA

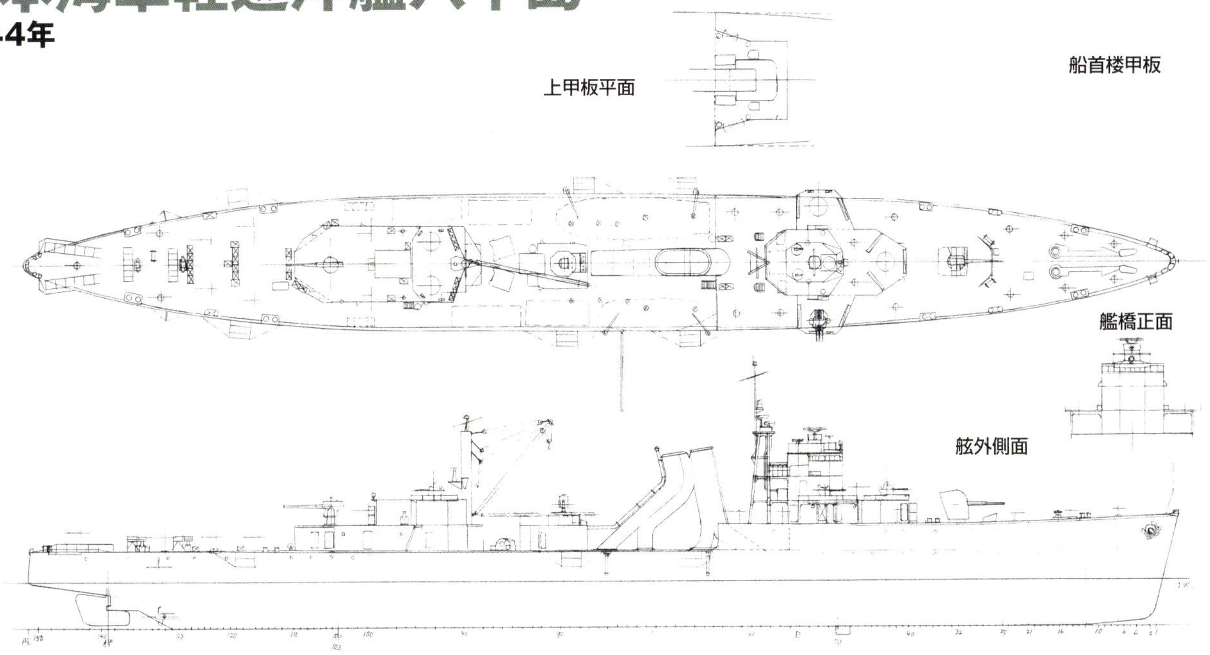

軽巡洋艦「八十島」艦型図について

この兵装も排水量も速力も海防艦レベルの艦を軽巡にカテゴライズする理由がわからない。ただ、輸送戦隊の旗艦として運用するために司令部施設等を増設したという。
「八十島」と僚艦「五百島」の公式図は、大和ミュージアムで入手できる。一般艤装図というよりは大体図といった内容である。しかし、両艦の姿を知るよすがとなるのはこの図しかない。写真は、「八十島」を沈めたときの米軍航空機撮影の数枚があるのみである。しかも、これらはシルエット状の姿であるから、ディテールまでは判別できない。そこで艦型図は上記の公式図をもとに描いた。米波さんの作例では、煙突の高さを図よりも低く作ってある。写真を見ると、こちらが正解である。スタビリティを保つために低めたのだろう。それにしても、「平海」のときと比べて上部重量の変化はどうだ。逆に「平海」がよくひっくり返らなかったものだと感心するくらいだ。

なお、僚艦「五百島」は、海防艦から軽巡に類別変更される寸前に沈められたので、ここでは取り上げなかった。「八十島」とは缶機配置等の相違があり、外観がかなり異なる。

している。後部甲板室上の機銃台前方にはデリックポストがあり、トップに空中戦支柱が設けられている。

■武装・その他

12cm高角砲は、大戦末期の竣工の海防艦と同型のものと思われる。コストパフォーマンス的にはピットロードE-7セットより海防艦用のものを流用する手もあるが、好みでアオシマ「宇治」のものを流用した。25㎜単装、連装、三連装、13㎜単装機銃、および22号電探はすべてナノドレッドより。端艇は、14m型特型運貨艇をタミヤの一等輸送艦より、同10m型はアオシマの「北上」の余剰パーツを流用している。爆雷兵装はピットロードNE-04より形の良いものが得られる。

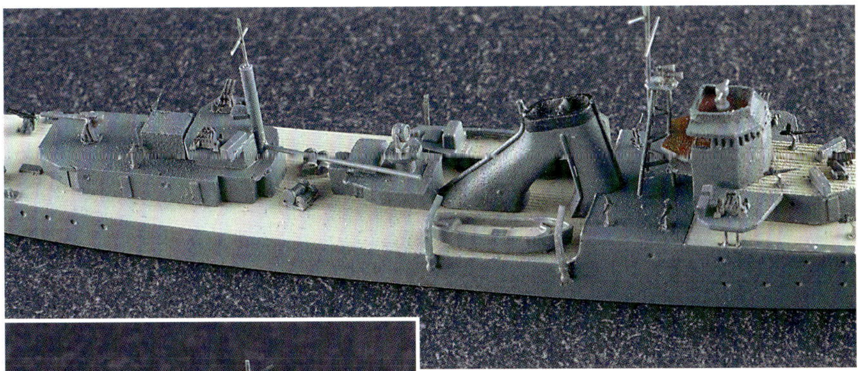

3パターンを比較！
最適な5500トン級軽巡の船体を入手する方法をお教えします

5500トン級軽巡の船体基本工作

アップデートが遅れているキットに対応する技術。これを知ればあなたも今日から軽巡マスター？

初期のウォータラインシリーズには船体寸法に齟齬があるものがいくつかあり、5500トン級軽巡もその一つだ。そこで本書の改造作例では、こんな方法を用いて船体を製作している

製作・文／米波保之

「これまであまり知られなかった5500トン級軽巡洋艦の詳細を出来るだけ明らかにしていこう」というのが本書のミッションであった。そこで、まず入手できる限りの写真や図面、各種データを洗っていくことから始めたわけだが、最初にぶつかった壁が、ベースキットとなるタミヤの「球磨／長良」型の船体の長さが、スペックデータに照らし合わせると約3㎜短いということだった。キットのプロポーションは良好なので、単艦のみで製作するならスルーしてしまう手もあるのだが、知ってしまったからには正しい寸法で再現したい。また、全艦コレクションとなると、後発のタミヤの「阿武隈」やアオシマの「川内」型、フジミの「北上」などのキットは正しい長さとなっているため、バランスが悪くなる。そこで本書の作例では既存の5500トン級キットをベースに、寸法的に正しく、かつプロポーションの良い船体を得るためにいくつかの方法を試みている。まず一つ目はタミヤ「多摩」（または、「名取」、「鬼怒」でも可。）の船体を一旦切断してスペーサーを入れて延長する方法。二つ目はフジミの回天搭載艦「北上」の艦尾などを改造、甲板をプラ板で作り替える方法、そしてタミヤ「阿武隈」を利用して艦首形状の変更とウェルデッキを新設する方法である。

ここに挙げた3つの手法はいずれも“セミ・スクラッチビルド”ともいえるハードな改造工作だが、「球磨」型と「長良」型の船体は1/700ではほぼ同寸と見て良いのでどちらにも利用可能な方法である。タミヤ「阿武隈」やフジミ「北上」をベースとする方法では、改装によって変化した船体を先祖返りさせる工作となり、実艦で施された工事を遡ることで、オリジナルの船体構造を改めて知るということも模型ならではの楽しみといえるだろう。キットの船体を切り刻むことには少し勇気がいるけれども、ぜひ挑戦していただきたい。

パターン1 タミヤ「多摩」の船体を延長

タミヤ1/700軽巡洋艦 多摩

一体成型された船体に底板を貼り合わせるオーソドックスな構成だが、甲板上にモールドされた艦橋基部や艤装品を削り取る場合、甲板に開いた穴を塞ぐ必要がある。また、そのままでは乾舷がやや低いので、プラ材で高さを増す等の加工も必要となる。艦尾の機雷敷設軌条取り付けの溝の処理も一考を要するところだ。しかし、主砲など多くのパーツがそのまま使用でき、低コストな方法といえる。

利点／コストが安い
欠点／甲板モールドの変更が難しい

船体を後部の段差の所で切断し、3㎜のスペーサを挟んで再度艦尾部を接着する。この時、艦尾を0.5㎜下にずらして、最上甲板と上甲板の段差が3.5㎜位になるように調整する。この加工で段差がついた水線部は後部に高さ1㎜、前部には1.5㎜のプラ材を貼り付ける。省略されている後部発射管室をプラ板で別に作っておき後付けにするが、「長良」型として作る場合には発射管室開口部の変更なども必要となる。また艦首付近にはパテを盛ってヒケを修整するとともにフレアラインの修整を行った。

この手法で製作した作例:19ページ「木曽1942」と29ページ「鬼怒1942」

パターン2 フジミ「北上」の船体を修正

フジミ1/700軽巡洋艦 北上 昭和20年（1945年）

キットの船体は甲板と舷側の張出しが別パーツとなっているので、5500トン級の原型に戻すことは不可能ではない。艦尾形状の変更の他、ウェルデッキ、後部発射管室、すべての甲板と自作部分が多くを占め、難易度は一番高い方法だが、船体形状はここに挙げたキットの中でもピカイチで、満足度は非常に高い。しかし、武装パーツなどはほとんど利用できないためキット自体の価格と合わせて最もコストの高い方法でもある。

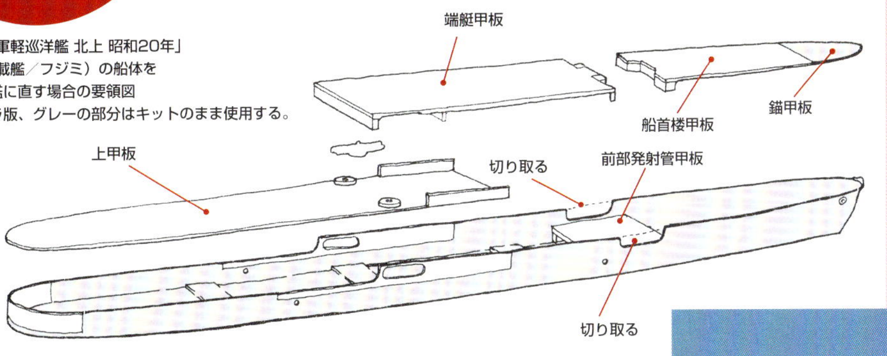

「日本海軍軽巡洋艦 北上 昭和20年」
（回天搭載艦／フジミ）の船体を
軽巡洋艦に直す場合の要領図
白はプラ版、グレーの部分はキットのまま使用する。

舷側の張出しのパーツの取り付け穴をプラ棒で埋め、艦首前端から66㎜の所の舷側を長さ13㎜に渡って凹字状に切除。ここにプラ板で発射管甲板を取り付ける。艦尾は後端のスロープ部分を底だけを残して切除。代わりにプラ板で艦尾の外板を貼る。甲板は船体パーツの外形を1㎜厚のプラ板に写し取って切り出し、少しずつやすりで削りながら現物合わせで船体にぴったり嵌るように加工。艦首の錨甲板のみキットのパーツ（C1）から切り離し、機銃のブルワークって削って使用している。リノリウム張りの表現などは各自工夫する必要があるが、甲板上に障害物がないので自由度は高くなる。

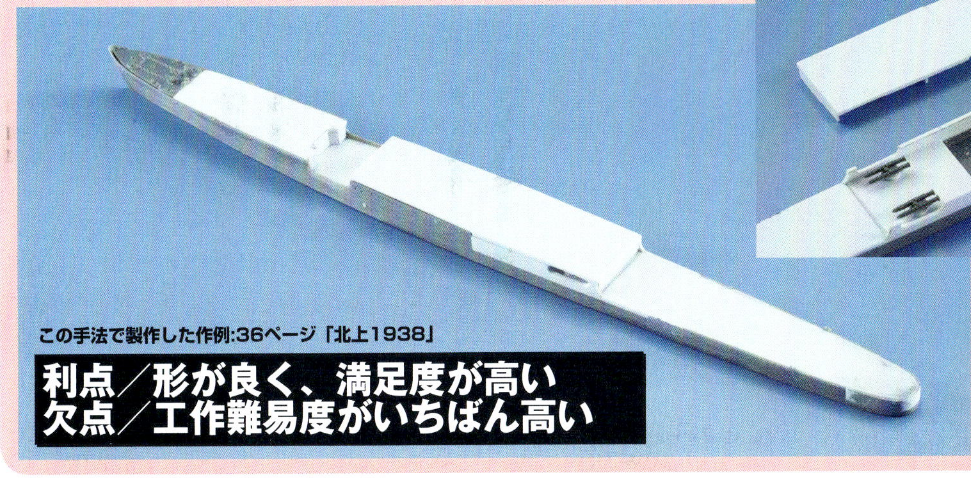

この手法で製作した作例:36ページ「北上1938」

利点／形が良く、満足度が高い
欠点／工作難易度がいちばん高い

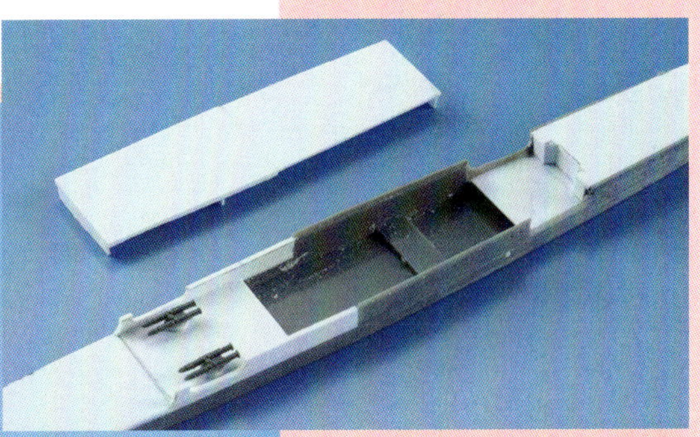

後部発射管室の甲板をプラ板で作ったら、船首楼後端に0.5㎜厚のプラ板を貼り側壁を延長。側壁の長さや発射管の開口部の位置は艦によって若干の違いがあるので資料と照らし合わせて工作しよう。また自作した側壁と元の舷側ラインとの継ぎ目が強度不足になるので、裏側からプラ板を貼って補強しておくと良い。

パターン3 タミヤ「阿武隈」の艦首を修正

タミヤ1/700軽巡洋艦 阿武隈

キットは左右分割の船体に底板と甲板を貼り合わせる構成。艦首の形状変更が必要となるが、いちばんの難所は一段下がった前部発射管のウェルデッキの工作。一枚ものの甲板を当該箇所で切断する必要もある。しかし、シャープにモールドされた主砲や測距儀、ダビット類などの艤装品がそのまま使える所は魅力的。他社のアフターパーツを使用するよりコストパフォーマンスが高いといえる。

阿武隈の艦首

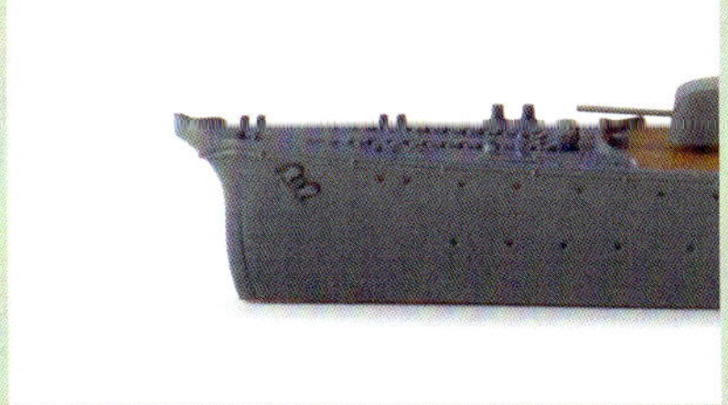

修正後の艦首

船体左右を貼り合わせたら艦首先端を少し削り、0.5㎜厚のプラ板を貼ってスプーン型のシルエットを作り、周囲にパテを盛って平滑に仕上げるが、同時に舷側上端のナックルラインも表現する。錨口のベルマウスは2㎜径のプラ棒を輪切りにしたものを貼って、乾燥後にドリルで開口している。

利点／艤装品などがそのまま使える
欠点／ウェルデッキの工作が難しい

この手法で製作した作例:81ページ「長良1944」、91ページ「大井1935」

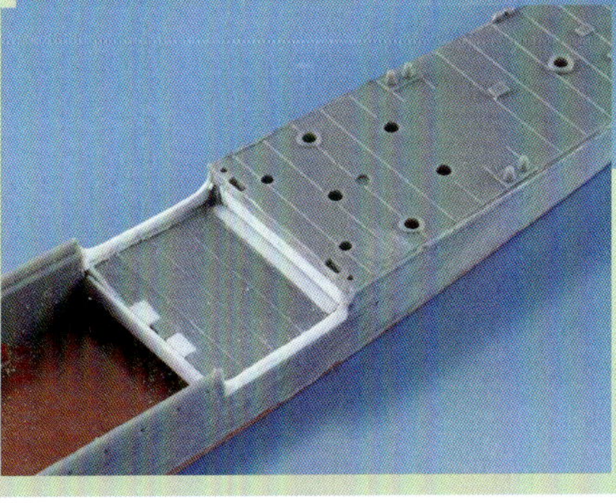

船体の艦首から66㎜の所を長さ13㎜に渡って凹字状にカッターで切除して窪みを作る。左右がずれないように注意。ブルワークを表現するため窪みの角はやすりで丸く仕上げ、上から見た時に縁が薄く見えるように削っておく方法もあるが、このサンプルでは甲板面まで直角に切除して、後からプラ板でブルワークを取り付けている。船首楼甲板（A6）は船体に合わせてウェルデッキに当たる部分を切り3つに分割。発射管甲板に当たる部分を窪みに合わせて削ってはめ込んでいる。甲板が出来たら前後の隔壁をプラ板で作る。

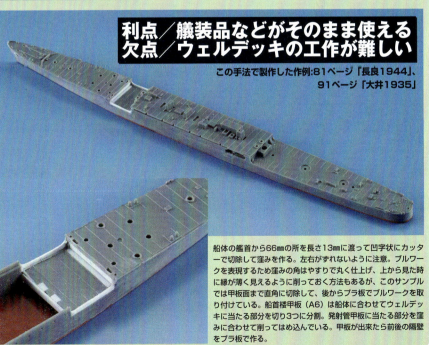

日本海軍軽巡洋艦1/700
やっぱり軽巡が作りたい!
マスターモデリングガイド
1/700 Imperial Japanese Navy Light Cruiser Modeling Definitive Manual

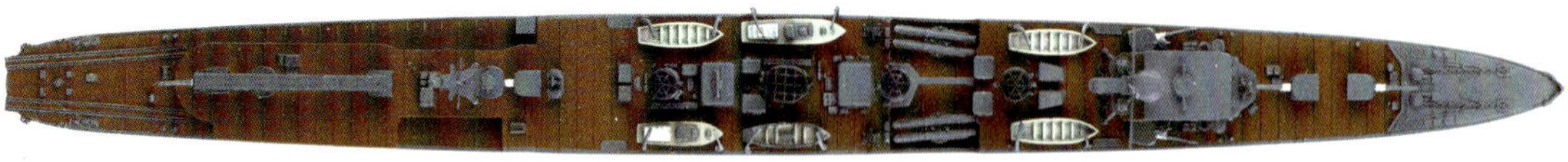

■スタッフ STAFF

模型製作・文 Modeling and Text	米波保之 Yasuyuki YONENAMI 畑中省吾 Shougo HATANAKA 佐藤美夫 Yoshio SATOU 山下郁夫 Ikuo YAMASHITA
編集 Editor	後藤恒弘 Tsunehiro GOTO 吉野泰貴 Yashutaka YOSHINO
編集協力 Contributing editor	佐伯健司 Kenji SAEKI
撮影 Photographer	株式会社インタニヤ ENTANIA
写真 photograph	雑誌「丸」MARU U.S.NAVY
アートデレクション Art Director	横川 隆 Takashi YOKOKAWA 丹羽和夫 Kazuo NIWA

日本海軍軽巡洋艦1/700マスターモデリングガイド
やっぱり軽巡が作りたい!

著者	米波保之/畑中省吾
発行日	2018年3月26日　初版第１刷
発行人	小川光二
発行所	株式会社 大日本絵画 〒101-0054　東京都千代田区神田錦町１丁目７番地
Tel	03-3294-7861（代表）
URL	http://www.kaiga.co.jp
編集人	市村弘
企画/編集	株式会社アートボックス 〒101-0054　東京都千代田区神田錦町１丁目７番地 錦町一丁目ビル４階 Tel 03-6820-7000（代表）
URL	http://www.modelkasten.com/
印刷	大日本印刷株式会社
製本	株式会社ブロケード
内容に関するお問い合わせ先	03（6820）7000　（株）アートボックス
販売に関するお問い合わせ先	03（3294）7861　（株）大日本絵画

Publisher/Dainippon Kaiga Co., Ltd.
Kanda Nishiki-cho 1-7, Chiyoda-ku, Tokyo 101-0054 Japan
Phone 03-3294-7861
Dainippon Kaiga URL; http://www.kaiga.co.jp
Editor/Artbox Co., Ltd.
Nishiki-cho 1-chome bldg., 4th Floor, Kanda
Nishiki-cho 1-7, Chiyoda-ku, Tokyo 101-0054 Japan
Phone 03-6820-7000
Artbox URL; http://www.modelkasten.com/

定価はカバーに表示してあります。
ISBN978-4-499-23232-6